中国公务员养老保险制度改革研究

RESEARCH ON CIVIL SERVANT
PENSION SYSTEM REFORM

龙玉其 / 著

社会科学文献出版社
SOCIAL SCIENCES ACADEMIC PRESS (CHINA)

本书为国家社会科学基金资助项目
"我国公务员养老保险制度改革研究"的最终成果
项目立项编号：12CHS084
项目结项证号：20150723

序

王延中[*]

改革与发展是国家进步、民族复兴的重要话题。30多年的改革与发展使我国的经济社会发展取得了举世瞩目的成就，国家经济基础大大增强，城乡居民生活水平明显改善，各项事业蒸蒸日上。当前，国家发展依然处于重要战略机遇期，也面临着诸多问题与挑战。经济发展进入新常态，新常态带来新机遇，未来各项事业的发展需要主动适应新常态，抓住新机遇。新常态要求不断深化各项改革，破除阻碍发展的体制机制障碍，解决经济社会发展的各种难题，提高经济社会发展的质量和效益。十八届三中全会提出，"全面深化改革的总目标是完善和发展中国特色社会主义制度，推进国家治理体系和治理能力现代化"，为未来我国深化改革指明了方向。在实现国家治理体系和治理能力现代化的过程中，需要继续深化各领域的改革。

社会保障是民生之基，在全面深化改革的过程中，需要大力加强以社会保障为核心的民生领域的改革与发展。深化社会保障改革的根本目标是促进社会保障体系的完善、实现社会保障的公平与可持续发展、提高城乡居民的生活质量与幸福程度。深化社会保障改革要求提高社会保障体系的治理能力，需要在有效理顺政府、市场与社会关系的基础上明确科学的社会保障治理模式与治理机制，完善社会保障的决策机制、实施机制与监管机制，增强社会保障制度设计与实施的公平性与科学性。

---

[*] 王延中，中国社会科学院研究员，民族学与人类学研究所所长，劳动与社会保障研究中心主任。

改革开放以来，尤其是进入21世纪以来，党和政府高度重视社会保障体系建设，并取得了积极成效，为保障和改善国民生活发挥了重要作用，但是，当前我国的社会保障依然存在诸多问题，与人民群众日益增长的社会保障需求还有较大差距，未来需要继续深化社会保障改革。

当前，我国人口老龄化正在加速，截至2014年底，我国60岁以上人口已经达到2.12亿人，占全国总人口的15.5%，其中65岁以上人口达到1.38亿人，占总人口的10.1%（国家统计局，2015）。人口的快速老龄化迫切要求加快养老保障体系建设，尤其要加强养老保险制度建设，有效满足不同人群差异化的养老需求。20世纪80年代以来，随着经济体制改革的推进，我国开始对传统的养老保险制度进行改革，逐步建立了社会化的养老保险制度，形成了具有中国特色的社会养老保险制度模式，城镇职工养老保险制度、农村社会养老保险制度、城镇居民社会养老保险制度不断建立，城乡居民社会养老保险制度逐步趋向统一，养老保险制度体系日益完善。当然，我国养老保险制度依然面临着诸多亟须解决的重要问题，比如公平性不足、制度设计不完善、基金保值增值难、管理服务能力不高，制约着养老保险制度体系的未来发展，甚至隐藏着养老保险的危机。

机关事业单位养老保险制度改革是整个养老保险制度体系改革的重要内容，是近些年来我国养老保险制度和社会保障制度改革中一块难啃的硬骨头，一直处于摸索阶段，未能形成正式的改革方案，更没有统一的改革实施行动。党和政府历来重视机关事业单位养老保险制度改革，在许多重要文件中均提出要加强机关事业单位养老保险制度改革。尤其是十八届三中全会，将机关事业单位养老保险制度改革纳入深化社会保障改革的重要任务。2015年1月3日，国务院下发《关于机关事业单位养老保险制度改革的决定》，正式明确了机关事业单位养老保险制度改革的适用范围、制度模式和具体设计。2015年3月27日，国务院办公厅下发了《机关事业单位职业年金办法》，进一步明确了机关事业单位职业年金的制度设计。被社会各界高度关注的机关事业单位养老保险制度改革终于迈出了重要步伐。

虽然机关事业单位养老保险制度改革的方案已经发布，改革任务基本明确；但是，绝非完事大吉，机关事业单位养老保险制度改革依然任重道远，改革实施过程中可能存在诸多不确定性因素和风险，改革的成败与效果如何，有待于实践检验，方案需要随着经济社会发展环境的变革而不断调整和完善。公务员与事业单位人员同属于国家公职人员，应该统筹推进公务员与事业单位人员的养老保险制度改革，将其视为一个整体进行设计，协同推进，以图达到最佳改革结果。龙玉其同志一直关注机关事业单位养老保险制度改革，曾经主持和参与多项关于机关事业单位养老保险制度改革的研究课题，尤其是在公务员养老保险制度研究方面有了较多的积累，产出了一系列研究成果，在学术界产生了一定的影响，为国家机关事业单位养老保险制度改革提供了参考。他的博士论文曾经对国外不同类型的公务员养老保险制度进行了系统的比较分析，并于四年前出版了专著《公务员养老保险制度国际比较研究》，作为这一著作的姊妹篇。在事业单位养老保险制度改革试点方案发布后，公务员的养老保险制度改革引起了学术界的广泛关注，该著作的出版正是作者积极关注这一问题的结晶。能够在一个具体的问题领域长期聚焦研究，并产出丰富的研究成果，体现了作者严谨求实的科研精神，也体现了作者积极关注改革的社会责任感。

作者在论著中阐释了公务员养老保险制度改革的理论基础，把握了我国公务员养老保险制度的发展演变与现状，明确了我国公务员养老保险制度改革的总体思路与若干关键问题，分析了我国公务员养老保险制度改革的难点与障碍，借鉴了国外职业年金制度与公务员养老保险制度的经验。作者在研究中回应了目前社会对公务员养老保险制度改革的期盼，对公务员养老保险制度改革的若干关键问题进行了深入研究，对我国公务员养老保险制度模式和制度设计进行了重构，比较全面、理性地提出了一系列观点与政策建议。这对于深化我国机关事业单位养老保险制度改革、促进我国养老保险制度体系可持续发展是有益的参考。希望作者能够继续努力，沿着养老保险相关领域重大问题深入思考，推出更多精品力作。

2015 年 8 月 8 日

目 录

导 论 ……………………………………………………………… 1
  第一节 研究背景与研究意义 ………………………………… 1
  第二节 国内外相关研究述评 ………………………………… 4
  第三节 研究内容与研究方法 ………………………………… 5

第一章 中国公务员养老保险制度改革研究的理论基础 ……… 9
  第一节 公务员的概念辨析与制度演进 ……………………… 9
  第二节 公务员养老保险制度改革的多学科审视 …………… 22
  第三节 公务员养老保险制度的公平与效率 ………………… 35

第二章 中国公务员养老保险制度的回顾与反思 ……………… 52
  第一节 中国公务员养老保险制度的发展历程与现状 ……… 52
  第二节 各地公务员养老保险制度改革探索的比较述评 …… 58
  第三节 中国公务员养老保险制度的主要问题及其原因 …… 67
  第四节 中国公务员养老保险制度改革的初步建议 ………… 71

第三章 中国公务员养老保险制度改革的调查分析 …………… 85
  第一节 问卷调查及样本特征 ………………………………… 85
  第二节 问卷调查的内容分析 ………………………………… 89
  第三节 调查结论及政策含义 ………………………………… 111

第四章 中国公务员养老保险制度改革的总体思路 …………… 116
  第一节 中国公务员养老保险制度改革的必要性与可行性 …… 116

第二节　中国公务员养老保险制度改革的理念、目标与原则 …… 124
　　第三节　中国公务员养老保险制度改革的目标模式选择 ………… 130

第五章　中国公务员养老保险制度改革的难点与障碍 ……… 148
　　第一节　中国公务员养老保险制度改革中的政府角色困境 …… 148
　　第二节　中国公务员养老保险制度改革的难点及其突破 ……… 154
　　第三节　当前中国公务员养老保险制度改革的制约因素 ……… 160

第六章　中国公务员养老保险制度改革的关键问题 …………… 168
　　第一节　公务员养老保险的资金筹集 …………………………… 168
　　第二节　公务员养老保险的待遇计发 …………………………… 180
　　第三节　公务员养老保险的管理与服务 ………………………… 191
　　第四节　公务员养老保险的基金管理与投资 …………………… 199
　　第五节　公务员养老保险制度的转轨设计 ……………………… 205
　　第六节　公务员养老保险制度改革中的退休年龄问题 ………… 211

第七章　国外职业年金制度比较分析与借鉴 …………………… 219
　　第一节　国外职业年金制度的建立与发展 ……………………… 219
　　第二节　国外职业年金制度的运行机制 ………………………… 224
　　第三节　英国和美国的职业年金制度 …………………………… 232
　　第四节　国外职业年金制度的经验总结 ………………………… 254
　　第五节　中国建立公务员职业年金制度的思考 ………………… 259

第八章　研究结论与政策建议 …………………………………… 272
　　第一节　研究结论 ………………………………………………… 272
　　第二节　政策建议 ………………………………………………… 281

参考文献 ………………………………………………………………… 290

后　　记 ………………………………………………………………… 304

导 论

第一节 研究背景与研究意义

一 研究背景

改革开放以来，我国经济社会发展处于深刻转型与变革中，诸多领域发生了巨大变化；进入21世纪以来，我国经济社会转型与发展的速度进一步加快，各项改革进一步推进；尤其是党的十八大和十八届三中全会以来，我国进入转型与转轨的新阶段。

人口老龄化是我国当前和未来较长一段时间内的基本国情之一。截至2012年末，我国60岁以上人口为19390万人，占总人口的14.3%，其中65岁以上人口为12714万人，占总人口的9.4%。我国人口老龄化呈现总量大、速度快、高龄化等特征。养老保险制度是社会保障和社会政策的核心内容之一，对推动经济社会发展、促进社会的良性运转与协调发展具有重要作用。在人口老龄化日益严重的背景下，我国迫切需要加强养老保险制度建设，协调不同群体和阶层之间的利益关系，遵循科学的方法和规律，有效运用有限的养老保险资源满足不同人群差异化的养老需求，激发社会活力，推动社会进步。

随着我国经济体制改革的逐步深入，养老保险制度改革不断深化，我国建立了"社会统筹与个人账户相结合"的基本养老保险模式，实现了从国家—单位保障到社会化保障的转变，确立了国家、单位、个人共担的社会保障责任分担机制，为保障老年人的基本生活、促进经济社会发展发挥了重要作用。但是，我国养老保险制度的发展还存在诸多亟待解决的重要问题，比如，养老保险制度碎片化严重，公平性有待进一步提升。

机关事业单位养老保险制度是整个养老保险制度体系的重要组成部分。我国公务员养老一直实行传统的离退休养老制度，公务员退休养老完全由国家负责，这种制度起源于新中国成立后的计划经济时期。在计划经济时期，这种传统的养老保险制度对保障机关事业单位离退休人员的基本生活、促进经济社会的稳定和发展发挥了重要作用。随着改革开放的逐步深入和社会主义市场经济体制的建立与完善，这种传统的养老保险制度已明显成为机关事业单位改革的一大阻碍，不利于社会主义市场经济体制的健全与完善。与此同时，企业职工的社会养老保险制度改革已经走在前面，通过实践探索，已经取得了较好的改革效果，积累了实践经验，形成了"社会统筹与个人账户相结合"的企业职工社会养老保险模式，在制度模式、管理体制、资金筹集、基金监管、法制建设等方面已基本形成框架。尽管自1994年以来，山西、山东、河北、江苏、福建、海南等13个省份开始了机关事业单位养老保险改革试点，但全国大多数地区还没有开展这项工作，开展试点的地区也存在很多问题，比如：管理体制不合理，改革缺乏法制规范和指导，参保意识淡薄，征收基数和比例不合理，社会化发放程度低，缴费比例不合理，个人账户不健全，待遇差别过大，新旧制度衔接不合理，转移接续存在困难，统筹层次低，基金保值增值难，等等。

近年来，社会各界对机关事业单位养老保险问题极为关注，尤其是在《社会保险法》的多次审议中，机关事业单位养老保险问题引起了很大争议和极大关注。2008年，国务院印发了《事业单位工作人员养老保险制度改革试点方案》，准备在山西、上海、浙江、广东、重庆5省市进行事业单位养老保险制度改革试点。试点方案在公布以后引起了全社会的极大关注。社会各界对养老保险"双轨制"的问题高度关注，并强烈呼吁进行改革。但是，到目前为止，我国机关事业单位养老保险制度改革并没有得到真正推进。原因是多方面的，其中一个重要的方面就是机关事业单位养老保险改革分立进行，公务员养老保险制度改革的落后阻碍了人才的跨部门流动，不利于统一的劳动力市场的形成和完善，容易拉大公务员与事业单位人员的待遇差距，不利于实现社会公平正义，与我国社会转型步伐不相适应，不利于实现合理的社会流动，不利于不同阶层之间的和谐共处，不利于社会管理与社会和谐。

《中共中央关于完善社会主义市场经济体制若干问题的决定》提出，"要积极探索机关和事业单位社会保障制度改革"。党的十七大报告提出，要"促进企业、机关、事业单位基本养老保险制度改革"。党的十八大提出，要"改革和完善企业和机关事业单位社会保险制度"。十八届三中全会通过的《中共中央关于全面深化改革若干重大问题的决定》明确提出，要"推进机关事业单位养老保险制度改革"。可见，近些年来，机关事业单位养老保险制度改革已提上议事日程，公务员养老保险制度改革自然是其中的一部分。

为此，需要对公务员养老保险制度改革进行研究和探索，尽快推动我国公务员养老保险制度改革，使之更好地适应经济社会的发展，增强养老保险体系的可持续性，增强养老保险制度的公平性与效率性。

二 研究意义

1. 理论意义

公务员养老保险制度改革研究是养老保险制度和社会保障制度研究的重要内容之一，也是公共部门人力资源管理研究的重要内容之一。本研究通过对我国公务员养老保险制度改革进行系统的理论与政策研究，阐释公务员养老保险制度改革的理论基础，分析改革中的若干重点难点问题，重构我国公务员养老保险制度模式和制度设计，对推进我国社会保障理论研究、完善社会保障模式具有一定意义。本研究采用定性与定量相结合、多学科交叉、理论与实践相结合的研究方法，有利于完善社会保障的研究方法。本研究对于加强政府人力资源管理、丰富公共部门人力资源管理的理论与技术具有参考价值。

2. 现实意义

中国公务员养老保险制度改革研究具有重要的现实意义，主要体现在以下几点。

第一，有利于促进我国社会保障体系的公平与可持续发展。机关事业单位养老保险制度改革是整个社会保障体系建设的重要内容。事业单位养老保险制度改革方案已经出台,但改革进展缓慢,不利于未来的经济社会发展。要求同步推进改革的呼声越来越大。《社会保险法》实施后,加强公务员养老保险改革是未来完善中国社会保障体系的重要任务。

第二,有利于促进居民收入再分配与社会公平正义。公务员与其他群体之间养老保险制度及其待遇的差异,已受到社会广泛关注;养老保险制度的差异影响了不同群体和阶层之间的收入水平和社会地位。加强公务员养老保险制度改革,有利于促进居民收入的再分配,实现社会公平正义。

第三,有利于促进劳动力市场建设,提高人力资源配置效率。当前中国劳动力市场还存在诸多问题,影响到劳动力的自由流动和劳动力资源的配置效率。公务员养老保险制度的独立性与封闭性,影响到政府部门和企业之间的人员流动。加强公务员养老保险制度改革,有利于促进劳动力市场建设、提高人力资源配置效率。

第四,有利于公务员制度建设与服务型政府建设。公务员养老保险制度是公务员制度的重要内容之一,建立科学、合理的公务员养老保险制度,有利于促进公务员制度的完善。在当前经济社会背景下,迫切需要转变政府职能,建立服务型政府。加强公务员养老保险制度改革,有利于提高公务员队伍的活力、提高政府行政效率、促进服务型政府建设。

第二节　国内外相关研究述评[①]

目前国内相关研究介绍了我国机关事业单位养老保险制度的发展现状,总结了制度存在的问题,对公务员养老保险制度改革进行了理论分析,提出了今后制度改革的建议,为我国公务员养老保险制度改革提供了重要参考。国外研究从国外公务员养老保险制度类型、制度建立的原因、制度改革等方面进行了研究,为我国公务员养老保险制度改革提供了有益的借鉴。

---

① 笔者在拙著《公务员养老保险制度国际比较研究》中已对国内外公务员养老保险制度的相关研究进行了系统综述,本研究在此基础上进行了有针对性的提炼、更新与完善,为避免重复,本书没有将具体的综述内容纳入进来。

尽管众多专家学者对公务员养老保险制度进行了相关研究，但是，这方面的研究目前还不太成熟，无论是数量还是质量都不能有效满足我国推进公务员养老保险制度改革的理论需求与政策需求。与对其他群体养老保险制度的研究相比，现有的对公务员养老保险制度的研究大多数还缺乏分析深度，对改革中需要解决的关键问题研究不深入，对改革中可能出现的难点、焦点问题关注不够。绝大多数研究是"就制度谈制度，就问题谈问题"，研究视角过于单一，提出的一些对策建议和制度方案缺乏足够的科学性与可行性。特别需要指出的是，目前国内外的相关研究主要关注公务员养老保险制度及其改革中的财政因素与经济因素，相对忽视了其他因素的考虑。目前的研究较少对公务员群体进行调查，而是根据社会意见和个人主观判断进行研究，公务员是其养老保险制度的重要主体，缺乏对公务员自身意见考虑的研究是不完善的。现有的研究主要是从公共管理学或公共政策学的角度对制度进行现状描述和分析，缺乏深层次的理论研究，没有从多学科的角度系统分析公务员养老保险制度，不利于我国公务员养老保险制度改革共识的形成和行动方案的设计。

因此，本研究采用理论研究与调查研究相结合的方法，借鉴国际经验，立足我国国情，从多个学科视角全面审视我国的公务员养老保险制度及其改革问题，明确改革的总体设计，加强关键问题研究，力求为推进公务员养老保险制度改革提供有效的理论与政策参考。

第三节　研究内容与研究方法

一　研究目标

本研究的主要目标体现在以下几个方面。

一是把握我国公务员养老保险制度改革的理论基础，阐释公务员养老保险制度改革的必要性与可行性，为推进改革和设计科学的方案提供理论依据。

二是准确把握我国公务员养老保险制度的发展历史与现状，这是本研究的基础。对新中国成立以来我国公务员养老制度进行回顾，把握公务员养老保险制度的历史演进，了解各地机关事业单位养老保险制度改革的探索实践，分析公务员养老保险制度存在的主要问题，了解公务员对其退休养老、养老保险制度及改革的看法与建议。

三是明确我国公务员养老保险制度改革的理念、目标、原则与总体思路，理清公务员养老保险制度改革的目标模式，明确改革的难点与制约因素，分析政府在公务员养老保险制度改革中的角色。

四是基于公务员养老保险制度改革的目标模式和总体思路，对公务员养老保险制度的资金筹集、待遇支付、基金管理、管理服务、转轨设计等若干关键问题进行具体设计。

五是对公务员养老保险制度改革中的职业年金问题进行重点探讨，从总体上回顾国外职业年金制度的发展状况，对英国、美国两个典型国家公共部门与私人部门职业年金制度进行介绍与剖析，在此基础上，结合我国公务员养老保险制度改革的需要进行职业年金制度的设计。

二 研究内容

除导论和结论部分外，本研究的主要内容分为七章。

第一章是中国公务员养老保险制度改革研究的理论基础。对公务员概念进行辨析，对公务员制度的发展演变进行回顾，结合国际公务员概念与公务员制度的发展演变，了解我国的公务员与公务员制度；从公共管理学、社会学、政治学、经济学等多学科视角阐释公务员养老保险制度改革的依据；基于国际、国内公务员养老保险制度的实践，分析公务员养老保险制度的公平性与效率性。

第二章是中国公务员养老保险制度的回顾与反思。回顾新中国成立以来我国公务员养老保险制度的发展历程与制度现状，对20世纪90年代以后一些地方对公务员养老保险制度改革探索的实践进行比较分析，总结目前我国公务员养老保险制度存在的主要问题及其原因，对我国的公务员养老保险制度改革提出初步建议。

第三章是中国公务员养老保险制度改革的调查分析。通过对北京、河北、山东、湖南等省市1220名公务员的问卷调查，了解目前公务员养老保险制度现状，了解公务员退休与养老意愿，重点了解公务员对养老保险制度改革的态度与看法，为改革设计提供参考。

第四章是中国公务员养老保险制度改革的总体思路。包括公务员养老保险制度改革的必要性与可行性，公务员养老保险制度改革的理念、目标与基本原则，公务员养老保险制度改革的目标模式选择。

第五章是中国公务员养老保险制度改革的难点与障碍。这是我国公务员养老保险制度改革设计需要明确并做出相应准备的重要方面。政府在我国公务员养老保险制度改革中扮演着多重角色，容易导致角色混乱甚至冲突，在推进公务员养老保险制度改革的过程中，务必处理好政府的角色困境，明确政府的职责定位。公务员养老保险制度改革需要充分认识并解决若干难点问题，包括制度模式的选择、筹资机制的建立、待遇水平的设定、转轨方案的设计、投资体制的完善等方面。公务员养老保险制度改革还需要突破诸多制约因素。

第六章是中国公务员养老保险制度改革的关键问题。公务员养老保险制度改革需要在总体设计基础上明确和把握若干关键问题，包括资金筹集、待遇计发、管理与服务、基金管理与投资、转轨设计、退休年龄等方面，本章对这些问题进行具体论述和设计，寻求具体策略。

第七章是国外职业年金制度比较分析与借鉴。本章回顾职业年金制度建立与发展的过程，分析国外职业年金制度的具体内容与运行机制，包括制度模式、资金筹集、待遇计发、基金投资、管理模式、监管体系、税收优惠等内容。对美国、英国两个典型国家的公共部门与私人部门职业年金制度进行详细介绍。总结国外职业年金制度的发展经验。借鉴国外职业年金制度的发展经验，对我国公务员职业年金制度的建立进行具体思考。

三　研究方法

本研究主要采用以下研究方法。

一是文献研究法。对国内外关于公务员养老保险的研究成果进行系统梳理，包括对公务员、公务员福利、公务员养老、公务员薪酬等概念的认识，还包括国内外公务员养老保险制度的现状、存在的问题、改革等方面的研究成果。

二是调查研究法。通过问卷调查、个案访谈、座谈会等方式对部分公务员进行实地调查,了解有关部门和公务员对目前养老制度及其改革、退休年龄、退休待遇等方面的看法。

三是实证研究法。在文献研究和理论研究基础上,结合调查数据和有关统计数据进行分析,为未来的改革设计提供更加科学有力的论据。问卷调查根据典型性、可行性、科学性原则,采取整群随机抽样的方法,在北京、河北、山东、湖南等省市选取了1220个有效样本展开。本研究还开展了个案访谈、座谈会等形式的实地调研。

四是比较研究法。包括公务员与其他群体养老保险制度的比较、国外与中国公务员养老保险制度的比较,通过比较分析,进一步总结中国公务员养老保险制度存在的问题,为未来的改革提供经验借鉴和政策参考。

四 研究思路

本研究基本思路:文献研究→方案设计→理论研究→调查研究→数据分析→专题研究。具体如图0-1所示。

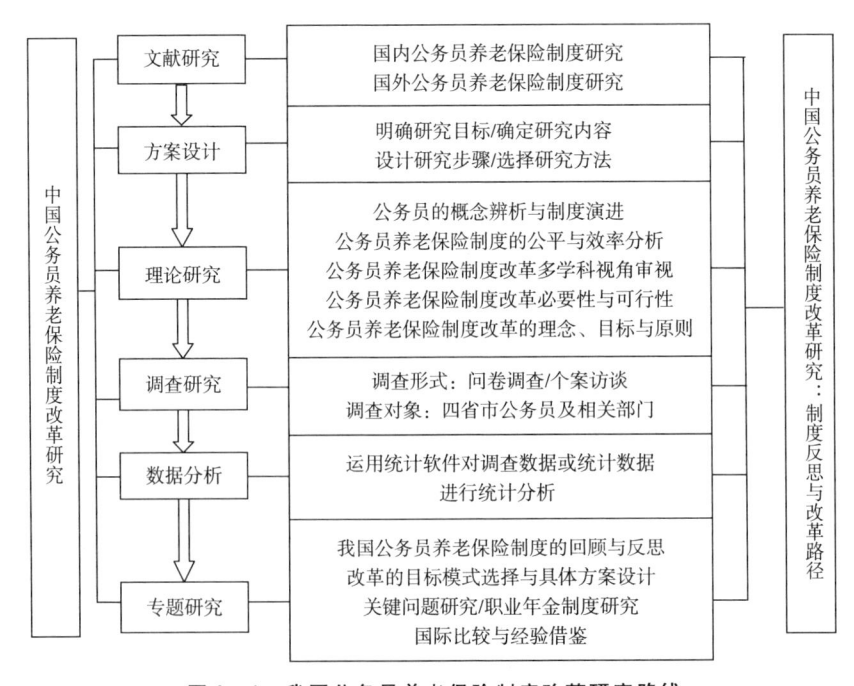

图0-1 我国公务员养老保险制度改革研究路线

第一章 中国公务员养老保险制度改革研究的理论基础

加强我国公务员养老保险制度改革研究,首先需要明确改革相关的理论基础。明确公务员养老保险制度改革的相关概念,[①] 从社会学、经济学、政治学、公共管理学等多个学科视角充分认识公务员养老保险制度改革。追求公平与效率的结合是公务员养老保险制度改革的重要目标,因此,需要理论与实践、国际与国内相结合,对这一问题进行阐述。

第一节 公务员的概念辨析与制度演进

公务员是履行公共职责、开展公共管理的重要主体,质量优良、数量适度的公务员队伍是一个国家实现良好治理与满足国民公共服务需求的重要保障。正确理解公务员概念的内涵、把握公务员概念的外延是加强公务员管理、健全公务员制度的重要前提,也是加强公务员养老保险制度改革、完善公务员福利制度的重要基础。公务员制度的建立与发展经历了一个较长的时期,对公务员制度演进过程的考察有利于进一步深入了解公务员的概念。加强我国公务员养老保险制度改革研究,首先必须充分认识、理解我国的公务员概念与公务员制度,只有这样才能准确、有效地进行改革的制度设计。

一 公务员概念的内涵与外延

对公务员概念的理解可以从内涵和外延两个方面进行,内涵是对公

[①] 由于相关概念已在拙著《公务员养老保险制度国际比较研究》中进行论述,为避免累赘,这里重点介绍公务员的概念与公务员制度的演进。

务员实质与特点的把握,而外延则是对公务员范围与数量的把握。

(一) 公务员概念的内涵

所谓公务员概念的内涵,即"什么是公务员"。受历史传统、政治制度、经济体制、发展阶段等因素影响,不同国家和地区对公务员内涵的理解和定义也有所差异。

从字面意义来看,公务员就是行使公务的人员,或者说从事公共事务活动的人员。不同国家对公务员的称呼不同。"公务员"一词是从英文"civil servant""civil service""public servant"等词翻译过来的,原意是指"文职服务员""文职仆人""国王的仆人",后来有人译为"文官""公职人员""文职人员","公务员"这一概念的使用是从近代开始的。不同国家对公务员的称呼略有不同,美国把公务员称为"政府雇员";日本第二次世界大战前把公务员称为"文官",战后改称为"公务员";法国直称为"公务员";联邦德国称为"联邦公务员"或"联邦官员"。

不同学者对公务员概念的理解也有所不同,比如,有的学者认为,公务员是行使行政职权、履行国家公务、从事社会公共事务管理的人员;[1] 有的学者认为,公务员一般是指通过非选举程序而被任命担任政府工作的国家工作人员;[2] 有的学者认为,公务员是由国家依据法定方式和程序任用,代表国家依法行使行政职权,执行国家公务的公职人员;[3] 有的学者认为,公务员是指由国家特别选任,对国家服务,且负有忠实义务者。[4]

尽管不同国家和地区对公务员概念的认识有所差异,称呼有所不同,不同学者对公务员概念的理解也有所不同,但是,公务员概念也体现出一些共同的特点,主要体现在以下几点,首先,公务员是履行公共职责、执行国家公务的人员,对国家的忠诚度和责任性是公务员的本质特征,离开了这一要素,都不能真正被称为公务员。其次,公务员是通过一定的程序和方式进行选拔的,不会自动成为公务员,也不会以世袭的方式

---

[1] 徐颂陶:《国家公务员制度全书》,吉林文史出版社,1994,第1089页。
[2] 黄达强:《各国公务员制度比较研究》,中国人民大学出版社,1990,第18页。
[3] 邝少明:《论公务员的含义与范围》,《中山大学学报》(社会科学版)2001年第2期。
[4] 缪全吉等编著《人事行政》,国立空中大学,1990,第35页。

出现，而选拔公务员应遵循一定的程序和规范，只是在不同的国家，这种程序和规范不同。再次，行政机关或者政府机构的公务人员是公务员的主体甚至全部，一些国家可能包括一些非政府机构的人员，但是，几乎所有国家政府机构的公务人员一定是公务员。最后，公务员的劳动报酬与福利待遇主要由国家财政负责，最终来源于国家税收，这也体现了国家的雇主责任和公务员工作的公共性。

对公务员的理解，还要注意其与公职人员、公共部门人员等概念的关系。尽管这几个概念都具有公共性，强调从事公共活动、执行公共任务，但是这几者之间还是有区别的。一般来说，公务员的概念范围最小，公职人员次之，公共部门人员的范围最大。公务员主要指行政系统的人员；而公职人员则还包括事业单位人员；公共部门人员的范围更广，还包括一些公共企业的人员。只不过，不同国家对这几个概念的区分是不同的，一些国家甚至把公共企业的人员也算作公务员。

与私人部门人员相比，公务员具有诸多不同之处。公务员是履行公共职能和开展公共服务的主体，其行为具有明显的公共性，因而公务员的职业特点与私人部门有着明显区别。第一，公务员与其他群体雇用所依据的法律不同，公务员是由政府或公共部门根据《公务员法》或相关的法律法规进行招聘、考核和录用的，而私人部门的招聘和录用工作则由私人部门依据普通《劳动法》或相关法律进行。第二，与私人部门相比，公务员职业具有较强的稳定性，只要不违背相关的法律和规章，一般属于"终身雇用制"，即便是在劳动力自由流动的背景下，公务员的岗位仍然相对比较稳定；而私人部门则往往由雇主与雇员协商决定，具有较强的灵活性甚至是随意性。第三，由于公务员是国家履行公共职能的代表，其行为规范受到较大的制约，比如，很多国家的公务员不具有参与罢工的权利。第四，由于公务员身份的特殊性，其公共服务行为所带来的影响往往要大于普通劳动者的，尤其是在公务员的行为出现问题时，其带来的负面影响较大。此外，公务员的工作行为一般不直接创造经济价值，属于非生产性劳动；而私人部门雇员的劳动属于生产性劳动，直接创造经济价值。[1]

---

[1] 龙玉其：《公务员养老保险制度国际比较研究》，社会科学文献出版社，2012，第43页。

（二）公务员概念的外延

尽管公务员的概念具有前述共性，但是，由于文化传统、发展历史、发展阶段、政治体制、经济体制等方面的差异，在这些共性的基础上，不同的国家和地区对公务员的理解又有一些差异。由于各国对公务员概念的具体定义不同，因而公务员概念的外延也具有较大的差异。公务员概念外延的大小直接决定着公务员队伍的数量，也在一定程度上影响着政府对公务员薪酬福利的财政负担大小。

总体来看，世界各国对公务员外延的划分可以分为小口径、中口径和大口径三种。[①]

小口径的公务员范围最狭窄，包括的公务员数量最少，将公务员范围局限在各级各类政府机构内，而且不是政府机构内的全部人员，只是部分人员。一般而言，小口径的公务员主要是指国家各级政府机构中非选举和非政治任命的公务人员，或者说是政府中的事务类人员而非政治性人员，强调公务员的政治中立性和录用程序的规范性。以英国为代表，还包括印度、巴基斯坦、缅甸、斯里兰卡、马来西亚、加纳、阿尔及利亚、肯尼亚、南非、澳大利亚、新西兰等国。英国主要包括国家政府中非选举产生和非政治任命的人员，即指那些不与内阁共进退、通过公开考试择优录用、无过失即可长期任职的常任文职人员，不包括由选举或政治任命产生的内阁成员及各部政务次官、政治秘书等政务官，企事业单位的工作人员、自治地方的工作人员、法官和军官等都不是公务员。

中口径的公务员将范围扩大到整个行政系统甚至其他公共部门，主要指各级政府机构中所有公务人员，包括政府机构内所有政务类公务人员和事务类公务人员。以美国为代表，还包括菲律宾、泰国、韩国、德国等国家。美国把总统、特种委员会成员、部长、副部长、部长助理以及独立机构长官等政治任命和行政部门的所有人员都包括在公务员的范围内。由于美国实行严格的立法、行政、司法三权分立的政治制度，其联邦公务员范围仅指联邦行政机关中执行公务的人员。国会的议员以及司法部门的公职人员，都不在公务员之列。德国公务员分为两类：一类

[①] 张柏林：《〈中华人民共和国公务员法〉教程》，中国人事出版社，2005，第21~22页。

是通过选举产生，随政府的更迭而更换，主要是担任特别职务的公务员，如联邦总理、联邦政府各部长、国务秘书等，他们不适用《联邦公务员法》；另一类是一般职位的公务员，包括联邦、州和地方行政部门，联邦劳动局，联邦邮政，研究机构，基金会，社会保险机构，教育机构，国有企业等的公职人员，适用《联邦公务员法》，实行常任制。①

大口径公务员范围比较广，将所有国家机关（包括立法、行政、司法三大系统）工作人员以及公共企事业单位的人员全部称为公务员，包括国家行政机关的工作人员和公益性的事业单位工作人员，还包括其他类型的事业单位和国有企业人员，具体包括中央和地方各级行政机关公职人员和各级立法机关、审判机关、检察机关、国立学校及医院、国有企业等部门的所有正式工作人员。法国和日本是这一类型的主要代表，还包括科特迪瓦、摩洛哥、突尼斯、几内亚州、尼日利亚、乍得、黎巴嫩等国。根据日本宪法和有关公务员法，日本将从中央到地方政府系统的公职人员、国会除议员之外的工作人员、审判官、检察官以及军职人员都划入公务员范围。根据《公务员总章程》规定，法国公务员包括中央政府、地方政府及其所属的公共事业机构公务员，分为国家公务员、地方公务员和医护公务员；不适用公务员法的公务员包括议会工作人员、法官、军事人员；适用公务员法的公务员包括中央政府和地方政府机关各部门从事行政管理事务的常任工作人员、外交人员、教师、医务人员等。

二 公务员制度的演进过程

公务员概念并非自古就有。对公务员概念的理解，离不开对公务员制度演进过程的考察。公务员制度的演进过程可以分为科举制、文官制度等不同阶段。

（一）中国古代科举制：公务员制度的前身

科举制是中国古代封建王朝选拔各类官吏的一种考试制度，由于这种考试采用分科取士办法，所以被称作科举制。中国的科举制起始于隋

---

① 邝少明：《论公务员的含义与范围》，《中山大学学报》（社会科学版）2001年第2期。

朝大业三年，到清光绪三十一年举行最后一科进士考试为止，经历了1300多年的发展，最后被废除。尽管科举制已经被废除，但其产生的影响是广泛而深远的。

隋统一全国后，隋文帝加强中央集权，于是把选拔官吏的权力收归中央，废除九品中正制，开始采用分科考试方式选拔官员，令"诸州岁贡三人"参加考试，合格者可以做官。隋炀帝大业三年四月，诏令文武官员有职事者，可以"孝悌有闻、德行敦厚、结义可称、操履清洁、强毅正直、执宪不饶、学业优敏、文才秀美、才堪将略、膂力骄壮"10科举人。进士二科，并以"试策"取士，这标志着科举制的正式诞生。自此之后，各朝代不断改革和完善科举制。

推翻隋朝统治后，唐朝承袭了隋朝传下来的人才选拔制度，并做了进一步完善。唐朝考试的科目分为常科和制科两类。每年分期举行的称为常科，由皇帝下诏临时举行的考试称为制科。常科科目有秀才、明经、进士、俊士、明法、明字、明算、一史、三史等50多种，其中，明经、进士两种是常科最主要的科目。明经、进士两种最初都只是试策，考试内容为经义或时务。以《礼记》《春秋左氏传》《诗》《周礼》《仪礼》《论语》《孝经》等儒家经典作为考试内容。后来两种考试科目虽有变化，但基本精神是进士重诗赋，明经重帖经、墨义。帖经与墨义，只要熟读经传和注释就可中试，诗赋则需要具有文学才能。为保证考试公正客观，对试卷采取了弥封、誊录、糊名等措施。宋代采取重文轻武的基本国策，十分重视科举制度，扩大录取名额，并确立了殿试制度。①

到清代，科举制日趋没落，最后被废除。清代的科举制贯彻的是民族歧视政策，满族人享有种种特权，做官不必经过科举途径。清代科举在雍正前分满汉两榜取士，旗人在乡试、会试中享有特殊优待，只考翻译一篇，称翻译科。之后，虽然改为满人、汉人同试，但参加考试的仍以汉族人为最多。到清光绪三十一年，清朝举行最后一科进士考试，经历了1300多年的科举制度正式被废除。

---

① 李俊清、刘建萍：《中国传统文官制度及其特点》，《国家教育行政学院学报》2007年第2期。

暂且不论科举制的不足之处，科举制对于维护封建阶级的统治和中国社会的稳定与发展发挥了重要作用，具体体现在：促进了中国教育事业的发展，促进了社会的流动，提高了统治者的素质，提高了统治效率。而且，科举制在世界上也产生了巨大的影响。

孙中山先生在考察欧美各国考试制度以后指出："现在各国的考试制度，差不多都是学英国的。追根到底，英国的考试制度，原来还是从中国学过去的。"[①] 美国学者威尔·杜兰指出，科举制度是"人类所发展出的选择公仆的方法中最奇特、最令人赞赏的方法。科举制度后为西方文官制度所借鉴，其对世界文明的贡献可与四大发明相媲美"。[②] 1835年7月，一位留居中国的英国人在英文杂志《中国文库》上撰文预言，"这种中国人的发明创造在印度的充分发展，预示着或许将来有一天，它会像火药和印刷术一样，在国家制度甚至是欧洲的国家制度中，引起另一次伟大变革"。[③] 1983年，时任美国联邦人事总署署长艾伦·坎贝尔在中国演讲时说："当我被邀请来中国讲授文官制度时，我感到非常惊讶。因为在西方所有的政治学教科书中，当谈到文官制度时，都把文官制度的创始者归于中国。"[④]

（二）英国的文官制度：公务员制度的建立

中国的科举制度得到了亚洲甚至其他国家的推崇与效仿，其中，日本、韩国、越南均效仿中国举行科举考试，越南废除科举比中国要晚。后来，欧美各国也相继学习中国的科举制，并在此基础上进一步完善，建立了文官制度。

16~17世纪，一些欧洲传教士在中国见证了科举取士做法，在他们的游记中把中国的科举制介绍到欧洲一些国家。在18世纪的启蒙运动中，一些英国和法国思想家都认同中国科举制的公平性、公正性。英国在19世纪中期至末期建立的公务员录用方法，规定政府通过定期公开考试招录文官，后来渐渐成为欧美各国所效仿的文官制度。英国文官制所

[①] 孙中山：《五权宪法》，人民出版社，1956，第496页。
[②] 威尔·杜兰：《世界文明史·东方的遗产》，东方出版社，1998，第545页。
[③] 梁宁森：《科举制：英国文官制度的起源》，《学术交流》2007年第5期。
[④] 桑玉成等：《当代公务员制度》，兰州大学出版社，1988。

采用的考试原则、考试方式与中国的科举考试十分相似。可以说，各国的考试制度在一定程度上是中国科举制的延续。

英国文官制度的形成经历了一个复杂曲折的过程。文官制度正式建立之前，主要经历了"恩赐官职制"和"政党分赃制"两个阶段。资产阶级革命之前，英国仍是一个封建君主专制的国家，国王拥有立法和行政大权，全国所有官吏由国王任命。因此，国王凭自己的权力任意选定官员，官吏的选用和升迁不是靠个人的能力和政绩，而是依靠门第出身、对国王的忠诚和私人关系，官职成为国王的恩赐，所有官员都是国王的臣仆，一切听命于国王。根据英国《文官统计资料》年刊的解释，"文官是指以公民身份为王国政府服务、未在政治（或司法）部门任职的工作人员；根据特殊规定担任某些其他职务的人员；以个人身份为王国政府服务，从王室的年俸中支薪的工作人员"。[①] 随着1640年资产阶级革命的爆发，王权被推翻，资产阶级君主立宪制确立。但是，国王仍然很大程度上控制着议会，仍旧保留了国王许多特权；[②] 由于国王仍握有录用官员之权，为了恢复失去的封建专制统治，国王利用手中的权力，大肆封官许愿，笼络人心，扩大自己的势力，使许多昏庸无能之士在政府高居要职，导致了政府的无能与效率低下，严重阻碍了资本主义经济的发展。

19世纪初，英国两党制基本形成且日益成熟，两个政党竞争执政，内阁由在竞选中获胜的政党组成，政党的交替也会导致政府行政人员的轮换。新上台的执政党就把官职作为战利品进行公开分赃。这种"政党分肥制"同样使很多昏庸无能之辈纷纷登上权力的宝座，结果造成行政效能低下、官场腐败不堪。可见，无论是"恩赐官职制"还是"政党分赃制"，都有严重的弊端。一个是营私舞弊、买卖官职、无功受禄的现象盛行，使不学无术、游手好闲之徒充斥官场宦海；另一个是执政党更替，国家工作人员大换班，造成政府行政系统的动荡，缺乏政策连续性。这两种官制都严重地影响了社会的稳定和发展。[③]

---

① 施雪华：《当代各国政治制度：英国》，兰州大学出版社，1998。
② Robert Walcott, *English Politics in the Early of Eighteenth Century*, Oxford, 1956, pp. 161 - 182.
③ 王铭：《英国文官制度述论》，《辽宁大学学报》（哲学社会科学版）2007年第1期。

因此，英国的行政体制和官吏制度亟须进行改革。从 19 世纪 50 年代起，英国政府对文官体制展开较全面的改革工作。1852 年，英国阿伯丁政府财政大臣格莱斯顿指派屈维廉与诺斯科特对现有的文官队伍与文官制度进行调查和研究。1853 年底，他们拟出一个《关于建立英国常任文官制度的报告》（又称《诺斯科特—屈威廉报告》），充分揭露了当时文官体制的腐败和弊端，提出了一个全面的文官体制改革建议，具体包括：文官的任命实行公开考试，成立相应考试机构，文官不能有政治偏向和党派色彩，要对被录用文官的工作情况进行严格考核，文官的晋升依据功绩而非资历，高级文官从政府内部提拔产生，文官的工作和服务实行统一的标准和做法，文官按工作性质分为智能类和体力类（即白领和蓝领）。①

《诺斯科特—屈威廉报告》的发表，为英国文官考试制度奠定了重要基础。1855 年和 1870 年，议会分别通过两项枢密院令，正式确立了公开竞争考试作为进入枢密院供职的原则，并强令所有部门举行任职考试，标志着英国文官制度的最终确立。枢密院令规定，行政机构人员的任命要通过公开竞争考试；考试分级、定期举行；建立主持考试的文官事务委员会，使考试制度化；对初试合格者进行复试；等等。这些考试制度的原则与中国古老的科举制度原则之间有着惊人的相似之处。②

从 19 世纪中期开始，西方各国相继开始实行文官制度。美国众议员托马斯·詹克斯向国会详细介绍了中国、普鲁士和英国的官员制度，要求通过公开考试录用官员，建立以功绩制为核心的常任公务员制度。1883 年，美国国会通过的《彭德尔顿法案》废除了政党分赃制，在政府官员的选拔和录用方面引入自由竞争机制，体现了功绩制、政治中立和对公民负责的核心价值和精神，奠定了美国公务员制度基础。加拿大于 1882 年、澳大利亚于 1902 年分别建立了公务员制度，法国、德国、日本在二战后全面推行公务员制度。到 20 世纪 60 年代，西方各国已广泛建立起比较完善的现代公务员制度。

---

① Sir E. Bridges, "The Reform of 1854 in Retrospeet", *Political Quarterly*, 1954, pp. 316 - 323.
② 梁宁森：《科举制：英国文官制度的起源》，《学术交流》2007 年第 5 期。

20 世纪 70 年代以后，随着各国经济环境的变化，行政体制显现出诸多弊病，各国采取了各种措施对原有的行政体制进行改革，对文官制度或公务员制度的改革就是其中一个重要的方面，各国的改革主要是围绕规范程序、缩减支出、精简机构、提高绩效、增强能力、增强专业性等方面进行的。

三　中国的公务员概念与公务员制度

（一）中国的公务员概念

在中国，"公务员"一词最早出现在 1928 年南京国民政府制定的《中华民国刑法》中。1928 年，南京国民政府制定公布的《中华民国刑法》第 6 条第一次使用"公务员"一词，并进行了相应的解释，"称公务员者，谓职官吏员，及其他依法令从事于公务之议员及职员"；"本法于民国公务员在民国领域外犯左列各罪者适用"，这是首次在中国历史上以法律的形式出现"公务员"的字眼。1929 年，立法院法制委员会在讨论《官吏任用暂行条例草案》时，将标题改为《公务员作用条例草案》，1931 年，改为《公务员作用法》，中华民国的公务员制度也随之建立。[①] 1935 年，《中华民国刑法》对公务员的含义解释进行了修正："称公务员者，谓依法令从事于公务之人员。"中华民国的公务员包括政务官与事务官，政务官是指由国民党中央政治会议特别任命，不需要考试的官员，系特任职；事务官是指经过考试而被任用的人员，包括简任职、荐任职、委任职。[②]

新中国成立后，民国时期的公务员制度被废除，新中国政府并没有直接使用"公务员"这一概念，并将其从新中国的法律条文中删除，使用"干部"来代替，范围比较广，包括党的领导干部、国家机关干部、企业事业单位的负责人和管理人员，甚至大专院校毕业生工作后被统称为"干部"。正式大量使用"公务员"这一概念是在改革开放以后，特别是 20 世纪 90 年代中期以后。

---

① 谢振民：《中华民国立法史》（上册），中国政法大学出版社，2000，第 395、481 页。
② 杨成炬：《汉语"公务员"概念的流变》，《华东政法学院学报》2006 年第 5 期。

1984年11月，中共中央组织部会同劳动人事部开始起草《国家工作人员法》，因条件不具备，后来修改为《国家机关工作人员条例》；由于"国家机关工作人员"这一概念范围太广，又修改为《国家行政机关工作人员条例》。1986年，由中央组织部牵头、劳动人事部参加组成的干部人事制度专题工作组，在《国家行政机关工作人员条例》草案基础上，进一步提出了建立国家公务员制度的建议。1993年，国务院颁布了《国家公务员暂行条例》，"公务员"的名称在我国开始正式出现并逐步被普遍使用。

　　随着我国公务员制度的逐步建立和完善，公务员概念的内涵和外延也不断发生变化。1993年的《国家公务员暂行条例》将公务员的范围界定为"各级国家行政机关中除工勤人员以外的工作人员"，将公务员的范围限定在行政机关内，也就是各级政府中工勤人员以外的人员。2006年实施的《国家公务员法》对公务员的概念做了进一步的界定，公务员的范围进一步扩大，即"公务员是指依法履行公职、纳入国家行政编制、由国家财政负担工资福利的工作人员"，对公务员概念的界定更加灵活和广泛，仅规定了公务员的三个核心要素：依法履行公职、纳入国家行政编制、国家财政负担工资福利。

　　结合我国国情和政治体制，公务员主要包括政府行政机关、中国共产党机关、民主党派机关、人大机关、政协机关、审判机关、检察机关中除工勤人员以外的所有工作人员。此外，人民团体、群众团体、具有公共事务管理职能的事业单位中除工勤人员以外的工作人员，经批准参照公务员法进行管理。甚至部分国有企业的主要负责人也参照公务员法进行管理。我国公务员不依照西方实行政务官与事务官，而是分为领导职务和非领导职务，领导职务包括国家级正职、国家级副职、省部级正职、省部级副职、厅局级正职、厅局级副职、县处级正职、县处级副职、乡科级正职、乡科级副职，非领导职务层次在厅局级以下设置。

　　目前我国公务员数量没有确切的数据可查。根据中央组织部副部长王京清在十八大记者招待会透露，2011年底，全国公务员人数达702.1万人，据公务员主管部门对2008年、2009年、2010年的数据统计，全国公务员的数量分别是659.8万人、678.9万人、689.4万人，近两年年均增长约15万人。此外，我国还有88.4万参照公务员法管理的群团机关、事业单位工作人员。[①] 历年我国的公务员与参照公务员法管理的工作人员数量如表1-1所示。如果再加上事业单位人员，我国的公职人员数量超过4000万人。

表1-1　近年来我国的公务员与参照公务员法管理的工作人员数目

单位：万人

年　份	公务员	参照公务员法管理的群团机关工作人员	参照公务员法管理的事业单位工作人员
2007	617.2	8.2	18.9
2008	659.8	10.2	47.8
2009	678.9	11.1	65.5
2010	689.4	11.6	76.8

资料来源：《人力资源和社会保障统计摘要（2011）》。

（二）中国公务员制度的建立与完善

中国的科举制是国外文官制度与公务员制度的前身，但是，中国的现代公务员制度建立相对较晚，并且是在学习、借鉴国外公务员制度的基础上建立起来的。改革开放以后，随着我国经济体制改革的进行，行政体制改革也不断推进，我国开始探索建立公务员制度。

总体来看，我国公务员制度的建立与完善可以分为以下几个阶段。

第一个阶段是1978~1986年，为公务员制度的酝酿阶段。1980年8月18日，邓小平在中央政治局扩大会议上做了《党和国家领导制度的改革》的重要讲话，针对一些具体制度的弊端，明确提出，"要打破老框框，勇于改革不合时宜的组织制度、人事制度"。[②] 1984年，中央组织部和劳动人事部组织部分专家学者草拟《国家机关工作人员法》，后来缩小范围，改为《国家行政机关工作人员条例》。1986年12月，干部人事制度改革专题研讨小组成立，讨论中国政府人事制度改革的方向，提出借鉴西方国家公务员制度的规律、特点和做法，结合我国政治、经济和社会实际，建议实行国家公务员制度。

---

① Http：//epaper.gxnews.com.cn/ngjb/html/2012-03/13/content_1977962.htm.
② 邓小平：《邓小平文选》（第2卷），人民出版社，1994，第326、331、336页。

第二个阶段是1987~1992年，为正式决策与试点阶段。1987年，党的十二届七中全会通过了《政治体制改革总体设想》；同年，党的十三大正式决定，我国将建立干部分类管理体制，在国家行政机关推行公务员制度。1988年3月，七届人大一次会议明确要求，"在改革政府机构的同时，抓紧建立和逐步实施国家公务员制度"。国家成立人事部，负责我国人事制度改革各项工作。1989年，在审计署、海关总署、国家统计局、国家税务局、国家环保局和国家建材局进行公务员制度试点；1990年，在哈尔滨和深圳两个地方进行试点工作，并逐步推广。

第三个阶段是1993~2004年，为制度建立与实施阶段。1993年8月，国务院颁布了国家公务员管理的第一个基本行政法规《国家公务员暂行条例》，并于当年10月1日起实行。条例共有18章88条，对国家公务员从考试录用到退休的各个管理环节都做出了具体规定，包括公务员的义务与权利、职位分类、录用、考核、奖励、纪律、职务升降、职务任免、培训、交流、回避、工资、保险、福利、辞职辞退、退休、申诉控告、管理与监督等方面。《国家公务员暂行条例》的颁布标志着我国国家公务员制度的正式确立。为做好实施工作，人事部先后制定了若干配套的单项规定与实施办法。至20世纪末，我国正式在各级政府全面建立了公务员制度。2000年6月，中央批准印发《深化干部人事制度改革纲要》，提出，要抓紧研究制定公务员法，逐步健全党政机关人事管理的法规体系。

第四个阶段是2005年，为公务员制度的完善阶段。公务员制度全面建立后，我国公务员管理的法制建设也不断加强，在制度实践的基础上，我国制定并通过了《国家公务员法》。2005年4月27日，十届人大常委第十五次会议审议通过了《中华人民共和国公务员法》，对公务员的条件、义务与权利、职务与级别、录用、考核、职务任免、职务升降、奖励、惩戒、培训、交流与回避、工资福利保险、辞职辞退、退休、申诉控告、职位聘任等内容进行了系统规定，该法成为我国第一部公务员管理的法律，标志着我国国家公务员制度进一步走向规范和完善。近些年来，我国在公务员制度基础上探索试行公务员的聘任制，一些地方进一步改革和完善，探索试行公务员的雇员制，特别是面向一些专业技术性较强的公务员岗位。自 2003 年吉林省向全国招聘 3 名政府高级雇员以来，武汉市、厦门市、深圳市、上海市、珠海市、长沙市等地区也启动了政府雇员制。同时，一些地方还加强公务员的福利制度改革，探索公务员的养老保险制度改革。

目前，以英、美为代表的一些西方国家掀起了公共管理改革热潮，正在加强公共管理改革，对公务员制度也在进行相应调整，以适应全球化、市场化背景下国家经济社会发展的需要。我国正在完善社会主义市场经济体制，并在完善与之相适应的政治体制与行政管理体制，加强政府职能转型，建立服务型政府。目前，政府职能还远未实现转型，未来需要进一步加强包括公务员制度在内的行政体制改革，重点加强政府的社会管理与公共服务职能改革。

2005 年通过的《国家公务员法》对我国公务员的福利待遇进行了规定：国家根据经济社会发展水平提高公务员的福利待遇；国家建立公务员保险制度，保障公务员在退休、患病、工伤、生育、失业等情况下获得帮助和补偿。目前，我国公务员的所有薪酬福利待遇全部由财政负担，被列入财政预算。尽管公务员法和相关文件都提出要建立公务员保险制度，但是至今未取得实质进展。在未来我国完善养老保险制度、建立服务型政府的过程中，需要加强公务员的福利制度改革，尤其是要完善公务员的养老制度。

第二节　公务员养老保险制度改革的多学科审视[①]

公务员养老保险制度改革是一项复杂的工作，涉及不同的影响因素和利益诉求，需要政府和社会有一个正确、科学、全面的认识，增强公务员养老保险制度改革的科学性。本节从社会学、经济学、政治学、公共管理学等学科对公务员养老保险制度改革进行分析，全面审视我国的公务员养老保险制度改革。

---

① 该部分内容已发表在《桂海论丛》2015 年第 5 期。

一 公务员养老保险制度改革的社会学审视

公务员养老保险问题在一定程度上是一个复杂的社会问题。从社会学视角审视公务员养老保险制度改革，可以从社会转型、社会流动、社会公平、社会和谐等视角入手。

（一）社会转型与公务员养老保险制度改革

目前我国正处于社会转型与发展的深刻变革时期，各种利益关系处于复杂的调整过程中，各项社会政策处于不断建立和完善中。我国社会转型的任务还远未完成，正处于攻坚克难阶段，未来改革与发展的任务仍然十分艰巨。我国社会转型的程度和广度是前所未有的，社会转型不是一夜之间的骤变，而是一个全方位的、较长时期的变革过程。[①][②] 中国的社会转型与发展不是所有要素的同步变革，而是逐步进行的。经过30多年的改革开放，我国经济社会发生了巨大变化，市场经济体制逐步建立健全，城市化、工业化、信息化加速推进，经济、政治、文化、社会等诸多领域的改革逐步推进。社会保障制度的变革是整个社会变革的重要内容，在经济体制转型与发展的过程中，我国社会保障制度也进行了巨大的变革，并取得了显著成效。但是，由于历史和现实等诸多方面的因素，我国社会保障制度的发展还处于初步阶段，社会保障的发展还存在若干亟待解决的难题。我国社会保障制度的基本框架已经建立，并且在覆盖面和保障水平方面取得了明显成绩。但是，在我国城镇职工、农村居民、城镇居民先后建立了新型社会养老保险制度之后，我国公务员的养老保险制度依然没有改革，仍然采用传统的国家包办、现收现付、封闭运行的制度模式，与社会保障的社会化、责任共担趋势不相适应，也与我国经济的市场化改革不相适应。由于公务员身份的特殊性，其养老保险制度改革迟迟没有实质进展，已成为制约我国社会保障制度未来发展的重要问题之一，因此，未来需要调整和改革公务员养老保险制度，

---

① 廖小平：《论改革开放以来中国社会转型的四大表现》，《浙江社会科学》2013年第4期。
② 胡鞍钢：《中国经济社会结构转型：从二元结构到四元结构：1949～2009》，《清华大学学报》（哲学社会科学版）2012年第1期。

以适应我国经济社会转型的需要。

（二）社会流动与公务员养老保险制度改革

社会流动是指人们在社会关系空间中的社会层级与社会地位的变化，公正、合理的社会流动是一个社会充满活力和持续发展的重要条件，[①] 也是市场经济完善的重要标志。在计划经济时期，由于社会结构的封闭与僵化，社会流动较少，社会活力不足，人们之间的社会地位固化，社会等级观念较深。改革开放以来，我国社会流动状况发生了较大变化，人们的社会流动机会不断增加，流动频率也越来越高。但是，由于社会观念、户籍制度、社会政策、利益关系等因素的制约，我国的社会流动也并非完全理想，依然存在较多阻碍社会流动的藩篱，促进社会流动的体制机制依然尚未完全理顺。[②] 在养老保险制度方面，目前我国根据不同职业身份的群体设立了不同类型的养老保险制度，出现了养老保险的碎片化局面。不同类型的养老保险制度相互独立、差异较大。尤其是出现了公职人员（机关事业单位人员）与其他群体养老保险的"双轨制"局面，不利于不同职业人员之间的相互流动，不利于社会的良性发展。同时，制度分割、待遇差距较大的现象容易造成一些职业的优越感与特殊性，导致不同职业群体之间的阶层隔离。因此，在未来我国社会转型的过程中，需要改革公务员养老保险制度，并推进其他群体养老保险制度改革，促进整个养老保险体系的完善，实现公务员与其他群体养老保险制度的衔接与整合，从而促进不同群体的社会流动，增强社会活力。

（三）社会公平与公务员养老保险制度改革

公平发展是一个社会健康、良性发展的重要体现与必然要求，也是社会发展的目标追求。实现公平发展的措施和手段多种多样，社会保障就是其中之一。促进公平是社会保障制度的本质属性，[③] 科学、合理的社会保障制度的设计是促进社会公平发展的重要手段。社会保障通过扶危

---

① 马雪松：《新中国60年：社会流动与社会活力》，《江西社会科学》2009年第10期。
② 杨黎源：《从先赋到后致：新中国60年社会流动机制嬗变》，《浙江社会科学》2009年第11期。
③ 郑功成：《中国社会保障改革与发展战略：理念、目标与行动纲要》，人民出版社，2008。

济困、照顾弱者等途径来促进社会的公平发展。但是，现实中社会不公的问题十分突出。从理论上来说，一些公共政策（比如社会保障）具备促进社会公平的功能，但是在实践中并未完全体现出来，甚至发挥反向作用。就养老保险制度而言，新中国成立以来，我国分别构建起城镇企业职工养老保险制度、机关事业单位人员养老保险制度、城镇居民养老保险制度及新型农村养老保险制度四种养老保险制度，在筹资模式、覆盖率状况、缴费标准、运营管理、待遇状况等方面存在较大差距，不仅制度间的代内再分配功能很弱，而且代际再分配功能也较差。[①] 公务员的养老制度由于单独的制度设计和国家保障特点，促进社会公平的作用不明显。一方面，由于职业的特殊性和养老制度的优越性，公务员（和参照公务员法管理的人员）个人不需要履行任何缴费义务，而其他群体无一例外地需要缴纳养老保险费，责任分担方面难以体现公平。另一方面，公务员不仅不需要缴费，而且可以获得相对较高的养老金待遇，再加上其他群体养老保险待遇计发机制的不完善，使得不同群体之间的待遇水平差距较大，养老保险制度促进公平分配的效果不明显，甚至在一定程度上还存在逆向调节的现象。[②] 在我国居民收入差距日益扩大的背景下，传统的公务员养老保险制度并没有发挥缩小收入差距的作用。因此，需要基于养老保险体系改革的整体考虑，加强我国公务员养老保险制度改革，在制度模式、责任分担、待遇水平等方面进行完善，使之更好地发挥促进社会公平的作用。特别值得一提的是，不能孤注一掷地将公务员养老保险制度改革作为缩小不同群体养老待遇差距的唯一手段，而应该同步改革其他养老保险制度。

（四）社会和谐与公务员养老保险制度改革

社会和谐是各国社会发展的理想目标，是中国特色社会主义的本质属性。[③] 我国社会的发展不仅需要实现从传统社会向现代社会转型，而且

---

① 刘军伟：《我国基本养老保险制度公平性研究——基于社会影响评价理论分析框架》，博士学位论文，华中科技大学，2012。
② 香伶：《关于养老保险体制中再分配累退效应的几个问题》，《福建论坛》（人文社会科学版）2007年第1期。
③ 王让新：《社会和谐是中国特色社会主义的本质属性》，《马克思主义与现实》2008年第3期。

需要实现社会稳定与和谐。社会和谐要求社会各系统、各要素之间和谐发展，也要求各系统、各要素内部和谐发展。社会保障是构成社会的子系统之一，应该发挥其促进社会和谐的作用。一方面，社会保障应该与社会的其他子系统协调发展；另一方面，社会保障的内部子系统各构成要素也应该实现协调发展。只有这样，才能真正发挥社会保障促进社会和谐的功能。公务员养老保险制度作为我国社会保障系统的构成要素之一，应该成为社会和谐的推动力，而不应该成为社会和谐的障碍或阻力。公务员与其他职业群体之间养老保险制度的相互独立与较高的待遇差距容易导致不同群体之间的相互攀比，造成不同职业群体之间的心理落差，甚至可能引起一些人员的嫉妒与仇恨，不利于社会稳定与和谐。公务员养老保险制度在促进社会流动与社会公平方面的作用不明显也在一定程度上影响其促进社会和谐功能的发挥。目前，我国的公务员养老保险制度与养老保险体系的内部各项制度不协调，不利于社会和谐发展，未来需要通过改革，使之促进社会和谐发展。

二 公务员养老保险制度改革的经济学审视

公务员养老保险问题不仅是一个复杂的社会问题，而且是一个经济问题，因此，可以从福利经济学、劳动经济学来审视公务员养老保险制度改革。

（一）福利经济学与公务员养老保险制度改革

福利经济学是寻求社会经济福利最大化的经济理论体系，诞生于20世纪初期的英国。福利经济学的发展经历了旧福利经济学和新福利经济学两个阶段。无论是旧福利经济学理论还是新福利经济学理论，都可以为公务员养老保险制度改革提供有益的理论指导。尽管新、旧福利经济学在理论上有明显的差异，但是二者的目的是相通的，那就是关注公平和效率的提高，实现社会福利的优化。因此，公务员养老保险制度改革也应该将公平与效率相结合，促进国民整体福利的提高。

旧福利经济学认为，福利是个人所获得的效用与满足，全社会的总福利等于社会中单个人福利的总和，社会应该使整体福利总和达到最大：国民收入量越大，社会经济福利越大。依据边际消费倾向递减原理，等量收入对穷人和富人而言，效用是不同的，穷人的效用大于富人的效用。在收入再分配过程中，穷人得到的效用增量大于富人的效用损失量，社会总效用会增加；国民收入分配越均等，社会总福利就越大。① 旧福利经济学主张向富人征收累进所得税，并通过转移支付方式向低收入者进行补贴，以实现收入均等化，从而增加社会总福利水平。旧福利经济学为公务员养老保险制度改革提供了有益启示。一方面，需要遵循普惠和共享原则，完善养老保险制度体系，普遍提高国民收入水平与福利水平。另一方面，不能因为养老保险制度的差异而造成不同人群之间的养老金待遇差距和收入差距，要通过发挥养老保险制度的再分配效应促进社会的公平分配和居民收入的均等化，进而提高全社会的总福利水平，不能因为公务员养老保险制度的不科学造成社会总福利水平的损失。

新福利经济学认为，如果至少有一个人的境况变好，而没有使其他人的境况变坏，那么整个社会的境况也就变好。经济效益（效率）是最大福利的必要条件，合理分配（公平）是最大福利的充分条件。新福利经济学还认为，福利的衡量没有任何客观标准，个人是自己福利的最好判断者，福利水平的高低取决于个人的自我感觉。人们不仅关心自己的绝对收入水平，而且更关心他们收入的相对水平。帕累托最优原理是一种理想状态，在现实中难以完全实现，或者存在不足之处。② 但是其原理亦可为公务员养老保险制度改革提供启示。只要公务员的养老保险制度不损害其他人的利益，不使其他人的境况变差，即符合帕累托最优原理，整个社会的福利水平就会不断提高。目前我国公务员的养老保险制度是否损害其他群体的福利尚不能下结论。新福利经济学也为未来我国公务员养老保险制度的改革提供了启示，不能一味地通过降低公务员养老金待遇水平的办法来进行改革，否则可能导致两败俱伤，既难以获得公务员群体的支持，也不符合社会福利最大化的要求。在我国经济社会不断发展过程中，国民的绝对收入和福利水平不断进步，但是，国民公平感却没有得到改善，甚至变差，主要是由于不同居民之间出现较大的差距。

---

① 〔英〕A. C. 庇古：《福利经济学》（上），商务印书馆，2006，第 99～109 页。
② 朱富强：《帕累托改进原则能否用于社会改革——实践的可行性与内在的保守性》，《学术月刊》2011 年第 10 期。

改革开放以来，公务员和其他群体的养老待遇均在不断提高，但是程度和水平不一，因而容易导致不同群体的养老金的相对水平差距。因此，未来公务员养老保险制度改革需要综合权衡不同群体之间的相对养老金水平，加强整个养老保险体系改革，不要因为差距过大而导致社会不公和社会总福利的损失。

（二）劳动经济学与公务员养老保险制度改革

从劳动经济学的角度来看，公务员养老保险制度改革与劳动力市场、劳动力供给、劳动力流动、劳动报酬等密切相关。

养老保险制度的改革与劳动力市场密切相关。[①] 劳动力存在于不同类型的就业市场，包括主要劳动力市场与次要劳动力市场，主要劳动力市场主要是一些职业稳定、劳动条件较好、收入较高、福利待遇较优越等类型的就业岗位；次要劳动力市场主要是一些劳动关系不规范、社会保障不完善、工资较低、劳动时间较长、劳动条件较差的就业岗位。劳动力市场的完全统一性是不存在的，也是不符合现实需求的。因此，不应该强求完全同质化的劳动力市场，对不同岗位和职业应该有所区别。公务员养老保险制度改革应该适应劳动力市场的现实与变化。从这一点看，公务员与其他职业具有不同的性质、特点和素质需求。从某种程度上说，公务员具有职业特殊性，因而不能完全强求公务员与其他群体之间完全统一的劳动收入与福利制度。但是，这种差别并非无限制的，而需要控制在一定程度和范围之内，否则，很容易导致劳动力市场的不平等现象，导致劳动力市场的分割,[②] 不利于劳动力资源配置效率的提高和劳动力市场的完善。机关事业单位养老保险制度改革的滞后，造成企业和机关事业单位人才流动的壁垒，阻碍了统一劳动力市场的建立，改革势在必行。[③]

从劳动力供给角度看，影响劳动力供给的因素是多方面的，包括人

[①] 张士斌：《劳动力市场变化与中国的社会养老保险制度改革——基于对养老保险制度的历史考察》，《经济社会体制比较》2010年第2期。
[②] 郭丽：《我国劳动力市场分割的社会成本分析——兼论事业单位养老制度改革》，《开发研究》2012年第4期。
[③] 谢克敏、王计军：《事业单位养老制度改革思考及对策》，《人民论坛》（学术前沿）2011年第1期。

口、经济、社会政策等。养老保险制度是影响劳动力供给的重要因素之一，一个健全、完善、科学的养老保险体系有利于提高劳动力供给的数量、质量和效率；反之，不利于劳动力的有效供给。科学的养老保险制度有利于增强劳动者的劳动意愿，增加劳动力供给的数量。不完善、不公平的养老保险制度只会损害劳动者的工作积极性、降低劳动意愿，可能导致一些劳动者不愿进入就业领域或者较早地退出工作岗位，使大量提前退休的现象出现。间接地看，完善养老保险制度是提升人力资本的重要途径，有利于劳动力的生产与再生产，提高劳动力供给的数量与质量，养老保险制度通过提高人力资本水平、免除劳动者的后顾之忧，提高劳动效率。公务员养老保险制度的科学与否不仅影响公务员的工作质量与工作效率，而且对其他群体的就业供给也会产生重要影响，影响他们的工作积极性，因此，公务员养老保险制度改革务必考虑这一点，加强科学设计。

从劳动报酬来看，工资、福利、保险是劳动者总体报酬的组成部分，三者的合理构成决定了劳动报酬的科学性。劳动报酬的水平和结构也直接影响社会收入分配差距，决定收入分配的合理性与公平性。从现实来看，公务员与其他劳动者群体之间的报酬结构与水平有较大的差异。公务员的福利和保险在总报酬中的比重相对较高，而普通劳动者的报酬以工资收入为主，尤其是公务员不仅不需要缴纳养老保险费，而且可以获得较高水平的养老金与福利待遇。从报酬总体水平来看，公务员的报酬水平也明显超过城镇职工的，两者收入差距较大。因此，公务员养老保险制度改革应该从总报酬的视野来进行审视，完善总报酬的结构与水平，推进公务员工资、福利、保险的同步协调改革，增加劳动者报酬制度的公平性与科学性。

以上主要从福利经济学和劳动经济学的角度对公务员养老保险制度改革进行了审视。总体来看，经济学是研究经济活动、经济关系、经济规律的科学，目标是探索提高经济运行的活力与效率的原理与路径。作为养老保险体系的组成部分，公务员养老保险制度应该适应经济发展，通过合理的制度设计和运行机制来提高市场经济的活力与效率，增强国民经济的竞争力。公务员养老保险制度改革应该注重社会公平，也应该讲求效率，这样才能真正实现社会总福利的最大化。应该通过对公务员养老保险制度的改革消除其对市场经济的负面影响，为未来我国经济的持续快速发展创造良好的社会条件。

三　公务员养老保险制度改革的政治学审视

政治因素是影响公务员养老保险制度改革的重要因素之一，公务员养老保险制度改革需要结合一个国家特定的政治体制与政治制度。[①] 未来我国公务员养老保险制度改革必须立足于我国国情，充分考虑我国的政治制度，而不能盲目崇拜和完全照搬任何一个国家的制度和做法。

从国家性质来看，我国是工人阶级领导的、以工农联盟为基础的人民民主专政的社会主义国家。社会主义强调公民之间的身份平等，强调国家应该公平对待全体公民，不能因种族、年龄、性别、职业等因素而歧视或不公平对待。人人平等、共同富裕是社会主义的理想追求，也是我国经济社会发展的长远目标。人人平等、共同富裕不是一蹴而就的，由于历史和现实等方面的原因，这一目标的实现需要一个较长的过程。因此，我们既要创造条件实现人人平等与共同富裕，又要正视现实情况，不能操之过急。公务员养老保险制度改革要为实现人人平等和共同富裕服务；同时，国家也不能采用一个完全统一的制度对待所有公民；在现实条件下，在社会主义初级阶段，应该承认和允许存在适度的差距。

改革开放以后，我国逐步探索和发展具有中国特色的社会主义道路，这是一项前无古人的伟大事业，没有任何经验可以借鉴，不能盲目照搬西方的发展经验。社会保障制度的改革必须立足于我国发展具有中国特色社会主义的现实国情，通过改革和完善公务员养老保险制度，坚持公平与效率相结合、普惠与差别相结合，适应社会主义市场经济体制的需要，从而为更好地发展具有中国特色的社会主义事业服务。

从我国的政治体制和政治制度来看，我国坚持中国共产党领导的多党合作与政治协商制度。中国共产党是我国唯一的执政党，中国共产党

[①] 郑军、张海川：《智利养老保险制度早期发展脉络的政治经济学分析》，《拉丁美洲研究》2010年第3期。

是中国特色社会主义事业的领导核心和全国各族人民利益的代表。中国共产党党员坚持全心全意为人民服务，所有共产党员都不得谋求任何私利和特权，而应该服从集体利益与国家利益，这是共产党员的根本属性。共产党员是我国公务员队伍的主体力量。在公务员养老保险制度改革过程中，不能过多强调公务员的特殊利益和过高水平的养老金待遇，应该增强其公仆意识，使其自觉维护和支持改革大局。

由于共产党员是我国公务员的主体，公务员在中国共产党的领导下从事公务活动。因此，我国的公务员具有较强的政治性，在党的领导下为国民服务。全心全意为人民服务既是共产党员的宗旨，也是公务员的使命。这一点是不同于西方公务员政治中立特点的。在我国，公务员承担着为国家和人民服务的光荣而又艰巨的任务，要求其具有高度的社会责任感和爱国、敬业、奉献精神。讲求奉献而不是索取是对公务员的基本要求。基于这些考虑，需要辩证地看待公务员养老保险制度改革。一方面，公务员养老保险制度不应该搞特殊化，与其他群体之间的养老待遇差距不能太大，公务员作为养老保险制度的制定者和执行者，不能过多地考虑自身利益；另一方面，公务员养老保险制度又需要体现出公务员的职业特点，由于公务员职业的特殊性和劳动的复杂性，国家和社会又应该给予公务员适度的激励，给予公务员从事公务活动的适度回报，进一步增强公务员工作的积极性，使其更好地为国家和社会服务。

从政治稳定和政治发展的角度来看，公务员是促进我国政治发展的重要力量，公务员的素质好坏与能力高低直接关系到未来的政治发展。影响公务员素质的因素是多种多样的，公务员养老保险制度也在一定程度上影响着公务员的素质。公务员养老保险制度的不合理、不科学可能导致官僚习气、安于现状、不思进取、缺乏责任感、缺乏效率等问题；反之，一个良好、科学的公务员养老保险制度则有利于增强公务员的责任意识、提高其工作效率，有利于塑造良好的政府形象、促进政治的可持续发展。政治稳定与政治发展需要处理好不同群体之间的关系，尤其是要处理好公务员与公民之间的关系，不能因为养老保险制度的不科学引起不同阶层之间的矛盾，而应该通过合理的政策设计来促进不同阶层之间的和谐相处，促进政治的和谐发展。

从政治民主的角度来看，我国坚持党的领导和人民当家做主相结合，坚持民主集中制。在公务员养老保险制度改革的过程中，应该在政府的主导下，保障公民的民主权利，充分吸纳公民的参与，广泛听取各方面民众的意见和建议，让公务员和公民共同参与公务员养老保险制度的制定和改革，增强公务员养老保险制度的科学性，获得公民的理解、支持与认可。当然，由于政策制定与改革的复杂性以及公民参与的能力与经验不足，不宜过度、盲目地实行公民参与，而应该发挥政府的主导作用，充分考虑各类因素，体现民主集中制原则。

四 公务员养老保险制度改革的公共管理学审视

公务员是公共行政与公共管理的主体，公共管理的理论、实践与公务员养老保险制度有着密切联系，公务员养老保险制度应该与时俱进，随着公共管理理论的演进和公共管理实践的发展而不断改革、完善。

公共管理理论与实践的演进正在从传统的公共行政理论走向新公共管理理论，新公共管理理论将成为未来社会治理的重要理论工具。在公共管理理论不断完善的过程中，公共管理实践也在不断完善。不同的理论与实践阶段，对公务员素质的要求不同，对公务员养老保险制度的要求也有所不同。公共管理理论在发展与完善的过程中，更加注重公务员素质和能力的提升，更加注重削减政府开支，更加注重公务员与社会公民的平等地位，这些发展趋势，必将对公务员养老保险制度的改革与完善产生重要影响。

传统的公共行政理论主要建立在理性官僚制理论和"政治与行政二分法"基础之上，追求行政效率和等级权威是传统公共行政理论的两个重要特点。马克斯·韦伯的理性官僚制理论具有法制化、权力的等级制、行政专业化、公私分明等特点，把行政公务活动与私人生活领域严格区分开来。在韦伯看来，"由训练有素的行政官员进行严格官僚体制的特别是集权型的行政管理更能达到最佳效果"[①]。威尔逊指出，行政应该在政治的适当范围外，行政问题非政治问题，虽然政治能够确定行政的任务，

---

① 〔德〕马克斯·韦伯：《经济与社会》（下），商务印书馆，1997，第296页。

但是不能去操纵具体行政事务。① 弗兰克·古德诺进一步指出："在所有国家中都存在分立的机关，每个机关都在大部分时间里行使着两种功能中的一种，这两种功能就是：政治功能与行政功能。"② 基于传统公共行政理论而言，公务员具备较强的专业化和职业化特征，各级政府机构中的官员只要能胜任工作，就可以保证终身雇用，并且在职时可以领取到固定薪金，退休后可以领取数额固定的养老金，而且待遇相对比较优厚，使行政人员的收入具有高度的安全性并得到社会的尊重，因此，担任公职成为人们理想的职业选择。

20世纪70年代以后，西方国家经济社会发展遭遇严重困境，经济发展缓慢甚至停滞，失业率上升，社会支出迅速增加，导致许多国家财政支出的迅速增长和财政危机的出现。与此同时，由于这些国家公共行政效率和公共服务质量普遍下降，政府管理面临危机。各国迫切需要加强公共管理改革，以应对复杂的经济社会环境。80年代以后，在全球化、市场化、信息化和企业管理改革推动下，英国、美国、澳大利亚和新西兰等国掀起了以政府行政改革为主要内容的新公共管理运动。

新公共管理理论提倡运用市场力量来改革政府，在公共部门引入市场机制，加强公共部门与私人部门之间、公共部门内部之间的竞争，精简政府规模，缩减政府支出，提高公共产品生产和公共服务提供的效率。新公共管理理论认为，只有以顾客为取向，向顾客做出承诺，并赋予顾客选择权利，才能真正满足顾客多样化的公共服务需求，改善公共服务的质量和效率。新公共管理理论为养老保险制度的改革和完善提供了理论参考。在市场经济条件下，公共部门与私人部门之间的竞争，使得人员的跨部门流动成为必然趋势；由于政府规模的精简，公务员的终身雇用制已经难以完全实现，公务员可能需要在非政府组织、社会团体或私人部门中寻找工作；同样，政府公共服务能力的提升需要吸引私人部门精英雇员的加入，加强与私人部门之间的人员交流。因此，传统的现收

---

① 彭和平、竹立家等编译《国外公共行政理论精选》，中共中央党校出版社，1997，第14~15页。
② 〔美〕弗兰克·古德诺：《政治与行政》，华夏出版社，1987，第12~13页。

现付、待遇确定型的公务员养老保险制度已经不能适应行政改革要求，需要实现不同部门、不同职业群体之间养老保险制度的衔接与转换；政府财政支出的缩减，直接影响到公务员的薪酬福利和养老保险待遇水平。

新公共服务理论对新公共管理理论进行了反思和批判，基于公民导向和公共利益导向，提倡政府对公民的关心，与公民建立信任和合作关系。新公共服务理论还非常重视公民权利和民主导向，认为只有通过公民的广泛参与，才能达到良好的治理效果，才能更好地体现政府的合法性。与新公共管理理论相比，新公共服务理论更加重视以人为本和公共服务，认为政府的职能是服务而非掌舵；更加关心和重视人，而不仅仅重视生产效率的提高。新公共服务理论更加注重公务员与社会公民的平等关系，力求在平等协商中加强公共服务与社会治理，在个人的发展方面追求公务员与公民的平等待遇。因此，在养老保险制度方面，新公共服务理论也将更加追求不同职业群体的平等，尤其是公共部门与私人部门之间的平等。在追求政府与公民社会共同治理的同时，如何提高政府部门吸引力和整体社会治理能力，需要通过完善公务员的养老保险制度来吸引社会精英加入公共部门。此外，公务员养老保险制度的改革也应该征询公民意见，注重公民参与。

20世纪末以来，随着经济社会发展环境的变化，一些国家的公共管理理论与实践也在不断升华，呈现从治理到"善治"的发展趋势，进一步强调包括政府在内的公共部门与私人部门以及公民之间的平等互助关系，实现社会公共利益与社会福祉的最大化。"善治"离不开政府，更离不开公民，没有公民的积极参与和合作，至多只行"善政"，而不会有"善治"。[1]"善治"具有合法性、透明性、责任性、法治性、回应性、有效性、包容性等特点。在"善治"的发展趋势下，公共管理理论与实践对政府公共服务能力提出了更高要求，一方面，要求加强行政体制改革，提高公共服务的质量和效率；另一方面，要求政府与公民之间建立良好的信任与合作关系。在走向"善治"的过程中，公共管理理论与实践也需要对包括公务员养老保险制度在内的政府政策进行调整，使政策获得民众的信任

---

[1] 俞可平：《中国公民社会的兴起与治理的变迁》，社会科学文献出版社，2002，第195页。

与支持，以适应公民社会的需要，实现政府与公民之间的良好合作。

从我国的现实来看，在我国经济社会转型的过程中，政府职能也在不断发生变化，政府由全能型政府走向有限责任型政府，从包办一切走向注重发挥市场和社会的力量。在我国建立和完善社会主义市场经济体制的过程中，政府逐步探索与之相适应的行政体制，政府职能在不断转型，正逐步向服务型政府转变。除去对经济的宏观调控与监管外，政府的重要职能就是加强社会管理与公共服务。社会的不断发展和公民对公共服务需求的日益增长，对政府的人员雇用形式、人员构成、人员素质、服务能力、管理成本等方面提出了新要求。在当前经济社会形势日益复杂、人民群众各类需求日益增长的现实背景下，提高公务员的素质和能力、促进公务员的合理流动是提高政府服务能力、转变政府职能的重要举措。公务员养老保险制度的科学改革有利于配置政府人力资源、提高行政效率、提升政府服务能力。

第三节 公务员养老保险制度的公平与效率

处理好公平与效率的关系是世界各国经济社会发展面临的共同难题，也是各国公务员养老保险制度改革需要处理的重要关系。公务员养老保险制度改革需要坚持公平优先原则，同时也需要提高公务员养老保险制度的效率，只有公平与效率有效结合才能真正实现公务员养老保险制度的改革目标。对公平与效率内涵及关系的理解是实现公务员养老保险制度公平与效率有效结合的重要前提。在此基础上，本书结合国内外公务员养老保险制度及其改革实践进行分析，为实现我国公务员养老保险制度改革的公平与效率目标提供理论参考。①

一 公务员养老保险制度公平与效率的理论阐释

（一）公务员养老保险制度的公平

公平是人类永恒的追求之一。对公平的理解，仁者见仁，智者见智，

---

① 笔者在《公务员养老保险制度国际比较研究》一书中已对公务员养老保险制度的公平与效率进行了初步探讨，这里是在原有基础上的进一步深化与完善。

至今没有一个完全统一的认识。《布莱克法律词典》认为，"公平是指法律的合理、正当适用，是指对有关赋予当事人权益的法律事件或争议所做的处理具有持久性"。① 《现代汉语词典》认为，公平是"处理事情合情合理，不偏袒哪一方面"。② 公平主要是一种主观价值判断和道德标准，是个人判断事物合理性的一种观念，建立在对客观事物的评价基础之上，但是难以用一个客观的数量标准来衡量。公平是一个动态的概念，在不同的时代和发展阶段，公平的具体内涵会有所变化。公平与平等、正义等词有相近的意义，但不完全相同。公平可以分为起点公平、过程公平和结果公平。

公平、正义、共享是公务员养老保险制度必须坚持的重要价值准则。社会保障的公平是指平等地对待每一个国民并保障满足其基本生活需求，普遍性地增进国民福利，不因身份、性别、民族、地域等差异而歧视或者排斥任何人。③ 公务员养老保险制度没有完全、绝对公平，只有相对公平，需要结合特定的经济社会发展条件和个体差异性，通过合理的制度设计尽可能地缩小个体之间的差异，切实维护社会公平。公务员养老保险制度的公平应该体现在为社会成员创造起点公平、维护过程公平、促进结果公平等方面。

起点公平应该着眼于完善整个养老保险体系，确保公务员与其他社会群体都有公平享有参加养老保险的权利，通过履行相应义务来获得养老保险待遇，起点公平要求养老保险实现全民覆盖，将不同职业群体和城乡居民全部纳入养老保险范围。从现实来看，目前我国还有较多的非正规就业人员和城乡居民没有被纳入养老保险制度中，养老保险实现全民覆盖任务艰巨。公务员养老保险制度的公平性还包括应该统一对待所有公务员，不能因为部门、地区差异而使制度分立。

过程公平是公务员养老保险制度公平的关键环节，体现在公务员养老

---

① *Blour's Law Dictionary Henry Campbell Bloch*, M, A, 5ched, West Publishing Co, 1979, p.776.
② 《现代汉语词典》，商务印书馆，1996，第436页。
③ 郑功成主笔《中国社会保障改革与发展战略——理念、目标与行动方案》，人民出版社，2008。

保险制度建设和管理运行的全过程中,要确保公务员与其他群体公平相待,不能因为制度的差异而导致不同群体之间的不公平,而且要确保公务员群体的内部公平。公务员养老保险制度维护过程公平主要体现在制度模式、资金筹集、管理运营、经办服务、制度转轨等环节。在制度模式方面,公务员养老保险制度模式应该与其他群体的模式相一致或接近,不能有过大的差异,否则容易导致碎片化和不公平。在资金筹集方面,应该遵循权利与义务相结合、来源多渠道和责任共担原则进行筹资机制设计;不过,政府应该履行雇主责任,体现更大的财政责任,体现公务员职业的公共服务性;此外,缴费基数、缴费比例的设计也对公平性有重要影响。在管理运营方面,不同公务员养老保险管理模式对公平性的影响差别较大;一般而言,公营管理模式和统一管理模式的公平性较强,私营管理模式和分散管理模式的公平性效果相对较差。在经办服务方面,经办服务的规范性和统一性有助于增强制度公平性。制度转轨设计的科学与否可能对不同年龄的公务员产生影响,影响公务员与其他职业群体之间的养老公平性。

结果公平主要是指不同公务员之间以及公务员与其他群体之间养老保险待遇水平的公平性,要确保不同群体在公平履行养老保险义务(缴费)基础上的待遇水平不会有过大差别。养老待遇的公平性绝不是指完全的公平,而是指体现适度差异的公平,否则同样是不公平的。与其他社会保障制度一样,公务员养老保险制度应该发挥其收入再分配作用。不过,完全的、绝对的结果公平是不太现实的。结果公平方面,需要着眼于整个养老保险体系甚至整个社会保障体系,提高中低收入群体的相对收入水平,维护弱势群体的养老权益,不能完全寄希望于公务员养老保险制度改革。

(二)公务员养老保险制度的效率

效率主要是一个经济学概念,有客观的数量衡量标准,相对容易评估,一般将效率理解为资源投入与产出的比例关系。"对经济学家来说,就像对工程师一样,效率意味着从一个既定的投入中获得最大的产出;一旦社会发现一种以同样的投入可以得到更多的产品的途径,那它便提高了效率。"[①] 效率包含两个层次:宏观效率与微观效率。宏观效率是指

---

① 〔美〕阿瑟·奥肯:《平等与效率》,华夏出版社,1999,第63页。

整个经济社会系统运行的效率，实现整个国家政治、经济、文化、社会、道德等方面的效率最大化。微观效率主要是指企业、组织、团体的运行效率，实现企业利润最大化或组织效用的最大化，还包括个人收益或报酬的最大化。效率也可以被分为三个层次，即宏观、中观与微观效率，企业、组织、团体的运行效率为中观效率，个体层次的效率为微观效率。追求效率是经济学研究最重要的主题，亚当·斯密认为经济学的目标就是研究如何增进国民财富，并从两方面研究了增进社会财富的途径：微观的生产效率和宏观的制度效率。生产效率就是指生产资源的有效利用，实现成本最小化，利润最大化；制度效率也就是说在什么样的制度下整个社会的生产效率最大。他认为，劳动分工可以提高生产效率。[1] 他还认为，提高社会效率的因素，不仅有分工和资本积累，还有制度因素，促进效率提高的最优制度是自由竞争的市场经济制度。

公务员养老保险制度不仅要坚持公平优先原则，同时还应该提高公务员养老保险制度设计和运行的效率，这是促进制度可持续发展和更高层次公平的重要因素。公务员养老保险制度在建立和完善过程中，应该通过良好的设计，整合并充分利用现有的保障资源，规范各主体之间的关系，促进公务员养老保险运行机制（筹资机制、实施机制、受益机制、监管机制）的良性运行与协调发展，促进整个社会福利的最大化。

从宏观效率来看，公务员养老保险制度应该促进社会稳定和社会成员的自由流动，调动社会成员积极性和创造性，实现社会生产效率的提高和国民财富的快速增长。宏观效率的提高，与养老保险制度设计和运行的全部因素有关。从微观效率来看，公务员养老保险制度应该通过科学合理的设计，以最少的投入获得最大的产出，实现其运行效率，调动公务员的积极性；公务员个体在履行相应的责任与义务的基础上，获得最大的经济支持与服务提供，获得最大的养老收益，进而提高自身的生活质量与福利水平。

具体而言，制度设计和运行的每一个环节都应该考虑效率因素，体

---

[1] 〔英〕亚当·斯密：《国民财富的性质和原因的研究》（上卷），商务印书馆，1974，第5页。

现在公务员养老保险制度模式选择、资金筹集、资金管理、待遇设计、管理体制设计、经办服务等方面。

制度模式选择。公务员养老保险制度应该与其他群体养老保险制度相对统一，促进公务员与其他职业身份的顺畅转换，完善劳动力市场，提高制度效率与经济社会运行效率；需要坚持普惠与差别相结合的原则，体现出一定的职业特点，可以通过引入职业年金、商业保险等多层次的养老保险制度，满足不同群体多样化的养老保障需求，调动公务员与其他劳动者的工作积极性。

资金筹集。应该明确政府、单位、个人的责任，坚持缴费责任的合理分担，既不要给个人增加过重的缴费负担，也需要个人履行适当的缴费义务，同时不要给财政增加过多的负担，不同主体之间要有合理的筹资责任比例划分，只有这样才能实现公务员养老保险筹资的宏观效率与微观效率。总体的筹资水平既不能过高，也不能过低，需要与经济社会发展相适应，只有这样才能实现公务员养老保险制度与经济社会的良性互动发展，实现社会整体效率。

资金管理。应该通过相应的措施进行规范和约束，确保公务员养老保险资金的安全。同时，需要对养老保险基金进行市场化投资，实现基金的保值增值，更好地促进公务员养老权益的实现，提高公务员养老保险的制度效率。资金的投资运营是整个制度运行的关键环节和难点，也是实现公务员养老保险制度效率的关键因素之一。

待遇设计。从保障公平的角度来说，需要尽可能缩小待遇差距；从实现效率的角度，需要合理拉开差距，才能调动公务员的积极性，吸引和留住人才，提高行政效率与公共服务效率。但是差距不能太大，否则容易导致公务员过分的优越感，可能使公务员减弱竞争意识，也可能引起攀比和社会矛盾，牺牲经济社会的宏观效率。

管理体制设计。需要建立相对统一、高效的公务员养老保险管理体制，确保公务员养老保险相关决策的科学性、经济性、有效性，减少管理决策失误的概率，降低管理成本。公务员养老保险管理体制的设计需要着眼于整个养老保险制度体系和国家行政体制的现实。无论如何，管理体制不宜过分分散，否则容易导致公务员养老保险管理的无序与无效。

经办服务。经办服务是体现公务员养老保险制度效率最直接、最明显的因素，直接关系到公务员养老保险的服务能否迅速及时地传递给参保单位和参保人员。一般而言，经办服务的专业化与社会化程度越高，其效率也就越高。经办机构的部门设置、设施、流程设计、制度、信息化程度、人员的专业性与素质等因素都直接或间接影响公务员养老保险制度的经办效率。

（三）公务员养老保险制度公平与效率的关系

公平与效率的关系主要包括三类：并列关系、替代关系、互补关系。并列关系是指二者"齐头并进"，同等重要，都是促进社会财富增加和提高国民福利水平的推动力量。替代关系是指二者相互矛盾，互为替代，不能同时兼顾，"鱼和熊掌不可兼得"，要么牺牲公平，要么牺牲效率，"那些折磨富人的措施（提高公平）可能会破坏投资（降低效率），进而损害穷人就业的质量和数量（降低平等），因而既有害于效率又有害于平等"。[①] 互补关系是指二者相互补充、相互促进，不同的领域、不同的阶段有不同的侧重，必要时候可以适当降低公平或者效率的程度，退而求其次。在实践中，互补关系表现为"效率优先、兼顾公平"和"公平优先、兼顾效率"两种情况。从现实来看，公平与效率结合主要表现为四种状态：高公平与高效率，高公平与低效率，低公平与高效率，低公平与低效率。

公平是公务员养老保险制度的本质属性与首要功能，是制度建立与完善的核心价值理念；效率是促进公务员养老保险制度持续健康发展的重要手段，也是促进制度公平的重要手段。公平与效率二者不可分割，统一于公务员养老保险制度的建立、发展和改革的过程中。公务员养老保险制度的改革与发展既要坚持以公平优先，同时也要追求效率，效率是更好地实现公务员养老保险制度公平的必要手段。公务员养老保险制度改革可以充分利用社会机制、市场机制，[②] 提高运行效率。同时，应该通过合理的制度设计加强与其他群体养老保险制度的衔

---

① 〔美〕阿瑟·奥肯：《平等与效率》，商务印书馆，1996，第4页。
② 郑功成：《社会保障学——理念、制度、实践与思辨》，商务印书馆，2000。

接，注意与其他群体之间的公平性，不要造成过大的待遇差距；同时，又要考虑公务员群体的特殊性，考虑制度效率和激励性，提高公务员的积极性。

在现实中，公平与效率关系的上述几种情况都有可能体现在公务员养老保险制度改革与运行过程中，并列关系、替代关系、互补关系等几种情况都有可能实现，或者说公平与效率结合的四种状态（高公平与高效率、高公平与低效率、低公平与高效率、低公平与低效率）都有可能存在。

并列关系主要是指公务员养老保险制度的高公平与高效率，公平与效率同时在公务员养老保险制度中体现得非常显著，公务员养老保险制度在设计、运行、管理服务等方面均较好地处理了公务员与其他职业群体之间以及不同公务员之间的关系，并列关系是公务员养老保险制度追求的理想状态。实现高公平与高效率的目标，对公务员养老保险制度的改革提出了挑战，需要充分考虑各类因素，加强改革设计。不过要实现公务员养老保险制度完全、绝对的高公平与高效率很难。

互补关系主要是指公务员养老保险制度的高公平与低效率、低公平与高效率两种状态，也就是说，要么公平高一点，要么效率高一点。互补关系应该是公务员养老保险制度的常态，根据经济社会发展和不同群体的利益需求，调整好公平与效率的度。在公务员养老保险制度的改革过程中，可能为了较好地实现公平而需要牺牲一定的效率，为了更好地体现效率而牺牲一定的公平。也就是说，在改革的过程中，可能为了实现公务员同其他群体以及公务员内部之间的平等，会损害部分公务员的部分利益；为了增强公务员的积极性、体现职业特点、增强社会活力，可能会拉开一定的差距。互补关系的维持和完善，有利于实现高公平与高效率的并列关系目标。

替代关系主要是指公务员养老保险制度的低公平与低效率状态，既不公平也没有效率。公平与效率目标的实现，要求在公务员养老保险制度设计、改革、管理服务过程中把握好节奏和程度，不能走极端。在制度设计上如果公务员与其他群体完全相同，从形式上看完全公平，实质既不公平也无效率。在待遇水平上如果完全相同或差距过大也会导致低公平与低效率。如果在制度转轨的过程中统一对待所有公务员群体,也会导致不公平与无效率。

没有绝对的公平与不公平,也没有绝对的效率与无效率。世界各国社会保障制度改革与发展往往在公平与效率之间进行平衡。[①] 处理好公务员养老保险制度公平与效率的关系,需要充分考虑各类影响因素,需要综合考虑一个国家经济社会发展的历史、现实与未来。具体而言,需要充分考虑一个国家的政治体制、政党制度、行政管理体制、社会保障制度、经济发展模式、经济发展水平、文化传统、社会制度、社会心理、国民收入等具体的因素,如果单纯考虑某一方面或某几个方面,都难以实现公平与效率的理想目标。

二 公务员养老保险制度公平性与效率性的国际比较

结合各国公务员养老保险制度的实践,根据公务员与其他群体养老保险制度的比较,将公务员养老保险制度分为完全融合型、部分融合型和完全独立型三种,并分别选择新加坡、英国、日本、美国、德国等代表性国家进行具体分析。根据公务员养老保险制度公平性与效率性的理论分析,结合不同类型公务员养老保险制度的现状,对其公平与效率进行比较分析。由于制度模式、筹资机制、管理体制、待遇享受机制等方面的不同,不同类型公务员养老保险制度的公平程度与效率程度也存在明显的差异。

(一) 不同类型公务员养老保险制度的公平性比较

不同类型公务员养老保险制度的公平性可以从制度模式、筹资机制、待遇水平、管理体制等方面体现出来。

制度模式是决定制度公平性的重要前提,这里主要指公务员养老保险制度的融合性,公务员与其他群体养老保险制度的融合程度直接影响制度的公平程度。从形式上来看,融合程度越高,制度的公平性越好;相反,一般而言,独立型制度容易导致制度分割与碎片化,公平性较差;

---

① 曾瑞明:《在保障公平与保障效率之间摇摆——当代西欧福利国家转型论析》,《中共福建省委党校学报》2007年第7期。

部分融合型制度的公平性适中。德国、法国等国家实行的是完全独立型的公务员养老保险制度，公务员与其他群体的养老保险制度相互独立，封闭运行，公务员待遇优厚，公平性相对较差。新加坡及东南亚一些国家和地区实行的是完全融合的公务员养老保险制度，制度形式的公平程度相对较高，从形式上统一考虑公务员与其他国民的养老利益。英国、美国、日本等国家实行部分融合、多层次的公务员养老保险制度，既体现普惠，又体现不同群体的特点和需求，公平程度适中。

从筹资机制看，本节主要根据不同主体在资金筹集中的责任分担机制来分析。合理的责任分担机制是公务员养老保险制度公平性的重要体现，完全由单一主体承担的筹资机制是难以实现公平的。德国完全由政府财政来承担公务员的养老金支出，个人无须缴费，未能实现责任共担，尤其是与其他群体的筹资机制差异较大，因而公平性较差；新加坡则相反，完全由个人进行缴费积累，公务员与其他国民一样统一缴费，体现出较好的公平性，但是难以体现公务员的职业特点；英国、美国、日本的公务员养老保险制度则由政府和公务员共同筹资，公平性相对适中，当然，这几个国家的公平程度也有所不同。

待遇水平是衡量公务员养老保险制度公平性的核心指标，其差距大小直接反映公平程度的高低，直接体现实质公平与否。从这些国家看，德国公务员的养老金待遇比较优厚，这一点与我国相似；美国虽然体现出一定的制度融合，但是养老金待遇水平差距较大，公务员待遇水平明显高于其他群体。英国公务员的养老金待遇水平与其他群体的接近，甚至低于其他一些公职人员的。日本公务员的待遇水平与其他群体的也相对接近。新加坡公务员的养老金待遇水平也会因为公务员较高的薪酬而高于普通劳动者的。如果单从待遇水平来看，英国公务员养老保险制度的公平性较高，日本次之，而德国、新加坡、美国公务员养老保险制度的公平性较低。

从管理体制来看，新加坡统一对待公务员养老与普通劳动者养老，在管理上体现出较高的公平性；根据制度的多层次性，英国的公务员基本养老保险由国家统一管理，公务员职业养老保险由专门的机构管理，管理相对独立，总体实行统一与分散相结合的管理模式，公平性次之；

德国公务员养老保险与其他劳动者养老保险分别由不同部门管理，体现出较强的特殊性，在这三类公务员养老保险制度中的公平性最差。

(二) 不同类型公务员养老保险制度的效率性比较

本小节主要从制度模式、资金筹集与管理、待遇享受、差异化需求的满足程度、经办机制等方面分析上述三类公务员养老保险制度的效率性。

制度模式。独立型公务员养老保险制度的效率最低，阻碍了公务员与其他部门人员的自由流动，不利于政府人力资源建设，也不利于整个劳动力市场建设，难以实现人力资源配置效率的最大化。融合型制度具有较大的宏观效率，在促进不同群体之间的和谐共处、维护社会稳定、推动国民经济增长等方面具有较好的作用。完全融合型制度有利于劳动力市场建设和政府自身建设，但如果在待遇方面也完全等同，则不能体现出公务员职业的特殊性，不利于调动公务员的工作积极性。部分融合型制度既考虑了公务员与其他群体之间身份的差异性，也考虑了公务员作为普通国民所具有的特点；但是，部分融合型公务员养老保险制度的差异性部分不能使待遇差距过大，否则，公平性较差。从前面三类公务员养老保险制度的代表国家来看，德国是完全独立的制度，既不公平，也缺乏效率；新加坡是完全融合型的制度，将公务员与其他群体完全同等对待，没有体现公务员的职业特点，也缺乏效率；英国属于部分融合型的制度，通过多层次的养老保险体系兼顾不同群体的利益需求，效率相对较高。

资金筹集与管理。可以从责任分担与激励机制、基金管理与投资等方面来分析这些国家的公务员养老保险制度效率。在这三类国家中，英国、美国、日本建立了责任共担的筹资机制，有利于增强公务员的责任意识和制度效率。德国的资金主要由国家财政负担，来源比较单一，个人无须缴费，不利于实现制度的宏观效率与微观效率。新加坡则完全由个人对公积金账户进行缴费，强调公务员个人的自我积累，不利于体现公务员的职业特点；但是，新加坡建立了良好的资金管理与投资体制，在这方面具有相对较高的效率。

待遇享受。主要体现在待遇确定模式和待遇水平方面。待遇确定模式可以分为缴费确定制、给付确定制和二者混合制三种情况。其中给付确定制与公务员的个人缴费没有必然联系，甚至可以不用缴费，缺少权利与义务的对应性，难以调动个人的缴费积极性，效率较低；其他两种方式要求公务员缴费，并且将缴费数额与待遇水平相联系，效率相对较高。待遇享受的效率还应该结合待遇水平差距来评价，差距过大或完全相同都不能体现较高的效率，因此，保持适度差距很重要。德国属于缴费确定制，公务员养老全部由国家财政负担，个人无须缴费，而且待遇优厚，效率性相对较低；美国公务员与其他群体的养老待遇水平差距过大，难以实现社会整体效率。新加坡属于完全缴费确定制，公务员个人缴费，由于公务员的收入水平较高，公积金缴费水平和待遇水平也较高，效率适中；英国属于缴费确定制与给付确定制相结合的制度，权利与义务相结合，在注重公平的同时，体现出不同的职业差异，公务员的养老金水平并不特别高于其他群体，效率较高，不过，由于公务员养老金水平与其他群体的比较接近，公务员职业贡献不突出，影响公务员的积极性，影响公务员养老保险制度的效率。

差异化需求的满足程度。能否满足不同收入公务员差异化的养老需求也是公务员养老保险制度效率高低的重要体现。从制度层次性看，德国属于单一层次、独立的公务员养老保险制度，公务员养老的差异化满足程度较低。虽然新加坡也是单一层次的制度，但由于其特殊的制度设计，个人可以根据实际情况进行适当选择，制度可以满足不同收入公务员差异化的养老需求。英国、美国、日本实行多层次的公务员养老保险制度，为满足不同公务员差异化的养老需求提供了较好的制度条件。从待遇与缴费的关联性来看，新加坡和英国分别属于缴费确定制和混合制，为满足不同收入公务员的差异化养老需求提供了条件，德国属于完全给付确定制，差异化需求满足程度较低。

经办机制。其社会化程度也是公务员养老保险制度效率高低的体现之一。在这三类国家中，德国的公务员养老保险制度由国家统一管理和经办，社会化程度低，效率相对较低；新加坡由专门的经办机构经办，有利于提高经办服务效率和基金运营效率；英国的公务员养老保险制度根据不同的层次由相应的机构分别进行经办和管理，效率适中。

（三）不同类型公务员养老保险制度公平与效率的综合分析

以上分别从具体项目对三类公务员养老保险制度的公平与效率进行了分析和评价。总体来看，德国的公务员养老保险属于独立型、国家保障、单一层次、现收现付、给付确定制的制度，在公平与效率方面都不太理想；与其他群体相比，公务员养老保险制度无论是制度模式还是待遇水平都欠公平，而且完全由国家承担公务员的养老支出也欠公平。新加坡的公务员养老保险属于完全融合、自我积累、单一层次、基金积累、缴费确定制制度，效率性相对较高，但公平性相对欠缺。英国、日本、美国等属于部分融合型、责任共担型、多层次型、现收现付与基金积累相结合、缴费确定制与给付确定制相结合的制度，从理论上或者形式上来说，较好地平衡了公平与效率的关系。

国家公务员养老保险制度的公平与效率应相辅相成、相互促进。公平有助于实现效率，效率有助于提升公平，比如，英国。当然，有效率未必就一定公平（比如，新加坡），公平也未必一定有效率，需要视具体情况而定。但是，不公平的制度往往也缺乏效率，无效率的制度也未必公平。公平与效率既适度分离又相互促进，而不是完全、绝对的对立与分离，[①] 公平与效率统一于经济社会发展的历史进程当中。[②] 全面审视一个国家公务员养老保险制度的公平与效率需要从形式与实质、绝对与相对两对范畴来理解和分析。

形式和实质范畴。形式上的公平与效率并不等于实质的公平与效率，或者说形式上的公平与效率未必就是真正意义上的公平与效率。当然，形式上的公平与效率是通往实质的公平与效率的重要路径。就公平而言，形式上的公平就是一种程序正义和制度正义，是公平的直接体现，形式公平与实质公平并不能画等号，但是，形式公平有助于实现实质公平，形式不公平不利于实现实质公平。现实中一般更加看重实质公平，也就是不管形式如何，只要能够实现公平的养老保险待遇即可。可见，实质公平是公平的最终形态，是最重要的公平，也是通常追求的公平目标。

[①] 许安成、王家新：《论公平与效率的非分离性》，《江汉论坛》2005 年第 6 期。
[②] 王春福：《公共政策视角下的公平与效率》，《中共中央党校学报》2005 年第 2 期。

在公务员养老保险制度改革中，在追求实质公平的同时，应该实现形式公平与实质公平的有机统一。以上对不同类型公务员养老保险制度公平性的比较分析，是综合比较公平与效率而言的。新加坡属于融合型的制度模式，形式上的公平性较高，但是，实质公平与否取决于公务员的报酬与养老金待遇。德国的公务员养老保险制度既无形式公平，也无实质公平。英国的公务员养老保险制度兼顾了形式公平与实质公平。效率也可以区分为形式上的效率和实质上的效率，形式上的效率主要指制度模式、筹资机制、待遇设计、管理与经办等方面科学，实质上的效率则主要是对公务员养老保险需求的差异化满足程度，对行政效率的提高，对整个经济社会发展的推动作用。从这些国家来看，无论是形式上还是实质上，新加坡公务员养老保险制度的效率最高，对满足不同公务员的养老需求、提高新加坡的行政效率与公共服务能力、促进经济社会的发展都起到了良好的作用。德国的公务员养老保险制度在形式上和实质上的效率都是较低的。而英国公务员养老保险制度形式上的效率较高，但实质上的效率适中，对公务员的激励不够。

绝对与相对范畴。绝对与相对是考察公务员养老保险制度公平与效率的另一对重要范畴。一般来说，公平与效率是相对而言的，没有绝对的公平与效率。而公平与效率的程度更是相对的，没有一个绝对的衡量标准，没有永恒的、绝对的公平与效率。同样的制度模式和制度设计在一个国家是公平的、有效率的，但在另一个国家未必体现出较好的公平与效率。英国和美国都属于部分融合型、多层次的公务员养老保险制度，但是在公平与效率方面却存在明显的差异，美国的公务员养老保险制度虽然形式上实现了部分融合，但待遇差距较大，并没有体现出实质公平性。同一个制度在一个国家的一个时期内是公平的、有效率的，随着时代的发展变化，未必一直富有公平与效率。由此可见，这些国家的公务员养老保险具体的制度设计和运行机制值得中国学习，但我们不能盲目借鉴，而是需要紧密结合中国的现实国情，在实现形式公平和实质公平的基础上提高制度运行的效率。

因此，公平与效率的衡量需要综合考虑各类因素，针对不同国家的经济、政治、文化等因素综合判断，不能一味绝对、静止地判断一个国家的公务员养老保险制度的公平性与效率性。从经济因素来看，公务员养老保险制度需要适应经济体制、经济发展模式、经济发展水平等因素，才能实现其公平与效率的有效结合。计划经济与市场经济对公务员养老保险制度的要求显然是不相同的，自由市场主义与政府干预主义经济模式对公务员养老保险制度的要求亦不相同。此外，公务员养老保险制度还应该适应不同经济发展阶段的要求。政治因素主要包括政治体制、政党制度、行政体制等方面，集权制与分权制对公务员养老保险制度设计与管理的要求是有较大区别的，前者要求统一管理，后者要求分散管理。公务员养老保险制度应该适应政党制度的需要。而多党制的国家要求公务员养老保险制度体现执政党的理念与政策。在不同的政治体制下，公务员养老保险制度也应该不同。公务员政治中立的国家，往往将高级公务员与普通公务员区别对待。从文化因素来看，集体主义国家与个人主义国家、注重平等的国家与强调等级制的国家，对公务员养老保险制度的要求也不一样。

三 公务员养老保险制度公平与效率的中国现实

结合对公平与效率的理论分析及国际比较，下面对我国公务员养老保险制度的公平性与效率性进行分析。

（一）中国公务员养老保险制度的公平状况

本小节主要从制度模式、筹资机制、待遇享受、管理与经办等方面分析我国公务员养老保险制度的公平性。

制度模式。我国公务员养老保险制度实行的是传统的国家保障制，一直与城镇职工基本养老保险制度相独立，也正因为如此，我国出现了养老保险的"双轨制"及诸多弊端。公务员与其他群体养老保险制度的相互独立及其封闭运行、国家保障的特点，体现了公务员养老保险的特殊性，容易导致不同职业群体之间的相互攀比与不公平。[1] 可以说，这一制度模式在计划经济时期和我国社会保障制度改革之前是具有一定的合理性的，但是，随着时代的发展变化，这一制度模式已经难以适应我国

---

[1] 黄贻芳：《论中国养老社会保险的公平与效率》，《经济评论》2002年第4期。

经济社会的发展。

筹资机制。目前，我国公务员养老保险全部由国家财政负责，单位和个人不需要履行缴费责任，这种筹资机制没有体现出权利与义务的结合。而其他群体均需要缴纳养老保险金，即便是收入较低的城乡居民也需要履行缴费责任，唯独公务员和部分事业单位人员不需要缴费，至少从形式上说，这种筹资机制不能较好地体现公平。

待遇享受。我国公务员不仅不需要个人缴费，而且可以获得较为丰厚的退休待遇，进一步凸显了公务员养老保险制度的公平性问题。如果从公务员的薪酬、福利与退休待遇整体考虑，其总体收入水平较高。近些年来，社会各界对公务员养老保险制度极为关注，其中一个重要方面就是对其待遇水平的关注。在当前居民收入差距较大的背景下，公务员的退休待遇水平更难以体现公平。

管理与经办。目前我国的公务员养老主要由单位负责管理，尚未真正实现社会化管理。管理体制实行的是公务员与城镇职工、城乡居民分开管理，体现了明显的"双轨制"色彩。尽管目前由人力资源和社会保障部门统一管理，但是并没有真正实行实质意义上的统一管理。管理的分散性容易导致制度的碎片化和不公平。

（二）中国公务员养老保险制度的效率状况

下面主要从制度模式、筹资机制、待遇享受、差异化需求满足程度、管理与经办等方面分析我国公务员养老保险制度的效率性。

制度模式。相互独立的制度安排不仅公平性不理想，而且不利于提高效率。公务员与其他群体养老保险制度的相互独立，不利于养老保险的转移接续，不利于促进不同部门之间（主要是政府和企业之间）的人员流动，不利于我国劳动力市场的完善。制度的相互独立与分割，无论是对于政府行政效率的提升，还是对于我国市场经济体制的完善和经济发展都是不利的，或者说在这些方面的效率不充分。目前的制度安排不利于我国政府的人力资源建设，不利于提升政府行政效率与公共服务能力，在未来我国提升政府服务能力、建设服务型政府的过程中，需要对公务员养老保险制度进行改革。

筹资机制。公务员个人不需要缴纳养老保险费，缺乏责任共担机制，完全由政府财政负担容易导致政府财政压力过大，影响政府用于经济建设的资源的多少，不利于提升经济发展的整体效率和竞争力。个人不用缴费不利于个人责任意识的培养，容易导致公务员优越感的产生，不利于公务员进取心的培养，从而影响其工作效率，间接影响政府行政能力。而且，由于公务员养老待遇普遍较高，政府用于公务员养老的支出也相对较高，如果不进行调整，可能使公务员养老待遇水平与经济发展水平不完全适应。

待遇享受。我国公务员养老保险的待遇确定采用的是给付确定制，待遇享受与个人缴费没有必然联系，只与公务员的职务级别、退休前的工资水平等因素相关，这种待遇确定模式缺少权利和义务结合机制，缺乏对公务员的激励机制。从待遇水平来看，公务员与其他群体的待遇水平差距过大，影响其他群体的积极性，不利于经济社会整体效率的提升。

差异化需求满足程度。由于待遇享受与个人缴费无直接关联，不能很好地满足公务员多样化的养老需求，一些公务员可能有缴费和多缴费的意愿，但是目前没有这样的制度设计，不能满足一部分人的需求。从制度体系来看，目前公务员养老保险制度只是单一层次的制度安排，没有建立起多层次的制度体系，也不利于满足不同收入水平公务员的养老需求。

管理与经办。目前我国的公务员养老保险主要由单位管理和经办，与其他群体养老保险制度分开管理和经办。这种状况一方面不利于减轻单位的管理负担；另一方面也不利于养老保险管理的专业化和管理效率的提高，尤其是资金的安全存在隐患，危及公务员的养老权益。

（三）提升我国公务员养老保险制度公平与效率的思考

推进我国公务员养老保险制度改革，实际上就是要通过各种有效举措提升公务员养老保险制度的公平与效率，实现公平与效率的内在统一。① 未来需要改革和完善我国公务员养老保险的制度模式，建立以政府负责为主、个人适度分责的筹资机制，建立与缴费适度关联的待遇确定机制，缩小公务员与其他群体之间的养老待遇差距，完善公务员养老保

---

① 卫兴华：《实现分配过程公平与效率的统一》，《价格理论与实践》2006年第9期。

险的管理与经办服务,建立多层次的公务员养老保险制度。

前面对国外公务员养老保险制度公平与效率的分析,为我国提升公务员养老保险的公平与效率提供了参考。但是,公务员养老保险制度改革需要紧密结合我国国情和养老保险体系的实际,需要综合考虑政治、经济、文化、社会等诸多方面的因素,实现公务员养老保险制度与之良性协调发展。

影响我国公务员养老保险制度公平与效率的因素是多方面的,公务员养老保险制度自身的改革只是其中一个方面。在加强公务员养老保险制度改革设计的同时,还需要加强多方面的配套改革,包括工资制度、福利制度、人事制度等。从整个社会保障体制和养老保险体系的顶层设计进行公务员养老保险制度的改革设计,才能真正实现社会保障体系的公平与效率。

未来我国公务员养老保险制度改革应该着力于进一步提高制度的公平性和效率性,尤其是要坚持公平优先与兼顾效率相结合。既不能过度追求公平而损害效率,这样难以实现可持续的公平;也不能因为追求效率而损害公平。应该将公平与效率统一于制度设计与实施的全过程中。

我国公务员养老保险制度改革不仅要实现形式上的公平与效率,更重要的是要实现实质上的公平与效率;不是追求完全、绝对的公平与效率,那是不现实的,而是追求相对公平与效率,这才是真正的公平与效率。因此,在改革中,不宜采取过度追求公平与效率的措施,而应该综合考虑各类因素,追求实现相对的、实质的公平与效率。

第二章　中国公务员养老保险制度的回顾与反思

对我国公务员养老保险制度发展历程与现状进行回顾与反思是未来我国公务员养老保险制度改革的重要前提。纵观我国公务员养老保险制度的发展历程，主要经历了创建、调整、倒退、恢复和改革探索等发展阶段。随着经济社会环境的变化和社会保障制度的改革，传统的公务员养老保险制度已经出现诸多问题。未来迫切需要加强公务员养老保险制度改革，以适应社会保障制度改革和经济社会发展的需要。

第一节　中国公务员养老保险制度的发展历程与现状

对我国公务员养老保险制度发展历程的回顾，有助于我们更好地把握公务员养老保险制度的发展背景，真正理解公务员养老保险制度存在的问题。

一　我国公务员养老保险制度的发展历程

新中国成立以来，我国公务员养老保险制度的发展主要经历了以下几个阶段。

（一）第一阶段（1949~1956年）：公务员养老保险制度的创建

新中国成立之初，我国便开始着手恢复和发展各项事业，完善各项法律制度，不断建立和完善社会保障制度。1949年9月，《中国人民政治协商会议共同纲领》提出，要"逐步实行劳动保险制度"；1951年颁布、

1953年修订的《中华人民共和国劳动保险条例》为城镇企业职工建立了全面的劳动保险制度。这一时期，国家也为公务员建立了与城镇企业职工相独立的养老保险制度。1955年12月，《国家机关工作人员退休处理暂行办法》和《国家机关工作人员退职处理暂行办法》的发布标志着公务员养老保险制度的正式建立。1956年11月，国务院对国家机关工作人员退休和工作年限计算等问题做了补充规定，规定公务员的养老经费由国家机关行政经费和事业单位的事业经费直接支付。

《国家机关工作人员退休处理暂行办法》规定了公务员的退休条件：男子年满60岁，女子年满55岁，工作年限已满5年，加上参加工作以前主要依靠工资生活的劳动年限，男子满25年、女子满20年的；男子年满60岁，女子年满55岁，工作年限已满15年的；工作年限已满10年，因劳致疾丧失工作能力的；因公残废丧失工作能力的。公务员退休后即可按月领取退休金，每月退休金的标准根据工作年限有所差异，为本人退休前工资的50%~80%，对革命有重大功绩或者对社会有特殊贡献的，可以酌量提高。《国家机关工作人员退职处理暂行办法》规定了国家机关工作人员的退职条件：年老或者病弱不能继续工作，又不合退休条件的；自愿退职的；不适宜现职工作，又不愿接受其他工作的。根据退职的情况不同，发给一定数量的一次性退职金。

这一时期，公务员与事业单位人员统一被作为国家机关工作人员对待，并且有较高的退休待遇。对机关事业单位人员与城镇职工分别按照不同的养老保险制度进行管理，这是我国养老保险"双轨制"的直接起源。

（二）第二阶段（1957~1966年）：公务员养老保险制度的调整

1957年以后，我国对新中国成立初期建立的公务员养老保险制度进行了调整，尤其是针对机关事业单位和企业职工养老保险制度相互独立的问题进行了完善。1958年2月，国务院发布了《关于工人、职员退休处理的暂行规定》和《关于工人、职员退职处理的暂行规定》，标志着公职人员养老保险制度与职工养老保险制度从分立走向统一。这两个办法统一适用于企业、事业单位和国家机关、人民团体的工人、职员。[1]

---

[1] 龙玉其：《对我国退休制度改革的反思与前瞻》，《理论导刊》2013年第2期。

《关于工人、职员退休处理的暂行规定》规定了机关事业单位人员和企业职工的退休条件：男工人、男职员年满60周岁，连续工龄满5年，一般工龄满20年；女工人年满50周岁，女职员年满55周岁，连续工龄满5年，一般工龄满15年；从事井下、高空、高温、特别繁重体力劳动或者其他有损身体健康工作的工人、职员，男年满55周岁、女年满45周岁，连续工龄满5年，一般工龄男满20年、女满15年；男年满50周岁、女年满45周岁的工人、职员，连续工龄满5年，一般工龄满15年，身体衰弱丧失劳动能力的；连续工龄满5年，一般工龄满25年的工人、职员，身体衰弱丧失劳动能力的；专职从事革命工作满20年的工作人员，因身体衰弱不能继续工作而自愿退休的。机关事业单位人员和企业职工每月退休金的标准为本人工资的50%~70%，对社会有特殊贡献的工人、职员的退休费，可以酌情提高，但是提高的幅度最高不得超过本人工资的15%。《关于工人、职员退职处理的暂行规定》规定了机关事业单位人员和企业职工的退职条件和退职待遇。

（三）第三阶段（1967~1977年）：公务员养老保险制度的倒退

"文化大革命"期间，我国各项事业的发展处于停滞甚至倒退阶段，公务员养老保险制度同样如此，《劳动保险条例》被视为修正主义，受到彻底否定。1969年，财政部发布了《关于国营企业财务工作中几项制度的改革意见》，提出企业停止提取劳动保险金，企业人员的劳动保险与福利费改在营业外列支，职工的劳动保险变成完全的企业保险。这一时期，机关事业单位和企业职工的养老保险制度也同样受到影响，由各机关事业单位自行负责其职员的养老保险。在"文化大革命"的背景下，一大批具备退休退职条件的国家机关、事业单位工作人员没有得到妥善处理。

（四）第四阶段（1978~1991年）：公务员养老保险制度的恢复

改革开放以后，我国开始进入拨乱反正的新时期，各项事业得以恢复和发展。公务员养老保险制度经过"文化大革命"的挫折后开始恢复发展。但是，公务员养老保险制度的恢复不是照搬"文化大革命"之前的制度，而是进行了一些变动。其中一个重要的方面就是公务员养老保险制度与企业职工养老保险制度从统一走向再次分立。

这一时期国家发布的有关公务员退休与养老的重要文件包括：1978

年6月国务院颁布的《关于安置老弱病残干部的暂行办法》；1980年10月国务院颁发的《关于老干部离职休养的暂行规定》；1982年2月，中共中央发布的《关于建立老干部退休制度的决定》；1982年4月，国务院颁发的《关于发布老干部离职休养制度几项规定的通知》等。1988年，我国重新组建了人事部和劳动部，其中机关事业单位人员的养老保险由人事部主管。

国务院《关于安置老弱病残干部的暂行办法》规定了干部的退休条件和退休待遇。干部的退休条件：①男年满60周岁，女年满55周岁，参加革命工作满10年的；②男年满50周岁，女年满45周岁，参加革命工作满10年，经过医院证明完全丧失工作能力的；③因工致残，经过医院证明完全丧失工作能力的。干部每月的退休费标准为：符合①项或②项条件，抗日战争时期参加革命工作的，按本人标准工资的90%发给；解放战争时期参加革命工作的，按本人标准工资的80%发给；新中国成立以后参加革命工作的，工作年限满20年的，按本人标准工资的75%发给，工作年限满15年不满20年的，按本人标准工资的70%发给，工作年限满10年不满15年的，按本人标准工资的60%发给。因工致残退休，饮食起居需要人扶助的，视情况发给一定数额的护理费。此外，还规定了离退休干部的住房和公费医疗待遇。

（五）第五阶段（1992年以来）：公务员养老保险制度的改革探索

20世纪90年代以后，随着我国市场经济体制目标的确立，社会保障制度改革不断推进，尤其是城镇职工养老保险制度改革率先推进。国务院在1991年发布的《关于企业职工养老保险制度改革的决定》提出，"机关、事业单位的养老保险制度改革，由人事部负责"。1992年至今，我国公务员的养老保险制度一直处于改革探索中，尚未形成固定和统一的制度方案。自1993年起，南京、深圳、福建、海南、云南、江苏、山东、辽宁、山西、湖南等省市发布了有关机关事业单位养老保险改革的文件，在机关事业单位的不同范围人员中开始试点探索机关事业单位养老保险制度改革。

1992年，人事部发布了《关于机关事业单位养老保险制度改革有关问题的通知》，对机关事业单位养老保险制度改革提出了一些原则性意见。机关事业单位养老保险制度要逐步改变退休金实行现收现付、全部由国家包下来的做法，建立国家统一的、具有中国特色的机关事业单位社会养老保险制度。随后，各地纷纷开展机关事业单位养老保险制度改革试点。1993年，国务院颁布了《国家公务员暂行条例》，标志着我国国家公务员制度的正式确立，其中明确规定："国家公务员按照国家规定享受保险和福利待遇。"

进入21世纪以后，随着社会保障制度改革的加快推进，机关事业单位养老保险制度改革也不断被提上议事日程。2000年国务院发布的《关于完善城镇社会保障体系试点方案》中有专门内容对机关事业单位养老保险改革办法进行了规定。2003年10月，《中共中央关于完善社会主义市场经济体制若干问题的决定》进一步指出，要"加快建设与经济发展水平相适应的社会保障体系""积极探索机关和事业单位社会保障制度改革"。2005年4月，《中华人民共和国公务员法》提出，"国家建立公务员保险制度，保障公务员在退休、患病、工伤、生育、失业等情况下获得帮助和补偿"。2006年，人事部、财政部联合发布了《关于机关事业单位离退休人员计发离退休费等问题的实施办法》，明确规定了机关事业单位离退休人员的离退休费计算办法。同年，中共中央发布了《关于构建社会主义和谐社会若干重大问题的决定》，提出要"加快推进机关事业单位养老保险制度改革"。2008年，新的政府机构成立了人力资源和社会保障部，统一负责机关事业单位和企业职工的养老保险工作，并要求各地进一步开展机关事业单位养老保险改革试点。2011年，《中华人民共和国国民经济和社会发展第十二个五年规划纲要》提出，要推动机关事业单位养老保险制度改革，发展企业年金和职业年金。《中国老龄事业发展"十二五"规划》也提出，要推动机关事业单位养老保险制度改革。此外，党的十七大、十八大报告也提出要推进机关事业单位养老保险制度改革，十八届三中全会更是将其作为深化改革的重要内容之一。

我国公务员养老保险制度经历了曲折的发展过程，从与企业职工养老保险制度的分立走向统一，又走向再次分立。目前，我国包括公务员在内的机关事业单位仍然保持着与企业职工相互独立的养老保险制度，我国养老保险制度的"双轨制"问题依然没有得到解决，机关事业单位养老保险制度改革没有取得实质进展。目前的公务员养老保险制度已经出现了诸多问题，与经济社会的发展不完全适应，未来改革的任务比较艰巨。

二 我国公务员养老保险制度的现状及特点

我国目前的公务员养老保险制度基本沿袭了改革初期甚至是新中国成立初期的做法，主要体现在《国家机关工作人员退休处理暂行办法》《关于工人、职员退休处理的暂行规定》《关于机关事业单位离退休人员计发离退休费等问题的实施办法》等文件中。

1. 制度模式：现收现付

与企业职工养老保险"统账结合"模式不同的是，目前我国的公务员养老保险制度仍然属于现收现付的国家保障制。公务员养老保险无须建立个人账户进行缴费积累，而是由国家财政统一支付，公务员可以获得稳定、丰厚的养老待遇。

2. 筹资机制：财政负责

区别于企业职工责任共担的养老保险筹资机制，我国公务员养老保险制度的筹资渠道单一，完全由国家财政负责，按年度进行拨付。公务员不需要进行个人缴费。这种单一的筹资渠道容易给政府财政带来压力。

3. 待遇计发：相对优厚

公务员离退休后即可按月领取退休金，退休金标准主要根据公务员本人退休前的月平均工资水平、工作年限、职务级别等因素来确定。

从公务员领取养老金的条件（即退休条件）来看，公务员可以在以下几种情况下退休领取退休金：男性年满60周岁，女性年满55周岁，或者丧失工作能力的；男性年满55周岁、女性年满50周岁，且工作年限满20年的；或者工作年限满30年的，经本人申请，可以提前退休领取退休金。

公务员退休金的计算分离休和退休两种情况。离休人员主要针对一些参加过革命的工作人员和老干部。离休人员的离休费按本人离休前职务工资和级别工资之和或岗位工资和薪级工资之和全额计发。公务员退休后的退休费按本人退休前职务工资和级别工资之和的一定比例计发，工作年满35年的按90%计发；工作年满30年不满35年的，按85%计发；工作年满20年不满30年的，按80%计发。

4. 待遇调整：不太规范

关于公务员退休后的待遇调整，并没有明确具体的规定，而只是做了大致的规定。1993年国务院办公厅《关于印发机关、事业单位工资制度改革三个实施办法的通知》只对该年9月30日前已办理离退休手续和已达到离退休年龄、离退休前有职务的退休人员调整离退休金，按照同职务在职人员平均增加的工资额的90%增加离退休费，离退休前无职务的离退休人员增加离退休费的办法由各地自行决定。2006年，人事部、财政部《关于机关事业单位离退休人员计发离退休费等问题的实施办法》也只做了原则性规定："在职人员调整工资标准时，离休人员相应增加离休费，退休人员适当增加退休费。"

5. 管理体制：逐步统一

新中国成立以来，我国公务员养老保险制度的管理体制经历了一些调整和变动，最初规定由国务院人事部门和组织部门负责，随后由人事部和组织部负责。在2008年国家机构改革后，公务员的养老保险事宜由人力资源和社会保障部进行统一管理，公务员养老保险管理体制取得了重要进展。

第二节　各地公务员养老保险制度改革探索的比较述评[①]

公务员养老保险制度是整个社会保障制度的重要组成部分。公务员养老保险制度直接影响到公务员的权益，关系到公共管理与公共服务的效率，也关系到整个社会的公平正义。"十二五"规划提出，要"推动机关事业单位养老保险制度改革"。党的十八大也提出，"要改革和完善企业和机关事业单位社会保险制度"。[②] 20世纪90年代以来，在我国经济体

[①] 此部分内容已发表于《现代经济探讨》2014年第6期，题目为《公务员养老保险制度改革的探索——基于八省市改革方案的比较》。

[②] 《坚定不移沿着中国特色社会主义道路前进、为全面建成小康社会而奋斗——在中国共产党第十八次全国代表大会上的报告》。

制和社会保障体系改革的过程中，公务员的养老保险制度改革也进入地方探索阶段。部分省市发布了公务员养老保险制度的改革方案，对传统的公务员养老制度进行改革探索。近些年来，我国养老保险制度的"双轨制"在全社会引起了强烈反响，尤其是在2008年事业单位养老保险制度改革试点方案发布以后，公务员养老保险制度改革的呼声越来越大。因此，这里对一些省市的公务员养老保险制度改革进行比较和分析，剖析各地公务员养老保险制度改革探索的异同，把握目前各地公务员养老保险制度改革的现状与问题，为未来改革和完善公务员养老保险制度提供参考。

一 各地公务员养老保险制度的改革方案

自20世纪90年代以来，一些地方在国家有关文件的指导下，[①] 结合各地的具体情况，开展了机关事业单位养老保险制度改革的试点探索，制定了相应的改革方案。结合前期文献研究，这里主要选取深圳、太原、徐州、南京、石家庄、合肥、福建、湖南八个省市的改革方案进行比较分析。各省市的公务员养老保险制度改革设计主要从制度模式、覆盖范围、筹资机制、待遇给付、转移接续、管理经办及其他相关问题等方面对改革进行了具体设计，初步形成了各地公务员养老保险制度改革的框架，并且围绕这些制度进行了改革探索，为未来国家对公务员养老保险制度的改革设计奠定了基础（见附件2-1、附件2-2）。

二 各地公务员养老保险制度改革的共性

各地公务员养老保险制度的改革体现出以下六个方面的共同特征。

一是探索建立社会化的公务员养老保险机制。在我国经济体制市场化改革和城镇企业职工养老保险社会化改革的背景下，各地公务员养老保险制度改革探索的一个明显特征就是遵循社会化的机制，从原来的由

[①] 主要参照1992年1月27日人事部《关于机关、事业单位养老保险制度改革有关问题的通知》（人退发〔1992〕2号），《国务院关于机关和事业单位工作人员工资制度改革问题的通知》（国发〔1993〕79号），《国务院关于印发完善城镇社会保障体系试点方案的通知》（国发〔2000〕42号）。

单位管理与经办走向由专门的机构经办。在业务经办方面，一些省市由城镇企业职工养老保险经办机构统一经办，比如，深圳、太原；一些省市专门建立了机关事业单位养老保险经办机构，比如，徐州、南京、石家庄、合肥、福建、湖南等省市。公务员养老保险社会化改革的另外一个体现就是实行公务员养老保险的社会统筹，有的是全部统筹，有的是部分统筹。

二是初步建立了责任共担的筹资机制。各地改革之前的公务员养老保险制度是一种典型的国家保障制，公务员的养老完全由国家财政负担，通过财政预算拨款给各单位，公务员退休后即可按规定领取相对较高的养老金，在职期间无须缴纳任何费用。各地的改革遵循权利与义务相结合的原则，初步建立了责任共担的筹资机制。除去财政提供的资金外，个人还需要履行适当的缴费义务，否则退休后不能领取养老金。在这八个省市中，公务员养老资金无一不是由单位和个人共同缴费组成。

三是强调单位在公务员养老保险制度中履行主要责任。主要体现在公务员养老保险筹资与待遇支付方面。尽管各地公务员养老保险制度改革初步建立了责任共担的筹资机制，但是其中履行最主要责任的还是单位，单位履行绝大部分的缴费义务，一些地方只需要公务员个人象征性缴费（2%或3%），而单位缴费比例比较高，比如，太原市国家机关、全额拨款事业单位按单位在职人员缴费工资总额的38%缴纳；合肥的机关、全额拨款事业单位按单位在职人员缴费工资总额的33%缴纳。其他一些省市的单位缴费也都在20%以上。除去筹资外，单位在公务员的退休待遇支付方面也需要履行责任，一些省市的单位需要支付一些社会统筹外的支付项目，比如，太原实行"统筹外项目仍由单位按原经费渠道解决"的办法；合肥市规定，单位离退休人员超过30%的，应为其超出部分的离退休人员缴纳养老保险调剂金。

四是将公务员与事业单位人员养老保险制度改革统筹推进。各地在改革探索过程中，几乎都将公务员与事业单位人员作为国家公职人员进行统一考虑。从这些省市改革方案的名称来看，标题几乎都出现"机关事业单位养老保险制度"的字眼。从表面来看，统筹考虑了公务员与事业单位人员的养老保险制度。当然，各地将公务员和事业单位人员纳入的具体范围有所差异，后面将会论及。统筹考虑公务员和事业单位人员的养老保险制度改革应该成为未来我国公职人员养老保险制度改革的重要方式。但是，在后来国家推进的改革试点却对事业单位人员单独设计改革方案，导致了机关事业单位养老保险制度的分裂，引起了事业单位人员的强烈不满。

五是区别对待机关单位不同身份的人员。虽然各地的改革探索从形式上将机关事业单位人员统一纳入改革的范围，但是，在具体的改革设计中，却区别对待不同身份的人员，不仅区别对待公务员与事业单位人员，而且区别对待机关单位内部人员。比如，深圳主要针对聘任制公务员的养老保险制度进行改革，不涉及其他公务员；太原仅限于机关合同制人员；南京主要针对机关合同制工人；徐州、石家庄、合肥主要针对合同制工人及聘用人员；福建对国家干部和固定职工实行退休费用社会统筹，对聘用制干部、合同制工人实行退休养老保险，对临时工实行养老储存积累制。

六是注重公务员养老保险基金的管理。各地对公务员养老保险基金的管理进行了明确、具体、严格的规定，改革方案中均有涉及基金管理的条款。各省市均规定了机关事业单位基本养老保险基金收支两条线管理的办法，基本养老保险基金存入财政专户，专项储存，专款专用，任何单位和个人不得擅自动用或挪用。存入银行的基本养老保险金，按照中国人民银行规定的同期城乡居民储蓄存款利率计息，所得利息计入养老保险基金。经办机构负责基本养老保险基金的保值增值，劳动保障、财政和审计等相关部门负责加强对基本养老保险基金的监督和管理。

三　各地公务员养老保险制度改革的差异

各地公务员养老保险制度改革存在上述共性，也体现出较大的差异，主要表现为以下五点。

一是制度模式的差异。社会化是各地公务员养老保险制度改革探索的总体方向，但是，在具体的制度模式选择上，各地呈现较大的差异。一些省市实行完全的社会统筹方式，一些省市则是实行社会统筹与个人账户相结合的方式,还有部分省市实行的是完全的个人账户制。其中,徐州、南京、福建实行基本养老保险社会统筹;太原、石家庄、合肥、湖南实行社会统筹与个人账户相结合的方式;深圳实行基本养老保险、补充养老保险和职业年金制度相结合的方式,聘任制公务员的职业年金实行完全个人账户制。从各地改革探索的模式来看,呈现多样化特点,尚未形成一致、稳定、成熟的制度模式。不过,这些省市的改革探索也体现出"统账结合"的发展趋势,与城镇企业职工的基本养老保险制度模式相近似。

二是覆盖范围的差异。总体来看,各地的改革针对的都是公务员,但是,在具体的覆盖范围上体现出较大的差异。尽管都称为"公务员养老保险制度"或者"机关事业单位养老保险制度",但是,各地对公务员纳入改革的范围是有差异的。大多数省市只针对机关事业单位的合同制工人或聘用制干部,只有个别省市针对全体机关事业单位人员。各地公务员养老保险制度改革就是采取差异化、分类别的办法,针对公务员、聘用制人员、工人、临时工等不同身份的人设计不同的缴费和待遇设计办法。各地公务员养老保险制度覆盖范围的差异,也体现出公务员养老保险制度改革的不足,大多数省市并未真正触动传统的公务员养老保险制度。

三是筹资机制的差异。筹资机制的设计是各地公务员养老保险制度改革设计的核心内容,各地根据实际情况设计了不同的筹资办法,主要体现在筹资主体和缴费比例方面。从筹资的责任分担主体来看,在体现出责任共担特点的同时,不同主体之间的责任分担比例不同。深圳聘任制公务员的职业年金缴费完全由财政负担,列入部门预算。其他绝大多数省市由国家、单位和个人共同筹资,不过,各主体分担的比例差异较大。太原市国家机关、全额拨款事业单位按工资总额的38%缴纳;差额拨款事业单位按35%缴纳;自收自支事业单位按20%缴纳;个人缴费比例为本人缴费工资的5%。徐州的单位缴费根据自然负担比率决定,自然负担比率在5%以下的,缴费比例为20%;5%~30%的为27%;30%以上的按自然负担比率减3个百分点之后的比例。机关和全额拨款事业单位劳动合同制职工、聘用制干部和非统筹单位参保人员的单位缴费比例为27%；个人缴费暂按3%执行，逐步增加，最高不超过8%。南京的单位缴费比例为22%，适时降低为21%；个人缴费比例为5%，以后逐步提高，最高不超过8%。合肥市机关、全额拨款事业单位按33%的费率缴纳，差额拨款、自收自支事业单位按31%的费率缴纳，个人按3%的费率缴纳，人事代理人员按34%的费率缴纳。福建的单位缴费控制在工资总额的25%以内，个人缴纳的基本养老保险费为本人工资总额的2%，并逐步提高。湖南的单位缴费率为24%，个人开始缴纳3%，以后逐步提高。

四是待遇享受的差异。由于制度模式、覆盖范围和筹资机制等方面的差异，各地公务员的养老待遇设计也呈现较大的差异。待遇计发办法的差异也会导致不同人员实际的养老金待遇差距。深圳完全根据个人账户计发职业年金，退休后可一次性领取或者按月领取。太原、徐州、南京主要依据原有的国家离退休金计发办法，福建的机关事业单位的干部、固定职工基本养老金给付与原退休费计发标准相衔接；聘用制干部、合同制工人、集体工退休后的养老保险金按缴费年限和金额计发养老金；临时工退休后的养老保险金按储存积累的基金及利息除以计发月数。石家庄的机关事业单位工作人员基本养老金按本人离退休前工资的全额或一定比例计发；聘用人员基本养老金包括基础养老金和个人账户养老金两部分，基础养老金按上年度当地职工月社会平均工资的20%计发，个人账户养老金按个人账户储存额除以120计发。可以看出，各地针对机关的不同人员采取了不同的待遇计发办法，没有根本改革机关公务员的待遇计发办法，而主要是针对机关单位的聘用人员、合同制工人、临时工等进行改革。

五是业务经办的差异。业务经办是各地公务员养老保险制度改革设计的内容，各地公务员养老保险制度改革的设计都对业务经办进行了具体规定。但是，各地对公务员养老保险业务经办的规定有所差异。一些省市与企业职工养老保险合并经办；一些省市则设立专门的机关事业单位养老保险经办机构，单独经办机关事业单位的社会保险业务。其中，深圳、太原的公务员养老保险与城镇职工养老保险统一经办，由地方社会保险经办机构经办；徐州、南京、石家庄、福建、湖南的公务员养老保险则由专门的机关事业单位社会保险经办机构经办，与城镇职工基本养老保险分开经办。在经办机构的费用方面，一些省市通过部门预算提供，比如，福建规定，"各级机关社保公司的管理费用，按统筹养老保险金总额2%提取"；湖南规定，"机关事业单位社保机构的管理费从当年收缴的基本养老保险基金中提取"；南京规定，"市机关事业社保处按照规定从统筹的养老保险基金中提出3%的管理服务费"。一些省市则是直接从缴纳的保险费中提取，比如，合肥规定，"各级机关事业单位养老保险经办机构所需经费，由各级财政部门按同级事业单位标准列入部门预算"。

四 各地公务员养老保险制度设计存在的主要问题

各地机关事业单位养老保险制度改革探索并不顺利，成效不明显，公务员养老保险制度改革并未取得实质突破，其中一个重要的原因就是改革设计还存在许多不足之处，各地公务员养老保险制度设计存在的问题主要体现在以下几个方面。

一是机关单位不同身份人员的制度设计差异较大。尽管各地的公务员养老保险制度改革在形式上将"机关事业单位人员"统一纳入改革的范围，但是，在制度设计中却是"因人而异"，导致同一单位内不同身份人员的制度差别较大，更不用说公务员与企业职工之间的养老保险制度差异了。尽管各地的改革都将公务员和事业单位人员统筹考虑进来，但是，在制度设计中，对公务员的养老改革并没有实质性的突破，在制度设计中基本沿袭公务员传统的养老做法，并无太多的改革创新，公务员养老保险制度依旧"一枝独秀"。不同身份人员、不同群体之间的养老保险制度设计差异进一步导致了养老保险制度的碎片化与不公平，不符合公务员养老保险制度改革的真正目的，不利于公务员养老保险制度改革的顺利推进。

二是与城镇企业职工基本养老保险制度衔接不够。在经济体制改革的过程中，城镇企业职工养老保险制度改革率先推进，并形成了相对稳定的制度模式与制度方案。而公务员与企业职工之间的养老保险制度各自为政，形成了我国养老保险的"双轨制"现象，这是近年来我国经济社会改革中反映极为强烈的问题，也是推动公务员养老保险制度改革的重要动力。但是，各地的公务员养老保险制度设计与城镇企业职工基本养老保险制度衔接不够，"双轨制"的问题难以得到根本解决。公务员与企业职工的养老保险制度相互独立，而且没有具体的转移接续办法。在推进机关事业单位人事制度改革和努力实现社会公平正义的背景下，这一问题更为突出，不仅是公务员养老制度设计的问题，更与整个经济社会的发展趋势不相符合。

三是公务员养老保险的筹资机制不合理。各地公务员养老保险的筹资均提出了"国家、单位与个人相结合"的原则，体现了责任共担的特点。但是，在具体制度设计中，公务员养老保险的筹资依旧存在一些不合理的地方。总体来看，各地公务员养老保险的缴费率相对较高，大多数省市的单位和个人缴费率超过30%；其中，太原的机关、全额拨款事业单位按工资总额的38%缴纳，个人缴费比例为5%；远远超出了企业职工基本养老保险的缴费率，增加了政府财政压力。在各地的改革方案中，对不同身份人员规定了不同的缴费率，筹资水平差距明显，由于公务员的养老保险主要由财政负担，缴费率明显高于其他人员。公务员的个人缴费相对较低，一般以2%或3%起步。在一些省市的制度设计中，公务员缴费的激励性不足，一些省市实行完全的社会统筹，没有个人账户，比如石家庄、南京、徐州。

四是公务员养老保险待遇计发机制不科学。待遇计发办法是公务员养老保险制度设计的核心内容，各地公务员养老保险的待遇计发办法还存在一些不足之处。第一，公务员的养老待遇水平设计得比较慷慨，这也是公务员养老待遇显著高于其他群体的直接原因，具体体现为计发项目完备、计发基数较高。一些省市的公务员离退休金支付项目包括退职人员生活费、职务津贴、补贴、地方综合补贴、生活补贴、护理费、丧葬费等（太原、徐州、石家庄等）。第二，对公务员养老保险的待遇支付规定较模糊，或依照原有的国家相关规定执行（南京、石家庄、合肥等），仍然保留了传统的计发办法，使得公务员的退休金待遇优厚。第三，不同身份人员的待遇计发办法差异较大，比如，福建的机关事业单位的国家干部、固定职工与原退休费计发标准相衔接，聘用制干部、合同制工人按缴费年限长短和金额计发，临时工按储存积累所形成的基金及利息除以计发月数计发。第四，待遇计发办法比较复杂，难以让人理解。比如，湖南的机关事业单位人员基本养老保险金由三部分构成，在具体的设计表述中，相对比较复杂，一般人很难看明白。第五，待遇水平与个人缴费的关联度不大，不利于提高公务员缴费的积极性。此外，公务员养老保险待遇的调整机制也不科学，基本上实行与工资增长挂钩的做法，容易扩大不同群体之间的收入差距。[①]

五是制度转轨方案设计与成本分担机制不明确。在各地的改革方案中，绝大多数没有对制度转轨做出安排，如何从旧制度过渡到新制度，转轨方案不明确。对改革之前退休的人员（"老人"）和改革之后参加工作的人员（"新人"）相对容易处理，但是，对于改革之前参加工作，改革之后退休的人员（"中人"）并无明确的处理办法。如何处理这一部分人的利益是公务员养老保险制度改革能否顺利推进的一个重要因素。对制度转轨后"中人"的利益补偿问题和成本分担机制不明确，这是公务员养老保险制度改革的难点之一，也是改革必须面对和解决的问题。

六是公务员养老保险基金管理运营不规范。从表面来看，各地对公务员养老保险的基金管理做出了相应的规范，专款专用，加强监督。但是，对于制度改革后如何实现基金的保值增值并没有明确的规定。尤其是一些设立个人账户的省市，对个人账户积累的资金如何进行管理和投资，没有具体的措施。即便部分省市有一些规定，大多数是由经办机构负责管理运营，基本都是存入银行或购买国债（福建、湖南、南京等），尚未实现基金管理和投资的专业化，不利于公务员养老保险基金的保值增值。

此外，各地公务员养老保险制度还存在其他方面的问题。统筹层次较低，一些地方的公务员养老保险实行县（区）、市级统筹，不利于加强管理与分散风险。在经办机构的资金来源方面，一些省市通过提取一定

---

① 郑功成主笔《中国社会保障改革与发展战略——理念、目标与行动方案》，人民出版社，2008。

比例养老保险基金的做法也是存在问题的。

第三节 中国公务员养老保险制度的主要问题及其原因

随着我国经济体制的转型和经济社会的发展,传统的公务员养老保险制度已经出现诸多问题。虽然在20世纪90年代以后,一些地方开始探索公务员养老保险制度改革,但制度设计和实施过程仍存在前述诸多问题。这里,在对部分地方公务员养老保险制度改革述评的基础上,从总体上对我国目前的公务员养老保险制度存在的主要问题进行总结,并对其原因进行分析。

一 中国公务员养老保险制度存在的主要问题

我国公务员养老保险制度存在的问题主要体现在以下几个方面。

(一) 目前的制度模式不符合我国养老保险社会化改革的趋势

随着我国社会主义市场经济体制改革目标的确立,社会保障的改革也确立了社会化的目标。社会保障开始从原来的国家保障、单位保障走向真正的社会保障,建立了责任共担与社会化机制。养老保险制度率先推进改革,其他社会保障制度也在逐步走向社会化。但是,包括公务员在内的机关事业单位人员的养老保险制度依然保持着原来的国家保障模式,资金由国家财政负担,具体事务由单位负责,这种典型的国家—单位保障模式与我国养老保险社会化改革的总体趋势不相符合,也与市场经济体制改革的目标不相符合。

(二) 公务员养老待遇水平明显高于其他群体的不利于社会公平

由于独立和特殊的制度设计,公务员退休后可以获得稳定、优厚的退休金,明显高于其他群体,而且差距在总体上呈现扩大的趋势。1999年,机关、事业单位和企业的月平均离退休费分别为721元、725元和494元,到2012年,分别为2352元、2380元和1700元(见表2-1),机关、事业单位的平均离退休金水平高于企业职工。过大的待遇差距容易导致相互攀比,产生社会不公,不利于社会的公平正义。在社会变迁的过程中,养老保险待遇的不公平容易导致个体的失范、不满意、相对剥夺感等负面感受,从而加剧社会结构的紧张。[①]

表 2-1　历年不同类型单位的平均离退休费

单位:元/月

年　份	合　计	机　关	事业单位	企　业
1999	503	721	725	494
2000	559	947	871	544
2001	576	940	894	556
2002	648	1077	1031	618
2003	674	1124	1091	640
2004	705	1223	1154	667
2005	758	1257	1208	719
2006	873	1364	1290	835
2007	1002	1717	1576	947
2008	1168	1822	1663	1121
2009	1294	1959	1816	1246
2010	1426	2055	1929	1380
2011	1574	2241	2105	1528
2012	1750	2352	2380	1700

资料来源:《中国人力资源和社会保障统计年鉴(2013)》。

(三)公务员养老保险制度的独立与封闭不利于人员的自由流动

人员的合理、有序流动是市场经济的必然要求,也是政府加强人力资源建设的需要。公务员养老保险制度的独立运行,在一定程度上阻碍了机关事业单位与企业之间的人员流动。从制度设计来看,公务员养老保险制度与企业职工养老保险制度的独立,阻碍了政府与企业之间养老保险的顺畅转移,从而阻碍了政府机关与企业之间的人员流动。从待遇水平来看,公务员养老保险制度与企业职工养老保险制度的较大差距也不利于人员流动,由于公务员的养老待遇水平较高,如果从公务员岗位转移到企业,不仅需要个人缴费养老保险费,而且其养老待遇也明显下

[①] 李汉林、魏钦恭、张彦:《社会变迁过程中的结构紧张》,《中国社会科学》2010 年第 2 期。

降,因而,一些人不愿去企业工作。目前的公务员养老保险制度不仅不利于政府与企业之间的人员交流,而且不利于不同部门之间、不同地区之间的公务员交流,不利于政府人力资源建设和公共服务能力的提升。①

(四) 筹资机制的不合理不利于减轻国家财政负担和提高行政效率

由于公务员养老保险制度单一的筹资机制,在公务员工资不断增长和物价水平不断提高的同时,公务员的退休金也随之不断提高,政府财政负担不断加重。根据统计数据,1990年机关事业单位离退休总费用是81.8亿元,2005年增加到1827.7亿元,十几年间增加了21倍多,1994年增长率则高达62.5%。②如果未来不进行机关事业单位养老保险制度改革,公务员数量的增长和退休金水平的提高,会进一步增加财政的支付压力。此外,由于公务员不用缴纳养老保险费,缺乏责任共担意识,养老保险的权利和义务关系体现不明显,不利于培养和形成公务员的责任意识、竞争意识,不利于行政体制改革的推进、政府行政效率的提高和服务型政府的建设。

(五) 公务员养老保险改革没有取得实质进展影响养老保险体系的完善

尽管20世纪90年代以后,国家准备对公务员养老保险制度进行改革,各地纷纷开展了改革试点,但是,由于种种原因,公务员养老保险制度的改革探索并不顺利,各地的改革试点并没有取得实质性进展,公务员养老保险依旧保持原有的养老保险制度。即便作为公职人员之一的事业单位的养老保险制度已经出台了国家层面的试点方案,也遇到了极大的阻力,试点效果不佳。近些年来,我国正在花大力气加强社会保障制度建设,养老保险制度的改革与发展取得了显著成就,目前正进入制度优化与深化改革时期,公务员养老保险制度长期不进行改革,将不利于整个养老保险制度体系的完善,甚至影响整个社会保障改革的深化。

二 中国公务员养老保险制度存在问题的原因分析

我国公务员养老保险制度之所以存在上述诸多方面的问题,归纳起

---

① 桂世勋:《改革我国公务员的养老保险制度》,《人口学刊》2004年第5期。
② 郑秉文、孙守纪、刘传君:《公务员参加养老保险统一改革的思路——"混合型"统账结合制度下的测算》,《公共管理学报》2009年第1期。

来，主要有以下几个方面的原因。

（一）受计划经济思想的影响较大

在新中国成立后的相当长一段时期内，我国实行的是计划经济体制，社会主义市场经济体制尚未得到完善。中央集权的计划经济体制导致了国家与社会的高度一体化，社会的发展完全依附于国家的控制。[①] 受苏联的影响，计划经济时期我国社会保障实行的是现收现付型国家保障或单位保障模式，具有条块分割、封闭运行、低工资、高福利等特点，由于制度惯性和路径依赖，公务员养老保险制度一直沿用这一模式。传统的保障模式是特定政治、经济和社会背景下的产物，在一定程度上发挥了积极作用；但是，由于经济体制的转型，传统的国家保障模式已经不能较好地适应市场经济发展的需要。公务员养老的国家保障模式是典型的计划经济时代的产物，与市场经济体制完善和深化改革的趋势不相适应。

（二）社会保障制度改革的渐进性

我国政治、经济、社会转型与改革的总体方式是渐进式的，[②][③] 不是一步到位的跳跃式的，是在保持制度相对稳定的前提下进行改革创新，[④] 社会保障制度的改革同样如此。伴随着经济体制改革的深化，我国的社会保障制度改革也不断深入。20世纪90年代至今，我国初步建立了现代社会保障体系的制度框架，为城镇职工、农村居民、城镇居民分别建立了养老保险制度和医疗保险制度，还为城镇职工建立了失业保险、工伤保险和生育保险制度，不断完善社会保障的管理体制，加强社会保障的法制建设。受诸多因素的影响，公务员养老保险制度的改革具有现实的复杂性和难度，对一些问题还没有取得共识，因而改革迟迟没有取得实质进展。但是，当改革走到一定阶段和程度的时候，往往是最艰难的时候，不能因为困难而逃避改革，未来加强公务员养老保险制度改革是我

[①] 邓正来：《国家与社会——中国市民社会研究》，四川人民出版社，1998，第10页。

[②] 布成良：《渐进式改革的张力——中国改革的特点、风险及前景》，《当代世界与社会主义》2008年第5期。

[③] 李伟、张占斌：《中国渐进式经济转型经验及其发展道路探索》，《中共党史研究》2008年第3期。

[④] 虞崇胜、叶长茂：《改革开放30年中国渐进式政治制度创新的基本特点》，《江汉论坛》2008年第7期。

国经济社会发展的必然要求。

(三) 经济社会发展环境的变化

改革开放以来,我国的经济社会环境发生了深刻变化,正处于完善社会主义市场经济体制的新阶段。当前的经济社会环境体现出以下几个特点:经济的市场化,市场在资源配置中发挥主导性作用;全球化不可阻挡,人员、资金、服务的国际往来日益频繁;工业化和城市化进程加快;劳动力流动加快,劳动力市场不断完善;政府职能不断变化;劳动者权益意识日益觉醒;等等。计划经济时期遗留下来的公务员养老模式已经不能完全适应新的经济社会环境,呈现诸多问题,不能适应经济的市场化和劳动力市场的完善,不利于转变政府职能,也不利于满足国民平等共享发展成果的权益需求。

(四) 公务员养老保险制度改革的准备不充分

最近20年来,我国在探索进行公务员的养老保险制度改革,在中央的指导意见和安排下,一些地方纷纷试点改革,但是没有取得实质进展,其中一个重要的原因就是改革的价值理念不明确,没有明确为什么要改革?改革的目的究竟是什么?往往将减轻政府财政负担作为改革的唯一原因,而忽视了养老保险制度与经济社会发展的真正适应性。在价值理念和改革思路不明确的基础上进行的改革方案设计也不可能完全科学,只有搞清楚为什么要改革,才能在此基础上解决怎么样改革的问题。从各地改革的方案设计来看,五花八门,各式各样,并没有解决制度模式、筹资机制、待遇计发、基金管理、制度转轨等核心问题,此外,工资制度、人事制度、福利制度等相关配套改革的落后也影响到公务员养老保险制度改革的顺利进行。

第四节 中国公务员养老保险制度改革的初步建议

基于以上对我国公务员养老保险制度发展历程、现状及问题的回顾与反思,这里提出几点加强公务员养老保险制度改革的初步建议。

一 明确公务员养老保险制度的社会化改革目标

无论未来选择什么样的制度模式与改革方式,公务员养老保险制度都应该坚持社会化的改革目标，要符合我国社会保障制度发展总体趋势和市场经济发展的必然要求。公务员养老保险制度改革的社会化要求公务员的养老保险由相应的经办机构来办理，而不是由单位包办。公务员养老保险制度的社会化改革是实现从国家保障向社会保障的重要举措。公务员养老保险制度的社会化改革要求建立合理的筹资机制、科学的资金管理体制、社会化的待遇支付机制。

二 选择科学的公务员养老保险制度模式

制度模式的选择是公务员养老保险制度改革的难点之一，影响我国公务员养老保险制度模式选择的因素是多方面的，包括政治体制、政党制度、经济模式、社会发展状况、行政体制、社会保障模式等。从国外的经验来看，没有两个国家的公务员养老保险制度是完全相同的，未来中国的养老保险制度可以借鉴国外的经验，但是不能盲目照搬，必须紧密结合我国的政治、经济和社会发展现实与未来趋势，同时考虑公务员与其他职业群体的共性与个性。未来公务员养老保险制度模式选择的重要目标就是要实现与其他群体养老保险制度的有效融合，[①] 实现公务员养老保险制度的公平与效率。公务员养老保险制度改革要与目前养老保险的"统账结合"模式相衔接。社会统筹与个人账户相结合应该成为公务员养老保险制度改革的近期目标模式。不过，社会统筹与个人账户相结合如何实现，可以选择不同的方式。

三 加强公务员养老保险制度改革的方案设计

科学、完善的制度方案设计是公务员养老保险制度改革能否顺利推进的关键因素之一。未来公务员养老保险制度方案设计要考虑与城镇职工的融合，但是绝对不能完全照搬城镇职工的养老保险制度。除去制度模式外，制度方案的设计还需要对筹资机制、待遇计发机制、待遇调整、资金管理、制度转轨等方面有具体细致的规定。在资金筹集方面，应该打破完全由国家财政负担的做法，建立责任共担的筹资机制，除去财政

---

① 华迎放：《建立统一的养老保险制度》，《瞭望新闻周刊》2006年5月28日。

负主要筹资责任外,应该适度引入公务员的个人缴费制,不过具体的筹资水平和各自的分担比例需要通过进一步研究测算确定。需要建立与筹资机制相衔接的待遇计发机制,注重待遇制度设计的公平性与激励作用,设计合理的待遇水平与计发办法,缩小与其他群体之间的待遇差距。[①] 同时,明确公务员养老保险待遇的调整机制,应该与城镇职工的调整办法一致或者接近,不能因为待遇调整而拉开差距。在资金管理方面,应该严格科学管理,由专门的机构负责管理和投资,实现公务员养老基金的安全与保值增值。制度转轨方案的设计是整个公务员养老保险制度设计的核心之一,必须处理好"老人"、"中人"与"新人"的关系,尤其是要维护好"老人"与"中人"的权益,减小改革的阻力。

四 建立多层次的公务员养老保险制度体系

建立多层次的公务员养老保险制度体系是国外公务员养老保险制度改革与发展的重要经验,是我国养老保险制度发展的重要目标,也是加强公务员养老保险制度改革的重要举措。通过基本养老保险、补充养老保险、自愿养老保险等多层次的制度设计来实现与其他群体养老保险制度的融合,同时考虑公务员的职业特点,给予适度的补偿。其中,基本养老保险层次坚持公平优先的原则,体现出不同群体之间的平等性;补充养老保险体现出职业的差异性,注重激励性与社会贡献;在此基础上,通过政策支持,鼓励参加自愿养老保险。

五 加强公务员养老保险制度的配套改革

公务员养老保险制度改革是一项复杂的系统工程,制度方案的改革只是其中的重要环节之一,除此之外,还需要采取相关的配套改革举措,才能确保公务员养老保险制度改革的成功。主要包括:一是加强收入分配制度改革。在初次分配和再分配领域都要坚持公平的分配原则,再分配领域要更加强调公平原则。应该完善公共财政职能,减少政府直接投

---

① 需要注明的是,缩小待遇不能仅靠压低公务员的养老待遇,而应该同时提高其他群体的养老金水平。

资支出和行政支出,加强公共服务支出。建立民生财政的理念,加强对民生事业的财政投入力度,明确投入的针对性,偏向于落后地区、农村、农民和城乡中低收入群体。二是推进机关人事制度改革。在市场经济的大背景下,建立健全政府机关的选人、育人、用人、留人机制。从国外来看,进行政府再造,实施更加灵活的雇用方式,① 探索实行政府雇员制成为政府人事制度改革的重要趋势。② 三是完善公务员工资福利制度。工资、福利、保险三者是公务员总报酬的共同组成部分,三者发挥着不同的作用,不可相互替代。工资始终应该成为报酬的主体部分,福利是报酬的补充,保险是需要个人履行一定缴费义务的退休保障基金。应该通过相应的法律法规进一步规范福利项目的设置,使之相对统一化,尤其要明确福利项目设置的权限和程序,而不是目前各自分立、随意设置的局面。福利制度改革应该实现福利的货币化(比如,住房福利、保健福利),消除福利的隐性化,实现福利的透明化。通过改革,增加工资在公务员报酬中的比例,降低福利的比例,为公务员养老保险制度改革扫除障碍。③

---

① 陈天祥:《西方国家政府再造中的人事管理变革》,《中国人民大学学报》2005 年第 5 期。
② 陈尧:《政府雇员制度——公务员制度改革的新趋势》,《理论与改革》2004 年第 4 期。
③ 龙玉其:《公务员养老保险制度国际比较研究》,社会科学文献出版社,2012。

第二章 中国公务员养老保险制度的回顾与反思

附表2-1 八个省市公务员养老保险制度改革方案概要

省市	制度模式	覆盖范围	筹资机制	待遇计发	转移接续	经办管理
深圳	基本养老保险、补充养老保险和职业年金制度相结合	聘任制公务员	基本养老保险参照城镇企业职工基本养老保险参保。月工资总额在上年度社会平均工资3倍以内的,职业年金缴费比例为8%;达到或超过3倍的,为9%,缴费列入年金部门预算,按月划至个人账户	达到国家规定的退休条件,职业年金可以一次或定期领取。出国(境)定居的,一次性支付给本人;去世的,一次性支付给法定继承人或者指定受益人。工作表现突出,奖励一定数额的职业年金,一次性计入个人账户	在原工作单位参加过企业年金计划的,可转入职业年金个人账户。解聘后,可以将个人账户一次性转移至新就业单位的企业年金,未就业或单位未建立企业年金制度的,可由原管理机构继续管理	人力资源和社会保障局负责管理,社保经办机构具体经办
太原	社会统筹和个人账户相结合	机关和全额预算事业单位中聘用制公务员、事业单位工作人员和离退休人员	单位缴费全额纳入社会统筹基金,实行差别费率;差额拨款事业单位按工资总额的38%缴纳,全额拨款机关、事业单位按35%缴纳,自收自支事业单位按20%缴纳。个人缴费比例为本人缴费工资的5%,全部计入个人账户	离退休人员社会统筹基本养老金支付项目包括基本退休费、工资性津贴、补贴。统筹外项目仍由原单位从原经费渠道解决。参保人员养老金计发办法不变	参保人员因参军、入学、失业、出国等原因中断养老保险关系的,在其足额缴纳养老保险费、办理停缴手续后,个人账户予以保留。跨行政区域变换工作单位,个人账户随同养老保险关系转移	人力资源和社会保障部门负责管理,社保经办机构经办
徐州	基本养老保险社会统筹	机关和全额预算单位合同制职工、聘用制干部;差额预算和自收自支事业单位等单位的全体人员	单位缴费:自然负担比率在5%以下的,缴费比例为20%;5%~30%的,27%以上的自然负担比减3个百分点之后的比例。劳动合同制职工、机关和全额拨款单位合同制干部、聘用制干部和非统筹单位参保人员按3%的比例缴费,暂时不超过8%,最高不超过8%	纳入机关事业单位社会养老保险基金支付的项目称标准为:国家和省政府规定的离退休费、职务津贴;退职人员生活费;职务津贴;地方综合补贴;按规定增发的离休干部1~2个月生活补贴;护理费	参保人员社会保险关系在机关事业单位间流动时按规定办理养老保险关系转移,按照劳动和社会保障厅《关于企业与事业单位社会保险关系处理意见的通知》(苏劳社[2002]8号)文件规定办理养老保险关系转移	劳动和社会保障行政部门负责管理,机关社会保险经办机构负责经办

75

续表

省	市	制度模式	覆盖范围	筹资机制	待遇计发	转移接续	经办管理
	南京	基本养老保险社会统筹	自收自支、差额拨款事业单位全体工作人员，机关全额拨款制工人，全额拨款事业单位的合同制工人、单位聘用合同制干部、工人	单位按22%的缴费比例缴纳养老保险费，以后适时降低为21%；缴费个人按本人缴费基数5%的缴费比例缴纳养老保险费，最高不超过8%。缴费个人应缴纳的养老保险费，由所在单位从其本人工资中代扣代缴	机关事业单位养老保险基金支付养老金的项目和标准，按国家和省政府规定的机关事业单位离退休人员离退费政策执行	缴费单位编制内调入、新进参保条件人员，符合参保条件人员，应从机关事业单位起薪之月起为其办理机关事业单位养老保险参保手续	劳动和社会保障局主管机关事业单位养老保险结算管理中心经办
	石家庄	社会统筹与个人账户相结合	差额拨款、自收自支事业单位的全部人员，全额拨款单位的合同制工人及聘用人员，自谋职业人员和单位人事代理人员	自谋职业人员和聘用人员按缴费基数的20%缴纳。参保人员缴费比例每两年调整1个百分点，最终达到8%。在职工作人员，自谋职业人员按6%缴纳；聘用人员没有聘用单位的，单位和个人应缴纳的养老保险费全部由本人负担	机关事业单位工作人员基本养老金按本人离退休前工资额或一定比例计发。聘用人员基本养老金包括基础养老金和个人账户养老金两部分。基础养老金按上年度当地职工月社会平均工资的20%计发，个人账户养老金按个人账户储存额除以120计发	参保人员工作变动时，应及时办理基本养老保险转移接续，并按规定转移个人账户。参加其他基本养老保险的人员转入机关事业社会统筹的，单位参加基本养老保险社会统筹的，需缴纳补偿金	市劳动和社会保障局管理市机关社保局经办

续表

省市	制度模式	覆盖范围	筹资机制	待遇计发	转移接续	经办管理
合肥	社会统筹与个人账户相结合	事业单位工作人员与离退休人员。机关、事业单位聘用合同制工人、在机关、事业单位工作、工资关系委托人事档案代理的人员	机关、全额拨款事业单位按33%的费率缴款，差额拨款收自支事业单位按31%的费率为基数，按3%的费率代缴。实行人员代理的按本人上月工资为基数，按3%的费率缴纳。事代理离退休人员超过34%的费率缴纳，单位应为其超出部分的离退休人员缴纳养老保险调剂金。个人缴纳的基本养老保险费（3%）计入个人账户	基本养老保险基金支付下列项目：基本离退休费；省、市统一规定的标准计发的离退休人员死亡后的丧葬费、一次性抚恤费、遗属生活困难补助费；其他根据国家和省有关规定对离退休人员应支付的待遇	职工在企业、机关、事业单位之间流动时，按国家和省、市有关规定，办理基本养老保险关系接转手续	劳动和社会保障部门主管机关事业单位养老保险经办机构办
福建	国家干部和固定职工退休费用社会统筹；聘用合同制工人实行养老保险，临时工实行储存积累制	国家机关、事业单位工作人员；非全民所有制事业单位人员和人才，工资关系挂靠存在各级国家机关、事业单位和人才交流服务机构具有国家干部身份的人员	单位缴费控制在工资总额25%以内，个人缴纳的基本养老保险费按本人工资总额2%，并逐步提高。参加省直机关事业单位养老保险的工作人员，个人缴纳比例调至8%，全部计入个人账户，后来提高到7%	机关、事业养老金给付与原退休工基本养老金给付标准相衔接；聘用制干部、合同制工人退休后的养老金按缴费年限和临时工退休后的养老保险按计时储存积累的基金及利息除以计发月数	对在缴纳养老保险费期间因工作变动调动不在规定范围其他单位的，其养老保险的划入原已缴纳的承保机构转人原单位的养老保险机构商调的，在规定范围内调动的，养老保险费中的单位缴纳部分改由调入单位继续缴纳，个人缴费办法不变	县（市、区）级统筹，逐步向全省统筹过渡省和地（市、区）机关事业单位社会保险公司具体经办

中国公务员养老保险制度改革研究

续表

省市	制度模式	覆盖范围	筹资机制	待遇计发	转移接续	经办管理
湖南	社会统筹与个人账户相结合	机关事业单位全部工作人员	单位缴费率为24%。个人开始缴纳3%，逐步提高，单位缴费中的8%和个人缴费中5%的部分计入个人账户。5%的部分相应提高的同时，划转费比例相应降低，个人缴费达到工资基数的8%时，不再划转。挂靠机关事业单位人员和从非在职人员中招收的16%计入个人账户。机关事业单位按省直和各地、州、市投保对象工资总额的5‰提取	基本养老保险金由三部分构成。缴费满20年以上的，按本人退休前工资60%计算，满15年不满20年的，每少1年降低1个百分点，满10年不满15年的，每少1年降低1.5个百分点。单位和个人缴费均满15年，从第16年起，每增加1年，增加本人退休前工资1%的退休金，最多不超过20%；个人账户储存额除以应缴费月数且缴费月数超过420个月只除以420	在规定范围内异动的工作人员，个人账户上储存额划转，人地社保机构向调入机构划转，不变动。基本养老保险范围以外调入的工作人员，其基本养老保险个人账户的全部储存额，由调出地社保机构向调入地机关事业社保机构划转，为其重新建立基本养老工作时，社会统筹基金不得划转	人事部门或人力资源与社会保障部门机关事业单位社会保险经办机构

资料来源：《深圳市行政机关聘任制公务员社会养老保障试行办法》（深人社规〔2005〕1号）（并政发〔2005〕1号）；《徐州市政府关于完善机关事业单位社会养老保险制度实施办法》（徐政发〔2003〕96号）、《太原市机关事业单位基本养老保险制度实施意见》（并政发〔2010〕8号）；《南京市机关事业单位养老保险实施办法》（宁政发〔2006〕109号）、《石家庄市机关事业单位基本养老保险社会统筹暂行办法》（石政办发〔2008〕75号）、《合肥市市直机关事业单位令第124号》、《合肥市机关事业单位基本养老保险实施细则》（合劳社〔2008〕358号）；《合肥市机关事业单位工作人员基本养老保险暂行规定》（合政办〔2007〕2号）；《福建省机关事业单位退休人员养老保险改革办法》（闽政〔1994〕1号）、《关于省直机关事业单位人员养老保险有关问题的通知》（闽政办〔2002〕112号）；《湖南省机关事业单位养老保险制度改革办法（试行）》（1996）。

附件2-2 新中国成立以来我国公务员养老保险的相关法律法规、文件

时间	法规文件名称	制定部门	主要内容
1949年9月	《中国人民政治协商会议共同纲领》	中国人民政治协商会议	逐步实行劳动保险制度
1950年	《中央级直属机关供给标准》	—	规定了中央公职人员的养老问题，采用供给制
1951年11月	《关于一九五一年内处理革命工作人员退职处理办法的通知》	内务部	凡列入编制的革命工作人员，参加工作满三年，因年老（55岁以上）或长期病弱，确实不能继续工作的，始可退职
1952年10月	《各级人民政府工作人员退职处理暂行办法》	人事部	对各级人民政府退职条件、退职人员的工龄计算、退职待遇等问题做了规定
1954年3月	《关于各级人民政府工作人员福利费掌管与使用办法的通知》	政务院	规定了各级政府工作人员福利费的掌管与使用办法
1954年9月	《中华人民共和国宪法》	全国人民代表大会	中华人民共和国劳动者者年老、疾病或者丧失劳动能力的时候，有获得物质帮助的权利
1954年12月	《各级人民政府工作人员福利费掌管与使用问题的补充通知》	政务院	对各级政府工作人员福利费的掌管与使用办法做了补充规定
1955年12月	《国家机关工作人员退休处理暂行办法》	国务院	规定了国家机关工作人员的退休条件和退休待遇
1955年12月	《国家机关工作人员退职处理暂行办法》	国务院	规定了国家机关工作人员可以退职的条件和退职后的待遇
1955年12月	《关于处理国家机关工作人员退职、退休时计算工作年限的暂行规定》	国务院	规定了国家机关工作人员退职、退休时工作年限的计算方法

续表

时间	法规文件名称	制定部门	主要内容
1956年11月	《关于国家机关工作人员退休和工作年限计算等几个问题的补充通知》	国务院	进一步规定了国家机关工作人员退职、退休、病假期间的工作年限计算等待遇计算问题
1957年5月	《关于国家机关工作人员福利费掌管使用的暂行规定》	国务院	规定了各级机关工作人员福利费的管理及使用范围
1958年2月	《关于工人、职员退休处理的暂行规定》	国务院	对国营、公私合营的企业、事业单位和国家机关、人民团体的工人、职员的退休条件与待遇进行了统一具体规定
1958年3月	《关于工人、职员退职处理的暂行规定》	国务院	规定了国营、公私合营的企业、事业单位和国家机关、人民团体的工人、职员的退职条件与退职待遇
1958年2月	《关于执行〈国务院关于工人、职员退休处理的暂行规定〉中的几个问题的联合通知》	劳动部、国务院人事局、全国总工会	对《国务院关于工人、职员退休处理的暂行规定》执行过程中出现的问题及管理归属问题做出了规定
1962年6月	《关于精减职工安置办法的若干规定》	国务院	规定了精减职工的安置办法及相关待遇
1965年6月	《关于精减退职的老职工生活困难救济问题的通知》	国务院	规定了对精减退职的老职工的生活困难救济办法与救济标准
1965年9月	《关于精减退职的老职工生活困难救济工作中若干问题的解答》	内务部	对精减退职老职工生活困难救济的具体问题进行了解答
1978年6月	《关于安置老弱病残干部的暂行办法》	国务院	规定了老弱病残干部的安置办法、退休条件与退休待遇

续表

时间	法规文件名称	制定部门	主要内容
1978年6月	《关于工人退休、退职的暂行办法》	国务院	全民所有制企业、事业单位和党政机关、群众团体的工人的退休条件与退休待遇,与机关干部(公务员)相区别
1978年7月	《关于贯彻执行〈国务院关于安置老弱病残干部的暂行办法〉的若干具体问题的处理意见(草案)》	中共中央组织部老干部局	进一步补充规定了老弱病残干部安置的具体范围、安置办法
1980年2月	《关于执行〈国家机关事业单位工作人员死亡后遗属生活困难补助的暂行规定〉的通知》	民政部、财政部	规定了国家机关事业单位工作人员死亡后遗属生活困难补助的具体对象与标准
1980年10月	《关于老干部离职休养的暂行规定》	国务院	规定了老干部离职休养的对象、条件与待遇
1982年2月	《关于建立老干部退休制度的决定》	中共中央	老干部离休退休的退居二线的制度,是保障党和国家政治生活正常进行和健全发展的一项重要的制度,必须立即实行并着手有系统地建立和健全起来,使之经常化,并且严格地加以实行。老干部离休退休以后,一定要很好地安排照顾。基本政治待遇不变,生活待遇还要略为从优
1982年3月	《关于进一步做好精减退职老职工生活困难救济工作的通知》	民政部、财政部	进一步减了精减老职工生活困难救济的对象、标准与资金来源
1982年4月	《关于发布〈老干部离休养制度几项规定〉的通知》	国务院	对新中国成立前参加中国共产党所领导的革命战争、脱产享受供给制待遇的和从事地下革命工作的老干部,达到离休养年龄的,实行离职休养制度;并规定了老干部离休的年龄和待遇

续表

时间	法规文件名称	制定部门	主要内容
1982年8月	《关于严格掌握干部退休、退职条件及加强干部退休、退职后的管理工作的通知》	劳动人事部	强调要严格掌握干部的退休与退职条件，加强干部退休、退职后的管理
1982年12月	《关于老干部离职休养规定中具体问题的处理意见》	劳动人事部	为贯彻《国务院关于老干部离职休养制度的几项规定》，对老干部离休的有关具体问题做出了规定
1983年5月	《关于贯彻〈国务院关于老干部离职休养规定中具体问题的处理意见〉的问题解答》	劳动人事部	对《贯彻国务院关于老干部离职休养规定中具体问题的处理意见》的一些具体问题进行解答
1983年6月	《关于提高职工退休费、退职生活费的最低保证数的通知》	劳动人事部、财政部	规定了全民所有制企业、事业单位和国家机关、群众团体的退休、退职职工生活费的最低标准
1983年9月	《关于高级专家离休退休若干问题的暂行规定》	国务院	规定了高级专家离退休的具体对象、退休年龄、退休待遇
1985年1月	《关于发给离休退休人员生活补贴费的通知》	国务院	确定了离退休人员生活补贴标准与资金来源
1985年4月	《关于发给离休退休人员生活补贴费的补充通知》	国务院	企业离休、退休人员一般先按每人每月12元发给，以后随着企业经济效益的提高，再逐步增加
1986年4月	《中华人民共和国国民经济和社会发展第七个五年计划》	中共中央、国务院	要有步骤地建立具有中国特色的社会主义社会的保障制度雏形

续表

时间	法规文件名称	制定部门	主要内容
1986年2月	《关于高级专家退休问题的补充规定》	国务院	对高级专家的退休问题做了补充规定
1991年12月	《国务院关于调整机关、事业单位工作人员工龄津贴标准的通知》	—	规定了机关事业单位工作人员工龄津贴调整的范围、标准与离退休人员待遇调整
1992年1月	《关于机关事业单位养老保险制度改革有关问题的通知》	人事部	逐步改变退休金实行现收现付，全部由国家包下来的做法；保证经济的发展，也要有积累养老保险基金；建立国家统一的、具有中国特色的机关事业单位社会养老保险制度
1992年2月	《关于离退休人员待遇有关问题的通知》	人事部	对机关事业单位离退休人员的有关待遇问题做了补充规定
1992年5月	《关于机关、事业单位离退休人员增加离退休费的通知》	国务院	从1992年3月起，适当增加机关、事业单位离休和退休人员离休、退休费。并规定了具体标准与经费来源
1992年5月	《关于机关、事业单位离退休人员增加离退休费的补充通知》	人事部	对机关、事业单位离退休和退休人员增加离退休费的有关具体问题做了补充规定
1993年8月	《公务员暂行条例》	国务院	国家公务员按照国家规定享受保险和福利待遇
2000年12月	《关于印发〈完善城镇社会保障体系试点方案〉的通知》	国务院	改革机关事业单位社会保险办法
2003年	《中共中央关于完善社会主义市场经济体制若干问题的决定》	中共中央	积极探索机关和事业单位社会保障制度改革

续表

时间	法规文件名称	制定部门	主要内容
2005年4月	《中华人民共和国公务员法》	全国人民代表大会	国家建立公务员保险制度，保障公务员在退休、患病、工伤、生育、失业等情况下获得帮助和补偿
2006年6月	《关于印发〈关于机关事业单位离退休人员计发离退休费等问题的实施办法〉的通知》	人事部、财政部	离休费按本人离休前职务工资和级别工资之和或岗位工资和薪级工资之和全额计发；公务员退休后按本人退休前职务工资和级别工资之和的一定比例计发
2006年10月	《关于构建社会主义和谐社会若干重大问题的决定》	中共中央	加快机关事业单位养老保险制度改革
2010年10月	《中华人民共和国社会保险法》	全国人民代表大会	公务员和参照公务员法管理的工作人员养老保险的办法由国务院规定
2011年3月	《中华人民共和国国民经济和社会发展第十二个五年规划纲要》	中共中央、国务院	推动机关事业单位养老保险制度改革，发展企业年金和职业年金
2011年9月	《国务院关于印发中国老龄事业发展"十二五"规划的通知》	国务院	推动机关事业单位养老保险制度改革
2012年11月	《中国共产党第十八次全国代表大会报告》	中共中央	改革和完善企业和机关事业单位社会保险制度
2013年11月	《关于全面深化改革若干重大问题的决定》	中共中央	推进机关事业单位养老保险制度改革

第三章 中国公务员养老保险制度改革的调查分析

目前社会各界对机关事业单位养老保险制度改革的呼声较大，绝大多数人认为需要尽快进行改革，破除"双轨制"，缩小待遇差距，建立社会化的、与职工养老保险制度相近的机关事业单位养老保险制度。那么，公务员养老保险制度究竟如何？公务员群体如何看待自身的养老保险制度？未来是否需要改革？如果需要改革，如何进行？对这些问题的回答，有待于公务员养老方面的问卷调查和实证分析，准确了解目前的公务员养老现状，尤其是把握公务员群体对其养老保险制度的看法与评价，及其对未来改革的相关建议，为未来公务员养老保险制度改革提供更加准确、客观、全面的参考。

第一节 问卷调查及样本特征

一 调查过程

根据课题设计和课题进度安排，课题组于 2013 年 5 月至 2014 年 5 月在全国四个省份进行了问卷调查，具体省份为北京、河北、湖南、山东，总共发放问卷 1300 份，收回问卷 1272 份，问卷回收率为 97.8%；其中，有效问卷 1220 份，问卷有效率为 95.9%。

问卷调查地点和样本的选择综合考虑方便性、随机性、代表性原则，采用简单随机抽样与方便抽样的方法选择样本。实施调查的成员主要由课题组主要成员、课题主持人所在学院 2012 级公共管理专业硕士研究生和调查省份的部分基层干部组成。正式调查之前,先对调查员进行了培训,使调查员对问卷熟悉,确保问卷调查的准确性与有效性。

调查对象为这四个省份的不同级别(主要是处级以下)和岗位的公务员,考虑到公务员群体的文化程度和综合素质相对较高,问卷主要由所调查的公务员自行填写,如有疑问,由调查员进行解答。

调查结束后,课题组成员对问卷进行了集中审核和录入,剔除部分缺失值较多和逻辑错误较多的问卷,录入之前对问卷进行了统一编码。录入实行双录入员制,边录入边审核,录入完毕后再进行数据录入检查,确保录入的准确性。

二 样本特征

调查有效样本数为1220人,其中,北京404人,占33.1%;河北242人,占19.8%;湖南338人,占27.7%;山东236人,占19.3%(见表3-1)。由于北京调查相对方便,而且公务员相对较多,所以选择的调查样本相对较多一些。

表3-1 调查样本省份及性别分布

单位:人

省 份	性 别		合 计
	男	女	
北 京	212	192	404
河 北	118	124	242
湖 南	246	92	338
山 东	114	122	236
合 计	690	530	1220

调查样本的具体分布特点如下几点。

(1)性别:男性690人,女性530人,分别占56.6%、43.4%。

(2)婚姻状况:已婚1004人,未婚214人,分别占82.4%、17.6%。①

---

① 包括婚姻状况在内的部分项目的回答有缺失值,其中占比是依据有效频数计算而得。

（3）政治面貌：中共党员906人，占74.3%；共青团员138人，占11.3%；民主党派党员14人，占1.1%；群众162人，占13.3%。可见，绝大多数公务员为共产党员，接近3/4。

（4）文化程度：初中及以下14人，占1.2%；高中或中专70人，占5.8%；大专204人，占16.8%；本科712人，占58.6%；研究生216人，占17.8%。调查对象的文化程度相对较高，大专及以上文化程度占93.2%。

（5）单位级别：省部级单位52人，占4.3%；地市厅局级单位366人，占30.1%；县处级单位440人，占36.2%；乡镇级单位356人，占29.3%。

（6）职务级别：处级（含副处级）66人，占5.4%；科级（含副科级）534人，占43.9%；科级以下616人，占50.7%。

（7）岗位类别：综合管理类682人，占56.1%；专业技术类154人，占12.7%；行政执法类300人，占24.7%；其他类80人，占6.6%。

（8）单位所属系统：中国共产党机关148人，占12.2%；政府行政机关960人，占79.1%；民主党派机关6人，占0.5%；人大机关8人，占0.7%；政协机关12人，占1.0%；审判机关14人，占1.2%；检察机关16人，占1.3%；社会团体2人，占0.2%；共青团12人，占1.0%；国有企业28人，占2.3%；其他8人，占0.7%。绝大多数调查对象属于党政机关。

（9）年龄：平均年龄为35岁，其中最小的21岁，最大的63岁。

（10）工作年限：平均工作年限为12.7年，其中最短的为1年，最长的为42年。

（11）月平均工资：平均为2953.1元，其中最低的为1400元，最高的为10000元。

（12）月平均收入：平均为2998元，其中最低的为1500元，最高的为20000元。

样本的具体特征如表3-2、表3-3所示。

表 3-2 样本特征（1）

项目	选项	频数（人）	百分比（%）	项目	选项	频数（人）	百分比（%）
性别	男	690	56.6	职务级别	处级（含副处级）	66	5.4
	女	530	43.3		科级（含副科级）	534	43.9
婚姻状况	已婚	1004	82.4		科级以下	616	50.7
	未婚	214	17.6	岗位类别	综合管理类	682	56.1
政治面貌	中共党员	906	74.3		专业技术类	154	12.7
	共青团员	138	11.3		行政执法类	300	24.7
	民主党派党员	14	1.1		其他类	80	6.6
	群众	162	13.3	单位所属系统	中国共产党机关	148	12.2
文化程度	初中及以下	14	1.2		政府行政机关	960	79.1
	高中或中专	70	5.8		民主党派机关	6	0.5
	大专	204	16.8		人大机关	8	0.7
	本科	712	58.6		政协机关	12	1.0
	研究生	216	17.8		审判机关	14	1.2
单位级别	省部级	52	4.3		检察机关	16	1.3
	地市厅局级	366	30.1		社会团体	2	0.2
	县处级	440	36.2		共青团	12	1.0
	乡镇级	356	29.3		国有企业	28	2.3
					其他	8	0.7

注：部分项目的回答有缺失值，表中全部为有效频数和百分比。

表 3-3 样本特征（2）

项目	年龄（岁）	工作年限（年）	月平均工资（元）	月平均收入（元）
均值	35.00	12.74	2953.06	3376.12
中位数	34.00	10.00	2300.00	2998.00
众数	30.00	5.00	2000.00	2000.00
标准差	7.93	9.30	1478.99	1700.44
方差	62.90	86.47	2187418.48	2891490.60
最小值	21.00	1.00	1400.00	1500.00
最大值	63.00	42.00	10000.00	20000.00
频数（人）	1188	1186	1172	1172

第二节 问卷调查的内容分析

一 公务员养老制度现状及待遇水平

（一）公务员养老制度现状

从目前我国的养老保险制度来看，公务员养老主要依靠国家保障，由财政负担。随着20世纪90年代中后期国家对机关事业单位养老保险制度改革试点探索部署以后，一些地方陆续进行了改革探索，之前公务员完全依靠国家养老的局面有所松动。部分公务员需要缴纳社会养老保险费。在有效回答中，620位被调查对象需要缴纳社会养老保险费，占51%；596位被调查对象（49%）不需要缴纳社会养老保险费（见表3-4），可见，已经有较多的公务员需要履行缴费义务。根据对各地机关事业单位养老保险制度的政策文献回顾，责任分担比例和缴费水平差异较大。根据调查，四个省份中湖南和山东需要缴费的比例相对较高，分别达到81.7%和80.5%；而北京、河北两省市需要缴费的比例相对较低，分别为19.5%、31.4%。不同级别公务员需要缴费的情况也有所不同，职务级别越高，需要缴费的比例越低，处级、科级、科级以下需要缴费的比例分别为30.3%、47.5%、55.8%。

表3-4 是否需要缴纳社会养老保险费

分类	频数（人）	百分比（%）
需要	620	51.0
不需要	596	49.0
合计	1216	100.0

而且，还有部分公务员购买了商业养老保险。被调查对象中有206位公务员购买了商业养老保险，占16.9%；其中购买商业养老保险比例最高的为山东，为34.7%（见表3-5）。

表 3-5 是否购买商业保险的地区比较

单位：人，%

地 区	购买商业保险情况		合 计
	是	否	
北 京	56	346	402
	13.9	86.1	100.0
河 北	40	202	242
	16.5	83.5	100.0
湖 南	28	310	338
	8.3	91.7	100.0
山 东	82	154	236
	34.7	65.3	100.0
合 计	206	1012	1218
	16.9	83.1	100.0

（二）公务员养老方式选择

虽然目前已经有很多地方开展了机关事业单位养老保险制度改革探索，相当一部分公务员需要履行不同程度的缴费责任。但是，被调查对象最希望的养老方式却依然是政府负责养老。有966位被调查对象希望政府负责养老，占79.6%。其次是参加社会养老保险，有194位被调查对象最希望参加社会养老保险，占16%；而希望其他养老方式的较少。养老方式的选择也呈现一定的地区差异，其中，山东被调查对象选择政府负责养老的比例最低，为66.7%；选择参加社会养老保险的最高，达到31.6%；这可能与该地区的经济发展水平、公务员的养老观念、机关事业单位养老保险制度改革探索的影响等因素有关（见表3-6）。

表 3-6 公务员养老方式选择的地区比较

单位：人，%

地区	最希望的养老方式					合计
	政府负责养老	参加社会养老保险	购买商业养老保险	自我储蓄养老	其他方式	
北京	332	52	8	6	4	402
	82.6	12.9	2.0	1.5	1.0	100.0
河北	182	38	14	6	2	242
	75.2	15.7	5.8	2.5	0.8	100.0

续表

地区	最希望的养老方式					合计
	政府负责养老	参加社会养老保险	购买商业养老保险	自我储蓄养老	其他方式	
湖南	296	30	2	4	4	336
	88.1	8.9	0.6	1.2	1.2	100.0
山东	156	74	2	2	0	234
	66.7	31.6	0.9	0.9	0.0	100.0
合计	966	194	26	18	10	1214
	79.6	16.0	2.1	1.5	0.8	100.0

（三）公务员养老待遇水平

由于被调查的公务员都是在职人员，尚未获得退休金，对公务员养老待遇水平的调查只是被调查对象的主观评价，并非实际水平。从被调查对象的回答来看，认为目前公务员的退休金水平并不高，认为很高和比较高的占比分别为 3.8% 和 10.9%；认为比较低和很低的占比分别为 23.0%、9.6%。不同地区被调查对象回答的退休金水平差异较大，其中山东被调查对象认为目前公务员退休金水平相对较高，认为很高和比较高的占比分别为 16.9%、29.7%，居四省份之首；而湖南被调查对象认为公务员退休金水平很高和比较高的占比分别为 0.0% 和 4.1%。相反，山东被调查对象认为公务员退休金水平比较低和很低的比例最低，合计为 11.9%；湖南被调查对象认为比较低和很低的比例最高，合计为 47.9%（见表 3-7）。

表 3-7 目前公务员退休金水平地区比较

单位：人，%

地区	目前公务员退休金的水平					合计
	很高	比较高	一般	比较低	很低	
北京	4	34	254	88	20	400
	1.0	8.5	63.5	22.0	5.0	100.0
河北	2	14	124	80	16	236
	0.8	5.9	52.5	33.9	6.8	100.0
湖南	0	14	162	86	76	338
	0.0	4.1	47.9	25.4	22.5	100.0

续表

地 区	目前公务员退休金的水平					合 计
	很高	比较高	一般	比较低	很低	
山 东	40	70	98	24	4	236
	16.9	29.7	41.5	10.2	1.7	100.0
合 计	46	132	638	278	116	1210
	3.8	10.9	52.7	23.0	9.6	100.0

从被调查对象认为公务员养老金待遇水平与事业单位人员、企业职工的比较来看，多数人认为公务员的养老待遇水平应该高于事业单位人员和企业职工的。从公务员与事业单位人员养老金水平的比较来看，50.7%的人认为公务员的养老金水平应该高于事业单位人员，44.4%的人认为应该与事业单位人员的保持一致，5%的人认为应该低于事业单位人员的。从公务员与企业职工养老金水平的比较来看，56.8%的人认为公务员的养老金水平应该高于企业职工，38.4%的人认为应该与企业职工保持一致，4.8%的人认为应该低于企业职工（见表3-8）。

表3-8 公务员与事业单位人员、企业职工的养老金水平比较

分 类	与事业单位人员比较		与企业职工比较	
	频数（人）	百分比（%）	频数（人）	百分比（%）
保持一致	536	44.4	466	38.4
高 于	612	50.7	688	56.8
低 于	60	5.0	58	4.8
合 计	1208	100.0	1212	100.0

从实际来看，由于薪酬制度、养老保险制度等方面的差异，[①] 机关、事业单位和企业的养老金水平差距明显，特别是机关、事业单位与企业的养老金水平相比，差距较大；机关、事业单位的养老金水平接近。

---

① 郭阳：《中国企业和行政事业单位养老待遇差距研究》，《甘肃社会科学》2008年第6期。

二 公务员退休年龄选择与退休意愿

(一) 目前公务员退休年龄水平

从被调查对象对目前公务员退休年龄的看法来看,大多数人认为,目前公务员退休年龄适中,所占比例为61.4%;有25.9%的人认为偏高,12.7%的人认为偏低。男性、女性对公务员退休年龄看法的差异不大,不过,值得注意的是,女性认为退休年龄偏低的比例(15.2%)高于男性(10.8%)(见表3-9)。

表3-9 不同性别人员对目前公务员退休年龄的看法

单位:人,%

性别	偏高	适中	偏低	合计
男	174 25.3	440 64.0	74 10.8	688 100.0
女	140 26.6	306 58.2	80 15.2	526 100.0
合计	314 25.9	746 61.4	154 12.7	1214 100.0

从不同文化程度人员对目前公务员退休年龄的看法来看,随着文化程度的提高,认为目前公务员退休年龄偏高的比例逐步提高,即文化程度越高,越倾向于认为目前公务员的退休年龄偏高。高中或中专文化程度的被调查对象认为目前公务员退休年龄偏高的比例为8.6%,文化程度为大专的认为偏高的占比为20.8%,文化程度为本科的认为偏高的占比为28.2%,文化程度为研究生的认为偏高的占比为29.6%(见表3-10)。这一调查数据与常识不相一致,应该是受教育程度越高,越倾向于多工作,延长退休年龄。出现这一调查结果可能与高学历人员多数为年轻人,工作压力大、收入低的原因有关。在调研访谈中,较多年轻公务员认为目前公务员的待遇水平较差,一些公务员甚至有较多抱怨。

表 3-10 不同文化程度人员对目前公务员退休年龄的看法

单位：人，%

文化程度	偏 高	适 中	偏 低	合 计
初中及以下	0 0.0	8 57.1	6 42.9	14 100.0
高中或中专	6 8.6	54 77.1	10 14.3	70 100.0
大 专	42 20.8	120 59.4	40 19.8	202 100.0
本 科	200 28.2	444 62.7	64 9.0	708 100.0
研 究 生	64 29.6	118 54.6	34 15.7	216 100.0
合 计	312 25.8	744 61.5	154 12.7	1210 100.0

从被调查对象对男女退休年龄是否应该一致的看法来看，绝大多数人认为不应该一致，占 72.1%（见表 3-11）。在认为男女退休年龄应该一致的被调查对象中，绝大多数人主要考虑男女平等，占 60.6%；之后依次是维护女性就业权利（17.6%）、维护女性养老权益（10.9%）、延长退休年龄（8.5%）、其他（2.4%）（见表 3-12）。从被调查对象对公务员与企业职工退休年龄的比较来看，大多数人认为公务员退休年龄应该与企业职工的相同，占 57.4%；34.3% 的人认为应该高于企业职工，8.4% 的人认为应该低于企业职工。

表 3-11 男女退休年龄是否应该一致

单位：人，%

性 别	男女退休年龄是否应该一致		合 计
	应该	不应该	
男	188 27.6	492 72.4	680 100.0
女	148 28.2	376 71.8	524 100.0
合 计	336 27.9	868 72.1	1204 100.0

表 3-12 男女退休年龄一致的理由

项　目	频数（人）	百分比（%）
男女平等需要	200	60.6
延长退休年龄需要	28	8.5
维护女性就业权利需要	58	17.6
维护女性养老权益需要	36	10.9
其他	8	2.4
合　计	330	100.0

从被调查对象对合适的退休年龄选择来看，认为，男性公务员合适的退休年龄平均值为58.3岁，女性平均值为54岁；其中男性、女性公务员合适退休年龄的中位数、众数均分别为60岁、55岁。当问及被调查对象本人愿意什么时候退休时，男性的回答平均值为56.6岁，女性平均值为53.6岁，均比认为合适的退休年龄要低（见表3-13）。

表 3-13 如果政策允许，您愿意什么时候退休

单位：岁

项　目	男性	女性	全部
均　值	56.6	53.6	55.3
中位数	55.0	52.5	55.0
众　数	55.0	50.0	55.0
标准差	6.1	5.7	6.1
方　差	37.8	32.6	37.6
最小值	40.0	40.0	40.0
最大值	80.0	65.0	80.0

（二）对延长公务员退休年龄的看法

1. 对目前延长退休年龄的看法

退休年龄问题是当前社会关注的重要问题，不同人群有不同的看法。[1] 在本项目研究的调查过程中，也作为一个重要问题进行了调查。调

---

[1] 退休年龄问题研究课题组：《关于退休年龄问题研究报告（上）》，《中国妇运》2011年第5期。

查数据显示,绝大多数人不同意目前延长退休年龄,所占比例为79.1%,同意目前延长退休年龄的只占20.9%(见表3-14)。

表3-14 是否同意目前延长退休年龄

分　类	频数(人)	百分比(%)
同　意	254	20.9
不同意	960	79.1
合　计	1214	100.0

2. 对未来延长退休年龄的看法

被调查对象对未来延长退休年龄的看法与对目前延长退休年龄的看法有所不同,同意未来延长退休年龄的比例(28.2%)要略高于同意目前延长退休年龄的比例(20.9%)。相反,不同意未来延长退休年龄的比例比不同意目前延长退休年龄的比例要低(见表3-15)。被调查对象认为需要延长退休年龄的平均年数为5.2年,众数和中位数均为5年。

表3-15 是否同意未来延长退休年龄

分　类	频数(人)	百分比(%)
同　意	344	28.2
不同意	874	71.8
合　计	1218	100.0

从同意未来延长退休年龄最主要的理由来看,所占比重最大的选项为"受教育程度提高",占44.4%;其次是"养老保险支付压力过大",占22.2%;然后是"人口预期寿命延长""充实老年人的生活""其他"(见表3-16)。在不同意未来延长退休年龄最主要的理由中,首要的是"延长退休年龄不利于劳动者身体健康",占43.1%;其次是"延长退休年龄会对就业造成冲击",占38.7%;然后是"延长退休年龄不利于社会公平"和"其他"(见表3-17)。就业是影响退休年龄的重要因素之一,不仅有较多的被调查对象认为延长退休年龄会对就业造成冲击,而且56%的被调查对象认为提前退休可以缓解就业。

第三章 中国公务员养老保险制度改革的调查分析

表 3-16 同意未来延长退休年龄最主要的理由

项目	频数（人）	百分比（%）
养老保险支付压力过大	76	22.2
人口预期寿命延长	56	16.4
受教育程度提高	152	44.4
充实老年人的生活	46	13.5
其他	12	3.5
合计	342	100.0

表 3-17 不同意未来延长退休年龄最主要的理由

项目	频数（人）	百分比（%）
延长退休年龄会对就业造成冲击	334	38.7
延长退休年龄不利于社会公平	140	16.2
延长退休年龄不利于劳动者身体健康	372	43.1
其他	18	2.1
合计	864	100.0

通过对是否同意未来延长退休年龄的二元 Logistic 回归来看，纳入省份、性别、年龄、婚姻状况、政治面貌、文化程度、岗位类别、职务级别、月均收入等变量，采用逐步向后回归法进行逐步回归。通过回归发现：是否同意未来延长退休年龄与省份、婚姻状况、文化程度、岗位类别、职务级别等因素有关（见表 3-18）。

表 3-18 未来是否延长退休年龄的二元 Logistic 回归

	B	S. E.	Wald	df	Sig.	Exp（B）
c451 省或部			77.667	3	0.000	
c451 省或部（1）	-1.746	0.233	55.938	1	0.000	0.174
c451 省或部（2）	-0.117	0.220	0.282	1	0.595	0.890
c451 省或部（3）	-0.788	0.220	12.872	1	0.000	0.455
c48 婚姻状况	1.287	0.259	24.622	1	0.000	3.623
c50 文化程度			10.895	4	0.028	
c50 文化程度（1）	-0.169	0.647	0.068	1	0.794	0.845
c50 文化程度（2）	0.135	0.603	0.050	1	0.823	1.145
c50 文化程度（3）	0.421	0.601	0.491	1	0.483	1.524

续表

	B	S. E.	Wald	df	Sig.	Exp（B）
c50 文化程度（4）	-0.121	0.627	0.037	1	0.847	0.886
c51 岗位类别			15.735	3	0.001	
c51 岗位类别（1）	0.180	0.244	0.542	1	0.461	1.197
c51 岗位类别（2）	-0.596	0.167	12.802	1	0.000	0.551
c51 岗位类别（3）	-0.203	0.294	0.477	1	0.490	0.816
c52 职务级别			7.762	2	0.021	
c52 职务级别（1）	0.524	0.306	2.924	1	0.087	1.688
c52 职务级别（2）	0.851	0.327	6.788	1	0.009	2.343
Constant	-0.627	0.707	0.786	1	0.375	0.534

注：a. Variable (s) entered on step 1：c451 省或部，c46 性别，c47 年龄，c48 婚姻状况，c49 政治面貌，c50 文化程度，c51 岗位类别，c52 职务级别，c57 月均收入。由于篇幅有限，此表省略了前面四步，只列出最后第五步回归结果。

（三）提前退休与延迟退休

1. 提前退休

从被调查对象是否准备提前退休的情况来看，有相当一部分公务员打算提前退休，所占比例为40.3%，而且男性、女性公务员的态度完全一致（见表3-19）。

表 3-19 是否准备提前退休

单位：人，%

性 别	是否准备将来提前退休		合 计
	是	否	
男	274	406	680
	40.3	59.7	100.0
女	212	314	526
	40.3	59.7	100.0
合 计	486	720	1206
	40.3	59.7	100.0

从不同文化程度被调查对象对提前退休的态度来看，与不同文化程度人员对目前退休年龄的看法基本一致，即随着文化程度的提高，被调查对

象选择提前退休的比例也随之提高（见表3-20）。从前面对退休年龄的看法来看，随着文化程度的提高，认为目前退休年龄偏高的比例提高。

表3-20 不同文化程度人员对提前退休的态度

单位：人，%

文化程度	是否准备提前退休		合　计
	是	否	
初中及以下	0 0.0	14 100.0	14 100.0
高中或中专	12 17.1	58 82.9	70 100.0
大　专	78 39.0	122 61.0	200 100.0
本　科	294 41.6	412 58.4	706 100.0
研 究 生	98 46.2	114 53.8	212 100.0
合　计	482 40.1	720 59.9	1202 100.0

通过对是否准备将来提前退休的二元Logistic回归来看，纳入省份、性别、年龄、婚姻状况、政治面貌、文化程度、岗位类别、职务级别、月均收入等变量，采用逐步向后回归法进行逐步回归。通过回归发现：是否准备将来提前退休与省份、年龄、文化程度、岗位类别、月均收入等因素有关。由于篇幅，回归的具体过程省略。

从目前的提前退休情况来看，62%的被调查对象认为，周围存在提前退休的现象，可见，提前退休现象较为普遍（见表3-21）。在这些提前退休现象中，只有12.8%的人认为全部合理，84.8%的人认为部分合理，认为全不合理的有2.4%（见表3-22）。

表3-21 周围是否存在提前退休现象

分　类	频数（人）	百分比（%）
有	748	62.0
无	458	38.0
合　计	1206	100.0

表 3-22　周围提前退休现象是否合理

项　目	频数（人）	百分比（%）
全部合理	94	12.8
部分合理	624	84.8
全不合理	18	2.4
合　计	736	100.0

从提前退休与领取退休金的联系来看，77.2%的人认为提前退休时应该领取退休金，只有22.8%的人认为不应该在提前退休时领取退休金。33.3%的人认为提前退休应该削减退休金，66.7%的人认为提前退休不应该削减退休金。在提前退休与领取退休金的结合方面，61.5%的人赞同"可以提前退休，但需要达到法定退休年龄后方可领取退休金"，38.5%的人不同意这一做法。

2. 延迟退休

有较多的人愿意提前退休，也有一部分人愿意延迟退休。在调查中，20%的人准备延迟退休，其中，男性为16.1%；女性更高，为25.1%（见表3-23）。从不同文化程度人员对延迟退休的态度来看，随着文化程度的提高，准备延迟退休的比例逐步下降（见表3-24）。与前面不同文化程度人员对退休年龄、提前退休的态度高度一致。为激励延迟退休行为，较多的人认为如果选择延迟退休，应该增加退休金，所占比例为82.4%（见表3-25）。

通过对是否准备将来延迟退休的二元 Logistic 回归来看，纳入省份、性别、年龄、婚姻状况、政治面貌、文化程度、岗位类别、职务级别、月均收入等变量，采用逐步向后回归法进行逐步回归。通过回归发现：是否准备将来延迟退休与省份、性别、婚姻状况、政治面貌、文化程度、岗位类别等因素有关。由于篇幅，回归的具体过程省略。

表 3-23　是否准备延迟退休

单位：人,%

性　别	是否准备延迟退休		合　计
	是	否	
男	110	572	682
	16.1	83.9	100.0

续表

性别	是否准备延迟退休		合计
	是	否	
女	130	388	518
	25.1	74.9	100.0
合 计	240	960	1200
	20.0	80.0	100.0

表3-24 不同文化程度人员对延迟退休的态度

单位：人，%

文化程度	是否准备延迟退休		合计
	是	否	
初中及以下	6	8	14
	42.9	57.1	100.0
高中或中专	22	46	68
	32.4	67.6	100.0
大 专	48	150	198
	24.2	75.8	100.0
本 科	120	586	706
	17.0	83.0	100.0
研 究 生	44	166	210
	21.0	79.0	100.0
合 计	240	956	1196
	20.1	79.9	100.0

表3-25 延迟退休是否应该增加退休金

分 类	频数（人）	百分比（%）
应 该	992	82.4
不应该	212	17.6
合 计	1204	100.0

三 对目前公务员养老保险制度的评价

（一）合理性评价

合理性是考察公务员养老保险制度的重要因素。大多数被调查对象对目前公务员养老保险制度的合理性评价较好。合计有 41.2% 的人认为非常合理和比较合理，认为一般的占 43.0%，只有合计 15.9% 的人认为不太合理和很不合理。对公务员养老保险制度合理性的评价呈现一定的地区差异，其中山东被调查对象对公务员养老保险制度合理性的评价相对较高（见表 3-26）。

表 3-26　不同地区被调查对象对目前公务员养老保险制度合理性的评价

单位：人，%

地　区	非常合理	比较合理	一　般	不太合理	很不合理	合计
北　京	24	140	178	46	12	400
	6.0	35.0	44.5	11.5	3.0	100.0
河　北	10	102	88	28	8	236
	4.2	43.2	37.3	11.9	3.4	100.0
湖　南	6	136	134	58	4	338
	1.8	40.2	39.6	17.2	1.2	100.0
山　东	24	56	120	24	12	236
	10.2	23.7	50.8	10.2	5.1	100.0
合　计	64	434	520	156	36	1210
	5.3	35.9	43.0	12.9	3.0	100.0

关于目前公务员养老保险制度合理性的调查，在问卷中设置了非常合理、比较合理、一般、不太合理、很不合理五个等级，这里将前面三项合并为"较公平"，后面两项合并为"不公平"，进行二元 Logistic 回归，纳入省份、性别、年龄、婚姻状况、政治面貌、文化程度、岗位类别、职务级别、月均收入等变量，进行逐步向后回归，回归结果显示，对公平性的评价与年龄、文化程度、岗位类别、职务级别、月均收入等因素有关（见表 3-27）。

表 3-27　目前公务员养老保险制度公平性的二元 Logistic 回归

	B	S.E.	Wald	df	Sig.	Exp（B）
c47 年龄	0.036	0.014	6.339	1	0.012	1.037
c50 文化程度			19.099	4	0.001	
c50 文化程度（1）	-2.883	0.811	12.635	1	0.000	0.056
c50 文化程度（2）	-1.172	0.639	3.360	1	0.067	0.310

续表

	B	S. E.	Wald	df	Sig.	Exp（B）
c50 文化程度（3）	-1.229	0.642	3.668	1	0.055	0.292
c50 文化程度（4）	-0.620	0.684	0.820	1	0.365	0.538
c51 岗位类别			28.281	3	0.000	
c51 岗位类别（1）	0.100	0.285	0.122	1	0.727	1.105
c51 岗位类别（2）	0.298	0.211	1.994	1	0.158	1.347
c51 岗位类别（3）	1.573	0.300	27.508	1	0.000	4.821
c52 职务级别			7.586	2	0.023	
c52 职务级别（1）	1.048	0.568	3.403	1	0.065	2.852
c52 职务级别（2）	0.609	0.609	1.000	1	0.317	1.839
c57 月均收入	0.000	0.000	4.571	1	0.033	1.000
Constant	-1.985	1.163	2.915	1	0.088	0.137

注：a. Variable（s）entered on step 1：c451 省或部，c46 性别，c47 年龄，c48 婚姻状况，c49 政治面貌，c50 文化程度，c51 岗位类别，c52 职务级别，c57 月均收入。由于篇幅，这里只列出最后一步的回归结果。

（二）公平性评价

公平性是考察公务员养老保险制度的另一个维度。从公务员群体对自身养老保险制度的公平性评价来看，大多数人认为目前公务员养老保险制度比较公平，认为不太公平和很不公平的合计占 12.2%（见表 3-28）。这一点与目前社会各界对公务员养老保险制度的看法和期待不一致。

表 3-28 目前我国公务员养老制度的公平性

单位：人，%

地 区	非常公平	比较公平	一 般	不太公平	很不公平	合 计
北 京	30	148	170	42	10	400
	7.5	37.0	42.5	10.5	2.5	100.0
河 北	2	118	94	16	6	236
	0.8	50.0	39.8	6.8	2.5	100.0
湖 南	4	148	140	40	6	338
	1.2	43.8	41.4	11.8	1.8	100.0
山 东	22	58	128	16	12	236
	9.3	24.6	54.2	6.8	5.1	100.0
合 计	58	472	532	114	34	1210
	4.8	39.0	44.0	9.4	2.8	100.0

四 我国公务员养老保险制度改革的政策倾向

(一) 对公务员养老保险制度改革的总体态度

总体来看，65.4%的被调查对象认为需要对目前的公务员养老保险制度进行改革，34.6%的被调查对象认为不需要进行改革（见表3-29）。可见，支持改革的人占大多数，为未来公务员养老保险制度改革的推进奠定了良好基础。

表3-29 公务员养老保险制度是否需要进行改革

项 目	频数（人）	百分比（%）
需 要	794	65.4
不需要	420	34.6
合 计	1214	100.0

从不同性别被调查对象的态度来看，男性认为需要改革的占67.2%，女性为63.1%，男性更倾向于支持改革。从不同地区被调查对象的态度来看，湖南、山东两省被调查对象认为需要改革的比例较高，分别为89.9%和66.9%，明显高于北京（50.5%）和河北（54.5%）。从不同级别被调查对象的态度来看，随着级别的上升，认为需要改革的比例明显下降，67.0%的科级以下公务员认为需要改革，64.7%的科级公务员认为需要改革，54.5%的处级公务员认为需要改革（见表3-30）。可见，基层公务员更倾向于支持改革。

表3-30 不同级别公务员对公务员养老保险制度改革的态度

单位：人,%

级 别	需要改革	不需要改革	合 计
处 级	36 54.5	30 45.5	66 100.0
科 级	344 64.7	188 35.3	532 100.0
科级以下	410 67.0	202 33.0	612 100.0
合 计	790 65.3	420 34.7	1210 100.0

根据被调查对象对公务员养老保险制度改革态度的相关分析来看，被调查对象认为是否需要进行改革与省份、政治面貌、文化程度、单位级别、所属系统、月均收入等呈相关关系（见表3-31）。

表3-31 是否需要改革的相关分析

		是否改革	省份	政治面貌	文化程度	单位级别	所属系统	月均收入
是否改革	Pearson Correlation	1	-0.229**	-0.070*	0.068*	-0.104**	-0.072*	0.145**
	Sig. (2-tailed)		0.000	0.015	0.017	0.000	0.013	0.000
	N	1214	1214	1214	1210	1208	1208	1166
省份	Pearson Correlation	-0.229**	1	0.182**	-0.183**	0.134**	0.215**	-0.493**
	Sig. (2-tailed)	0.000		0.000	0.000	0.000	0.000	0.000
	N	1214	1220	1220	1216	1214	1214	1172
政治面貌	Pearson Correlation	-0.070*	0.182**	1	-0.151**	-0.028	0.128**	-0.114**
	Sig. (2-tailed)	0.015	0.000		0.000	0.337	0.000	0.000
	N	1214	1220	1220	1216	1214	1214	1172
文化程度	Pearson Correlation	0.068*	-0.183**	-0.151**	1	-0.265**	-0.058*	0.326**
	Sig. (2-tailed)	0.017	0.000	0.000		0.000	0.043	0.000
	N	1210	1216	1216	1216	1210	1210	1168
单位级别	Pearson Correlation	-0.104**	0.134**	-0.028	-0.265**	1	-0.125**	-0.418**
	Sig. (2-tailed)	0.000	0.000	0.337	0.000		0.000	0.000
	N	1208	1214	1214	1210	1214	1212	1172
所属系统	Pearson Correlation	-0.072*	0.215**	0.128**	-0.058*	-0.125**	1	0.082**
	Sig. (2-tailed)	0.013	0.000	0.000	0.043	0.000		0.005
	N	1208	1214	1214	1210	1212	1214	1170
月均收入	Pearson Correlation	0.145**	-0.493**	-0.114**	0.326**	-0.418**	0.082**	1
	Sig. (2-tailed)	0.000	0.000	0.000	0.000	0.000	0.005	
	N	1166	1172	1172	1168	1172	1170	1172

注：** Correlation is significant at the 0.01 level (2-tailed); * Correlation is significant at the 0.05 level (2-tailed)。

从现实来看，公务员养老保险制度改革的动力和原因是多方面的。[①] 从支持改革的理由来看，所占比例最大的是"目前的公务员养老制度不利于

---

① 桂世勋：《改革我国的公务员养老保险制度》，《人口学刊》2004年第5期；刘文俭、郑兆泰：《全面推行公务员养老保险制度的意义与对策》，《红旗文稿》2007年第14期。

与其他群体养老制度衔接"(20.1%),其次是"目前的公务员养老制度不利于提高政府行政效率"(19.6%)(见表3-32)。值得注意的是,被调查对象并未将"公务员养老待遇过高不利于缩小收入差距"作为改革的首选理由。

表3-32 支持公务员养老保险制度改革的理由

选　　项	频数（人）	百分比（%）
公务员养老待遇过高不利于缩小收入差距	116	10.0
目前的公务员养老制度不利于与其他群体养老制度衔接	234	20.1
目前的公务员养老制度不利于提高政府行政效率	228	19.6
目前的公务员养老制度容易导致官僚习气	146	12.6
目前的公务员养老制度阻碍劳动力自由流动	142	12.2
目前的公务员养老制度不利于减轻财政负担	102	8.8
其他	194	16.7
合　　计	1162	100.0

(二) 对公务员养老保险制度改革的具体政策倾向

1. 制度模式

关于公务员养老保险制度改革目标模式的选择,不同学者有不同的看法。从支持改革的被调查对象对未来改革的目标模式选择来看,所占比例最大的是"建立独立的公务员养老保险制度",占34.1%;22.6%的人认为应该"建立与事业单位相同的公职人员养老保险制度";22.3%的人认为应该"建立与企业职工养老保险制度相衔接又体现公务员职业特点的养老保险制度",10.5%的人认为应该"建立与其他群体相统一的养老保险制度",7.9%的人认为应该"建立与城镇企业职工相同的养老保险制度"(见表3-33)。可见,制度模式的选择呈现多样化的特点,有较多的人支持建立独立的公务员养老保险制度,但也有较多的人选择其他模式。有较多的人认为应该建立多层次的公务员养老保险制度,所占比例为67.9%(见表3-34)。

表3-33 公务员养老保险制度改革的目标模式

项　　目	频数（人）	百分比（%）
建立独立的公务员养老保险制度	266	34.1
建立与事业单位相同的公职人员养老保险制度	176	22.6
建立与城镇企业职工相同的养老保险制度	62	7.9

续表

项 目	频数（人）	百分比（%）
建立与企业职工养老保险制度相衔接又体现公务员职业特点的养老保险制度	174	22.3
建立与其他群体相统一的养老保险制度	82	10.5
其他	20	2.6
合　计	780	100.0

表3-34　是否同意建立多层次的公务员养老保险制度

分　类	频数（人）	百分比（%）
同　意	530	67.9
不同意	250	32.1
合　计	780	100.0

2. 资金筹集

资金筹集是公务员养老保险制度改革设计的重要环节。目前我国公务员养老主要依靠国家财政，实施国家保障模式。在调查中，较多支持改革的人认为公务员个人应该缴费，所占比例为54.8%，认为公务员个人不应该缴费的为45.2%（见表3-35）。在缴费水平方面，42.6%的人认为公务员的个人缴费应该高于企业职工的，41.1%的人认为应该与企业职工的相同，只有16.2%的人认为应该低于企业职工的（见表3-36）。

表3-35　公务员个人是否应该缴纳养老保险费

分　类	频数（人）	百分比（%）
应　该	426	54.8
不应该	352	45.2
合　计	778	100.0

表3-36　公务员个人的养老保险缴费水平

分　类	频数（人）	百分比（%）
低于企业职工	64	16.2
高于企业职工	168	42.6
与企业职工相同	162	41.1
合　计	394	100.0

3. 待遇水平

公务员的养老待遇水平是目前社会各界关注的焦点。社会各界之所以关注机关事业单位养老保险制度改革，其中一个重要原因就是待遇差距，机关事业单位的养老金水平大大高于其他群体的。从调查来看，支持改革的公务员虽然支持改革，但不同意降低公务员的养老金水平，78.2%的人不同意，只有21.8%的人同意（见表3-37）。

表3-37 是否同意降低公务员的养老金水平

分 类	频数（人）	百分比（%）
同 意	170	21.8
不同意	610	78.2
合 计	780	100.0

4. 管理与经办

管理与经办是确保公务员养老保险制度改革顺利推进的重要保障。在管理方面，大多数被调查对象认为应该将公务员养老保险制度与城镇职工基本养老保险制度统一管理，所占比例为65.3%，认为不应该统一管理的占34.7%（见表3-38）。从改革后公务员养老保险的经办服务来看，48.3%的被调查对象认为"应该建立全国统一的各类人员养老保险经办机构"，33.7%的人认为"应该建立独立的公务员养老保险经办机构"，11.8%的人认为"应该与城镇企业职工养老保险统一经办"，6.2%的人认为"应该与事业单位人员养老保险统一经办"（见表3-39）。

表3-38 是否应该与城镇职工基本养老保险制度统一管理

分 类	频数（人）	百分比（%）
应 该	512	65.3
不应该	272	34.7
合 计	784	100.0

表3-39 改革后公务员养老保险的经办机构

项 目	频数（人）	百分比（%）
应该建立独立的经办机构	262	33.7
应该与城镇企业职工养老保险统一经办	92	11.8

续表

项　目	频数（人）	百分比（%）
应该与事业单位人员养老保险统一经办	48	6.2
应该建立全国统一的各类人员养老保险经办机构	376	48.3
合　计	778	100.0

在基金管理方面，44.0%的人认为"应该建立全国统一的各类人员养老保险基金管理机构"，41.1%的人认为"应该建立独立的专门的公务员养老保险基金管理机构"，9.5%的人认为"应该与城镇企业职工养老保险基金统一管理"，5.4%的人认为"应该与事业单位人员养老保险基金统一管理"（见表3-40）。

表3-40　改革后公务员养老保险的基金管理机构

项　目	频数（人）	百分比（%）
应该建立独立的专门的公务员养老保险基金管理机构	320	41.1
应该与城镇企业职工养老保险基金统一管理	74	9.5
应该与事业单位人员养老保险基金统一管理	42	5.4
应该建立全国统一的各类人员养老保险基金管理机构	342	44.0
合　计	778	100.0

5. 制度转轨

公务员养老保险制度改革必然涉及新老制度的转轨，涉及老、中、青不同人群的利益，需要有科学的转轨方案。31.5%的人认为应该"老人老办法、中人中办法、新人新办法"；29.2%的人认为应该"老人老办法、中人自愿选择新、老办法，新人新办法"；20.8%的人认为应该"老人老办法、中人、新人新办法"；18.5%的人认为应该"老人、中人、新人全部按新制度统一对待"（见表3-41）。可见，这些选择强调不同群体利益的差异化处理，而不主张完全统一实施新制度。

表3-41　改革后公务员养老制度的实施

项　目	频数（人）	百分比（%）
老人老办法、中人中办法、新人新办法	246	31.5
老人老办法，中人自愿选择新、老办法，新人新办法	228	29.2

续表

项　目	频数（人）	百分比（%）
老人老办法，中人、新人新办法	162	20.8
老人、中人、新人全部按新制度统一对待	144	18.5
合　计	780	100.0

6. 个人账户

"社会统筹与个人账户相结合"是目前我国社会保险的主要模式，个人账户是其他群体养老保险制度的重要组成部分。在未来公务员养老保险制度改革过程中，是否建立个人账户，成为改革的重要选择。在调查中，90%（704）的人认为未来公务员养老保险制度应该建立个人账户，可见，绝大多数人支持建立个人账户（见表3-42）。

表3-42　未来公务员养老保险制度是否应该建立个人账户

分　类	频数（人）	百分比（%）
应　该	704	90.0
不应该	78	10.0
合　计	782	100.0

7. 职业年金

职业年金是体现不同职业群体特点的制度安排，较多的学者认为，在公务员养老保险制度改革中，应该建立职业年金制度。本课题的问卷调查结果也支持了这一观点，80.4%的人认为有必要建立公务员职业年金制度（见表3-43）。

表3-43　您认为是否有必要建立公务员职业年金制度

分　类	频数（人）	百分比（%）
有必要	632	80.4
没必要	154	19.6
合　计	786	100.0

第三节 调查结论及政策含义

一 调查结论

通过以上对问卷调查数据的分析,可以得出以下几个方面的初步结论,为未来我国公务员养老保险制度改革提供参考。

1. 传统的公务员养老实行国家保障的模式有所松动

随着一些地方机关事业单位养老保险制度改革探索的推进,部分公务员已经开始缴纳社会养老保险费。在调查中,51%的被调查对象需要缴纳社会养老保险费,其中湖南和山东需要缴费的被调查对象比例相对较高,分别达到81.7%和80.5%,与这些地方的机关事业单位养老保险制度改革有关。

2. 公务员的社会养老意识有所体现

虽然目前公务员养老仍然主要依赖政府,但是,随着我国市场经济的发展和社会保障体制改革的不断深入,公务员的养老观念有所松动,有194位被调查对象最希望参加社会养老保险;还有206位公务员购买了商业养老保险。而且,在对公务员养老保险制度改革的政策倾向调查中,较多的人认为公务员应该缴费,并且,90%的人认为未来公务员养老保险制度应该建立个人账户。

3. 被调查对象认为公务员的养老待遇水平并不高

虽然外界认为公务员的养老待遇水平较高,但是,公务员群体自身并不这么认为。调查结果显示:认为目前公务员的退休金水平高的比例很小,认为很高和比较高的分别为3.8%和10.9%;认为比较低和很低的分别为23.0%、9.6%。50.7%的人认为公务员的养老金水平应该高于事业单位人员的,56.8%的人认为应该高于企业职工的。一些公务员虽然支持改革,但不同意降低公务员的养老金水平,78.2%的人不同意降低待遇,只有21.8%的人同意。

4. 被调查对象认为目前公务员的退休年龄合适

退休年龄问题是当前社会关注的重要问题,在调查中,大多数人认为目前公务员退休年龄适中,所占比例为61.4%。被调查对象认为男性公务员合适的退休年龄平均为58.3岁,女性平均为54岁,与当前公务员实际退休年龄基本一致。而且,绝大多数人认为男、女退休年龄不应该一致,占72.1%。

5. 公务员对目前延长退休年龄的支持度不高

这一点与上面的结论一致,被调查对象认为目前的退休年龄合适,所以,不同意延长退休年龄,特别是不赞同目前延长退休年龄。79.1%的人不同意目前延长退休年龄,71.8%的人不同意未来延长退休年龄。相比而言,支持未来(而不是目前)延长退休年龄的比例更高。不仅较多的人不支持延长退休年龄,而且有相当一部分公务员打算提前退休,所占比例为40.3%。

6. 不同文化程度人员对目前公务员退休年龄的看法值得深思

调查显示,文化程度越高,越倾向于认为目前公务员的退休年龄偏高。不同文化程度人员对提前退休、延迟退休的态度也体现了类似的特点,更倾向于提前退休,而不是延迟退休。这一调查结论与常识不相一致,值得深思。出现这一调查结果可能与高学历人员多数为年轻人,工作压力大、收入低有关。在调研访谈中,较多年轻公务员认为目前公务员的待遇水平较差,一些公务员甚至有较多抱怨。

7. 被调查对象对目前的公务员养老保险制度比较满意

这一点主要从对制度的合理性和公平性评价来体现。合计41.2%的人认为非常合理和比较合理,认为一般的占43.0%,只有合计15.9%的人认为不太合理和很不合理。大多数人认为目前公务员养老保险制度比较公平,认为不太公平和很不公平的合计占12.2%。这一点可能与其他群体对机关事业单位养老保险制度的评价有较大区别,这是在未来改革设计中需要特别考虑的。

8. 大多数公务员对公务员养老保险制度改革持支持态度

这有利于未来公务员养老保险制度改革的推进。65.4%的被调查对象认为需要对目前的公务员养老保险制度进行改革。从支持改革的理由来看,所占比例最大的是"目前的公务员养老制度不利于与其他群体养老制度衔接",其次是"目前的公务员养老制度不利于提高政府行政效率"。当然,支持改革的前提条件是不能损害自身的养老权益。

9. 反对建立与其他群体完全一致的养老保险制度

改革目前我国养老保险制度的"双轨制"或"多轨制",是否应该建立完全统一的养老保险制度?在调查中,虽然公务员赞同加强养老保险制度的统一管理,但并不赞同建立与其他群体完全一致的养老保险制度,只有10.5%的人认为应该建立与其他群体相统一的养老保险制度。

10. 支持建立多层次的公务员养老保险制度

建立多层次的养老保险制度是我国养老保险制度改革与完善的方向,在调查中,较多的人认为未来的改革应该建立多层次的公务员养老保险制度,所占比例为67.9%。建立职业年金制度是多层次养老保险制度的重要内容,80.4%的人认为有必要建立公务员职业年金制度。

二 政策含义

基于问卷调查数据和以上的调查结论,本书就未来我国公务员养老保险制度改革提出一些思考。

1. 推进公务员养老保险制度改革势在必行

社会各界对机关事业单位养老保险制度改革期待已久,迫切要求改革。而且,多数公务员也支持改革。因此,需要下定决心,拟订公务员养老保险制度改革的时间表,做好调研和制度设计。从目前来看,公务员养老保险制度改革宜早不宜迟,应该利用现有的基础和有利条件积极稳妥地推进改革。

2. 明确公务员养老保险制度改革的价值理念

根据调查,大多数公务员支持对目前的公务员养老保险制度进行改革。但是,这与其他群体对公务员养老保险制度改革的期盼有所不同。其他群体多数是希望破除"双轨制",缩小待遇差距,降低公务员的养老待遇水平。而公务员则认为加强养老保险制度改革的目标是提高养老保险制度的科学性与可持续性,建立服务型政府,而不是降低公务员的养老待遇。因此,需要从整个社会保障体系的完善和经济社会长远发展的角度考虑公务员养老保险制度改革。

3. 明确公务员养老保险制度改革的社会化目标

目前在国家的部署下,一些地方进行了多年的改革探索,取得了一定的经验和成绩，部分公务员的养老观念得到改革，社会保障的社会化改革日益成熟。这些，既为未来我国公务员养老保险制度改革创造了条件，也指明了公务员养老保险制度改革的方向，也就是说，未来公务员养老应该朝着社会化的方向努力，建立公务员社会养老保险制度。

4. 公务员养老保险制度应该体现其职业特点

虽然应该建立相对统一的养老保险制度体系，但是，如果将不同职业群体完全统一对待，显然是行不通的。公务员养老保险制度改革必须体现其职业特点，需要突出更多的政府财政责任。为此，应该坚持公平与效率相结合、权利与义务相结合的原则，建立和完善多层次的公务员养老保险制度体系。未来推进公务员养老保险制度改革，尤其需要建立公务员职业年金制度，体现其职业特点。①

5. 建立责任共担机制，引入公务员个人缴费

社会化的养老保险制度一般要求建立责任共担机制，要求个人履行适当的缴费责任。公务员个人缴费水平需要考虑其原有的保障模式和薪酬水平，需要考虑公务员的总报酬和对未来的养老待遇水平进行科学设计。与其他群体不同，公务员的个人缴费水平应该略低于其他群体，应该更加突出财政责任，体现国家责任和雇主责任。因此，应该建立个人账户制，加强公务员养老保险基金的管理与投资。

6. 公务员养老保险制度改革不宜降低公务员的养老待遇

待遇问题是公务员养老保险制度改革的核心问题之一，虽然目前机关事业单位人员的养老金与其他群体的有较大的差距，但是目前不宜将直接降低公务员养老待遇作为改革的选项。否则，改革难以推进。因此，需要理性认识机关事业单位与企业职工的养老待遇差距，② 在改革公务员养老筹资机制和待遇计发机制的同时，要确保公务员的养老待遇水平不能有明显的降低。缩小不同群体的待遇差距，应该通过其他多种办法进行，比如，完善待遇调整机制，提高其他群体待遇水平。

---

① 薛博、王道勇：《职业年金：聘任制公务员养老保险制度改革的理性选择》，《科学社会主义》2011 年第 3 期。
② 王晓军、乔扬：《我国企业与机关事业单位职工养老待遇差距分析》，《统计研究》2007 年第 5 期。

7. 完善公务员养老保险制度转轨机制

公务员养老保险制度改革的推进，必然涉及制度转轨问题，制度转轨既要处理好不同职业人群的关系，更要处理好不同年龄公务员的关系，要处理好"老人""中人""新人"的养老权益，特别是对于"老人"和"中人"需要有明确的转轨办法。对于"老人"和"中人"的权益处理，既可以采取一次性办法，也可以分期逐步化解，无论如何，需要有明确的转轨方案。

8. 推进公务员薪酬制度与人事制度改革

薪酬制度、人事制度与公务员养老保险制度有着密切联系，是影响公务员养老保险制度改革顺利与否的重要因素。推进公务员薪酬制度改革，需要基于总报酬的概念，考虑不同报酬要素的构成，明确其不同功能，明确工资收入的主体性。目前，公务员的收入水平不高，尤其是对于基层公务员而言，收入水平更低，很多基层公务员盼望增加工资。因此，在推进公务员养老保险制度改革之前，需要调整和优化公务员的薪酬制度与薪酬水平，建立公平、透明的公务员薪酬体系。[①] 此外，需要推进公务员人事制度改革，引入竞争机制，增强责任意识，加强服务型政府建设，改变"铁饭碗"和"低工资、高福利"状态。

---

① 竹家立：《公务员薪酬制度改革前瞻》，《人民论坛》2012 年第 4 期。

第四章　中国公务员养老保险制度改革的总体思路

推进公务员养老保险制度改革，需要明确改革的总体思路，以此指导改革的制度设计与具体实践，需要充分认识我国公务员养老保险制度改革的必要性与可行性，把握公务员养老保险制度改革的理念、目标与基本原则，综合考虑各类因素，选择科学的制度模式，并在此基础上从筹资、待遇、管理等方面开展具体制度设计。

第一节　中国公务员养老保险制度改革的必要性与可行性

目前，社会各界对公务员养老保险制度改革十分关注，在我国人口老龄化加速、城市化加快、行政体制改革深化、社会保障体制改革深化、市场经济不断完善等背景下，加强公务员养老保险制度改革已经成为我国经济社会发展的必然要求。我国公务员养老保险制度改革不仅十分必要，而且具有较强的可行性。

一　我国公务员养老保险制度改革的必要性

随着我国经济体制改革的逐步深入和经济社会发展环境的变化，公务员养老保险制度改革已经十分必要，主要体现在以下几个方面。

1. 公务员养老保险制度改革是我国服务型政府建设的需要

2006年11月15日的国务院常务会议就深化行政管理体制改革进行了专门研究。党的十七大也对加快行政管理体制改革进行了部署，并在十七届二中全会通过了《关于深化行政管理体制改革的意见》。行政管理体制改革的关键就是要转变政府职能，建设服务型政府，充分发挥好政府在经济调节、市场监管、社会管理、公共服务等方面的作用。转变政府职能、建设服务型政府成为未来我国行政体制改革的重要任务。服务型政府建设要求有一支具有较强责任意识和高素质的公务员队伍，提高政府公共管理与公共服务的效率。公务员是公共管理与公共服务的重要主体，其素质的高低直接关系到政府行政效率能否提高。一个科学的养老保险制度对公务员素质的提升和政府公共服务效率的提升具有重要的推动作用，可以增强公务员的责任意识、竞争意识与服务意识，有助于吸引和留住人才，加强政府公共管理与公共治理能力建设。在经济社会环境发生变化的情况下，加强公务员的养老保险制度改革，是各国政府人力资源政策变革和人力资源建设的重要内容。[1]

2. 公务员养老保险制度改革是完善我国劳动力市场的需要

劳动力的自由流动是在市场经济条件下劳动力资源配置的基本要求。随着我国市场经济体制的逐步完善和相关政策、制度樊篱的破除，劳动力的自由流动将更加顺畅。20世纪80年代以前，辞官下海在中国是很难想象的事情，但经过20多年的社会变迁，从计划经济体制转轨为市场经济体制后，原来计划体制内的官员下海经商已经变得越来越平常，[2] 从企业到政府任职的情况也越来越多，2010年3月，四川遂宁从遂宁籍外出务工及返乡创业优秀人才中，定向公开选拔了3名副科级干部，分别担任遂宁市大英县招商局副局长、蓬溪县某镇副镇长、射洪县某镇副镇长。劳动力流动的层面是多方面的，既有企业之间的流动，也有部门之间的流动、地区之间的流动，政府与企业之间的流动也越来越频繁。但是，目前，公务员与企业职工之间养老保险的制度模式和待遇差距较大，不利于人员的自由流动，在一定程度上阻碍了我国劳动力市场的完善。[3] 因

---

[1] 〔美〕罗纳德·格勒、约翰·纳尔班迪：《公共部门人力资源管理：系统与战略》，中国人民大学出版社，2001，第175页。

[2] 刘辉：《中国官员下海现象二十年回顾》，新浪网，http://news.sina.com.cn/c/2005-08-08/14137442969.shtml。

[3] 董海军、郭云珍：《中国社会福利分层：一个多维结构视角的分析》，《中共天津市委党校学报》2010年第1期。

此，未来迫切需要通过改革，建立适应市场经济发展、促进劳动力市场完善的公务员养老保险制度。促进劳动力市场建设也是许多国家进行公务员养老保险制度改革的重要原因。①

3. 公务员养老保险制度改革是完善我国社会保障制度的需要

完善社会保障制度是促进经济社会发展、提高国民福祉水平、实现中国梦的重要举措。改革开放以来，伴随着经济体制改革的逐步进行，我国社会保障制度不断改革和完善。到目前为止，我国基本上建立了覆盖各类人群的养老保险制度，为实现人人公平享有社会保障奠定了制度基础，在实践中，包括养老保险在内的社会保障体系为保障国民生活、促进经济发展发挥了良好的作用。但是，我国社会保障制度改革的任务还远未完成，社会保障的改革处于攻坚克难时期。国民社会保障需求的日益增长和权益意识的不断增强，对社会保障的发展提出了许多新要求，社会保障的发展仍旧面临许多亟须解决的重要问题。目前，我国养老保险还存在人群分割、地区分割、城乡分割的现象，在资金筹资、待遇计发、管理服务等方面需要进一步改进。公务员与其他群体养老保险制度的相互独立与待遇差距已经引起社会的广泛关注，在一定程度上阻碍了我国养老保险制度的未来发展。因此，未来需要通过合理的模式选择、制度设计、管理服务等途径来加强公务员养老保险制度改革。

4. 公务员养老保险制度改革是应对人口快速老龄化的需要

人口快速老龄化是当前我国的基本国情。人口老龄化既是经济社会发展成果和国民健康水平提高的重要体现，同时也给未来经济社会的发展带来了巨大挑战。人口老龄化在世界上很多发达国家已经表现得非常严重，同时也是我国当前人口发展的重要特点，我国早已成为世界上老年人口最多的国家。中国的老年人口不仅基数大，而且数量增长速度快。2000 年，我国 65 岁以上人口为 8821 万人，占总人口的 7%，当时我国已经进入老龄化社会；2005 年，65 岁以上人口突破 1 亿人；2012 年，65 岁以上人口为 1.27 亿人，占总人口的 9.4%。② 根据美国人口普查局的统计

---

① 龙玉其：《国外公务员养老保险制度改革分析》，《中共中央党校学报》2011 年第 2 期。
② 《中国统计年鉴 2013》。

和预测,几个典型国家 65 岁及以上人口的比例从 7% 上升到 14% 需要经历的时间分别为:法国为 115 年,瑞典为 85 年,美国为 66 年,英国为 45 年,中国只需要 25 年。① 与以上几个其他国家相比,中国正处于发展过程中,体现出"未富先老"的特点,快速的人口老龄化将带来沉重的养老压力。人口快速老龄化需要一揽子应对措施,充分满足老年人的各项需求与权益诉求。完善养老保险制度就是应对人口老龄化的重要方面。加强公务员养老保险制度改革有助于从整体上完善我国的公务员养老保险制度,公平考虑不同老年人的需求。

5. 公务员养老保险制度改革是构建社会主义和谐社会的需要

十六届三中全会提出了构建社会主义和谐社会的战略目标,为我国的社会发展指明了方向。总体上来说,我国的社会发展是和谐的。但是,由于种种原因,我国依然存在诸多不和谐的因素,甚至一些本应该促进社会和谐的社会改革与社会政策在实践中的作用也不理想。从理论上来说,养老保险制度具有促进社会公平的作用,但是,由于制度相互分割和待遇差距较大,目前,我国的公务员养老保险制度在一定程度上阻碍了正常的社会流动,容易导致相互攀比,甚至嫉妒,不利于促进社会公平正义;容易导致公务员与其他群体之间的阶层樊篱,不利于社会稳定。因此,未来对包括公务员养老保险在内的整个养老保险体系进行改革,有利于消除不稳定、不和谐的因素,促进不同群体之间的和谐共处。十八届三中全会提出,要加强社会治理,实现治理能力的现代化,公务员养老保险制度改革有利于促进社会治理,实现社会和谐。

6. 公务员养老保险制度改革是促进居民收入合理再分配的需要

改革开放以来,在经济快速发展、人民生活水平不断提高的同时,我国居民收入分配差距不断扩大,主要表现在城乡之间、地区之间、部门之间、行业之间、不同要素之间的收入差距较大,甚至不同群体内部的收入差距也越来越明显。以城乡居民收入差距为例,改革开放以来城镇家庭可支配收入增长的速度明显高于农村人均纯收入的增长速度,

---

① 熊必俊:《老龄经济学》,中国社会出版社,2009,第 26 页。

1981～2009年，农民人均纯收入增长了22.1倍，而城镇居民家庭可支配收入增长了36.1倍，使得城乡居民收入差距越来越大。从部门之间的收入差距来看，1995年，政府机关、事业单位和企业职工的年平均工资分别为5542元、5499元、5345元，比值为1.04∶1.03∶1；2008年，政府机关、事业单位和企业职工的年平均工资分别为33869元、29758元、28359元，比值为1.19∶1.05∶1；如果加上政府机关的灰色收入和福利待遇，政府部门职工的平均收入大大超过企业职工的平均收入。[1] 收入差距的扩大已经给我国经济社会的发展带来了诸多现实问题，对我国未来的发展构成了严峻挑战，当前加强收入分配制度改革，十分必要且非常紧迫。[2] 作为一项社会政策，养老保险制度应该成为促进收入合理再分配的重要工具，但是，现实情况并不理想，由于公务员养老保险制度的特殊性，其待遇水平远远高于城镇职工和城乡居民的待遇水平，不利于缩小不同成员之间的收入差距。因此，需要进行包括公务员养老保险制度在内的整个养老保险体系的改革与调整，使其发挥缩小收入差距的作用。

7. 公务员养老保险制度改革是完善社会主义市场经济体制的需要

通过近20年的努力，我国的市场经济体制不断完善，市场配置资源的功能不断健全，各类要素自由流动不断加快。但是，我国的市场经济体制仍然存在诸多问题，尤其是存在一些影响市场充分发挥作用的因素，比如，制度不健全、改革不到位。公务员养老保险制度从行政管理体制、劳动力市场体系、法制建设、就业体制、收入分配制度、社会保障制度等角度来看，都存在诸多问题，与市场经济的规律不完全协调，不利于市场经济体制的完善。随着市场经济体制的不断完善，不同职业、不同部门、不同地域之间的人员流动日益频繁，其中，政府与企业之间的人员流动也日益增多。随着市场经济体制和劳动力市场的进一步完善，政府与企业之间的人员交流必将更加频繁。在当前市场经济体制不断完善的环境下，必须加强公务员养老保险制度改革。

---

[1] 有关数据是根据历年统计年鉴整理所得。
[2] 龙玉其：《中国收入分配制度的演变、收入差距与改革思考》，《东南学术》2011年第1期。

二 中国公务员养老保险制度改革的可行性

我国公务员养老保险制度改革不仅十分必要，而且具备较强的可行性，主要体现在以下几个方面。

1. 城镇职工养老保险制度改革为公务员养老保险制度改革提供了经验

20世纪80年代中期以来，随着我国经济体制改革的进行，尤其是国有企业改革的逐步深入和劳动合同制的实施，城镇职工基本养老保险制度逐步建立和完善。1997年，我国正式建立了全国统一的城镇职工基本养老保险制度，并确立了社会统筹与个人账户相结合的制度模式。城镇职工基本养老保险制度从无到有，逐步完善，在此过程中经历了较多的改革探索，包括调整缴费办法、做实个人账户、提高统筹层次、行业统筹移交地方管理、探索建立待遇调整办法、完善管理体制、加强经办服务等。城镇职工基本养老保险制度的这些改革实践为其他群体养老保险制度的建立和完善提供了经验借鉴，也为公务员养老保险制度改革提供了经验，因此，国家应该从制度模式、资金筹集、待遇计发、管理服务等方面借鉴城镇职工基本养老保险的一些做法，并结合公务员群体的特点，制定具体的改革办法。

2. 部分地方的改革试点探索为公务员养老保险制度改革奠定了实践基础

几乎在城镇职工基本养老保险制度改革的同时，国家就意识到公务员的养老保险问题，在一些文件中提出要加强包括公务员在内的机关事业单位养老保险制度改革。尽管国家没有统一的制度方案，但是，一些地方在国家有关文件精神的指导下纷纷开展了改革试点，根据各地的实际情况制定了不同的制度方案。虽然各地的改革方案还存在许多不完善的地方，改革探索并不十分成功，但是，各地的改革试点为未来国家层面出台统一的制度方案奠定了实践基础。如果说各地的改革探索没有取得成功的经验，但是至少有失败的教训，无论是经验还是教训都有利于未来国家公务员养老保险制度改革的推进。

3. 社会各界的高度关注与期盼为公务员养老保险制度改革奠定了舆论基础

21世纪以来，城镇职工基本养老保险制度逐步完善，城乡居民基本养老保险制度逐步试点建立，事业单位养老保险制度改革也出台了试点方案，唯独公务员养老保险制度改革没有出台方案。在事业单位养老保险制度改革试点的同时，几乎全社会的目光聚集在公务员这一群体身上，尤其是在事业单位养老保险制度改革试点遇到阻碍和公务员养老保险待遇明显高于其他群体的情况下，社会各界更是关注公务员养老保险制度，要求破除养老保险"双轨制"、加强公务员养老保险制度改革的呼声较大，无论是学者的研究探讨，还是网络和媒体的报道，都体现出对这一问题的关注。因此可以说，社会各界的广泛关注为公务员养老保险制度改革奠定了舆论基础。

4. 相关法律法规的完善和政策的出台为公务员养老保险制度改革奠定了法制基础

随着社会保障制度的逐步完善和国家对养老保险制度的重视，我国陆续出台了各项相关的法规政策。2006年的《公务员法》规定："国家建立公务员保险制度，保障公务员在退休、患病、工伤、生育、失业等情况下获得帮助和补偿。"2010年，《社会保险法》提出："公务员和参照公务员法管理的工作人员养老保险的办法由国务院规定。"《人力资源和社会保障事业发展"十二五"规划纲要》(2011)提出，要"推动机关事业单位养老保险制度改革"。此外，《中共中央关于完善社会主义市场经济体制若干问题的决定》(2003)、《"十一五"规划》(2006)、《"十二五"规划》(2011)、《中国老龄事业发展"十二五"规划》(2011)、《国务院批转发展改革委等部门关于深化收入分配制度改革若干意见的通知》(2013)等文件均提出要加强公务员养老保险制度改革。党的十六大报告、十七大报告、十八大报告，近些年来的政府工作报告均涉及公务员养老保险制度改革的内容。《中共中央关于全面深化改革若干重大问题的决定》提出，要形成合理有序的收入分配格局，完善以税收、社会保障、转移支付为主要手段的再分配调节机制，建立更加公平可持续的社会保障制度，推进机关事业单位养老保险制度改革。[①] 这些法

---

① 《中共中央关于全面深化改革若干重大问题的决定》(2013年11月12日中国共产党第十八届中央委员会第三次全体会议通过)。

律、法规、政策和规划等文件的出台，为公务员养老保险制度改革奠定了法制基础。

5. 经济的快速发展和财政能力的增强为公务员养老保险制度改革奠定了经济基础

任何改革都需要付出成本，尤其是在我国经济体制转轨和社会转型过程中的各项改革更是需要成本。一项公共政策从无到有、从不完善到完善，均需要成本，公务员养老保险制度的改革亦不例外。从长远来看，公务员养老保险制度改革可能有助于减轻政府财政压力，实现养老保险体系的财务可持续性；从近期来看，公务员养老保险制度改革也可能增加近期的政府支出。对传统的公务员离退休制度进行改革，涉及老、中、青不同年龄群体的利益，尤其是改革之前已经参加工作和退休的人员，制度改革需要重点考虑他们的利益。30多年的改革开放，使我国的经济实力大大增强，财政收入不断增加，2012年全年全国公共财政收入为117210亿元，比上年增加13335亿元，[①] 为公务员养老保险制度改革与转轨奠定了良好的经济基础，有助于改革的推进。

6. 国外公务员养老保险制度的实践为我国公务员养老保险制度改革提供了启示

它山之石，可以攻玉。我国公务员养老保险制度的改革需要借鉴国外的经验。从一些国家的公务员养老保险制度来看，由于不同的国情和影响因素，公务员养老保险的制度模式与制度设计也存在差异，我国公务员养老保险制度不能盲目照搬国外的。但是，国外公务员养老保险制度仍然存在一些可以借鉴的地方，尤其是一些国家对公务员养老保险制度进行的改革体现出一些共性。总体而言，国外公务员养老保险制度及其改革为我国提供的启示包括：公务员养老保险制度必须在体现公务员职业特点的同时突出社会公平，建立基本养老保险、补充养老保险和自愿养老保险相结合的多层次制度体系；加强公务员养老保险制度与其他群体养老保险制度的融合与衔接；建立资金来源多渠道、责任共担的筹资机制；缩小公务员与其他群体之间的待遇差距；注重公务员养老保险

---

① 《2012年国民经济和社会发展统计公报》。

制度的法制建设；追求公务员养老保险制度与经济社会的动态协调发展。

第二节　中国公务员养老保险制度改革的理念、目标与原则

未来我国公务员养老保险制度改革需要有科学的指导思想，明确正确的价值理念，并在此指导下确立改革的主要目标，明确改革的基本原则。只有在科学的价值理念、改革目标和基本原则的指引下开展改革设计与实施，才能推动改革的顺利进行。

一　中国公务员养老保险制度改革的价值理念

明确科学的价值理念是正确开展公务员养老保险制度改革的根本前提。理念不正确、不科学，将导致改革设计扭曲，难以实现改革的目标，未来我国公务员养老保险制度改革应该明确以下几个方面的价值理念。

一是促进劳动力市场的完善。社会主义市场经济体制的完善要求建立统一、完善的劳动力市场，促进劳动力的自由流动，实现劳动力资源的合理、高效配置，提升经济活力，促进经济效率的提升。劳动力市场的完善需要破除各项人为的制度樊篱，减少制度障碍。目前，我国的公务员养老保险制度是典型的国家保障、封闭运行、与其他养老保险制度相互独立的制度，不利于政府或机关事业单位人员与企业人员之间的流动。因此，需要改革、完善现有的公务员养老保险制度，实现公务员养老保险制度与其他养老保险制度的有效融合与衔接，促进劳动力在不同部门之间的顺畅流动。

二是促进服务型政府的建设。服务型政府建设是世界上许多国家政府建设的目标，也是我国市场经济条件下政府职能转型的必然要求。服务型政府建设要求提升政府在社会管理与公共服务方面的职能水平，为国民提供优质、高效的公共产品与公共服务。政府服务能力的提升要求建立一支思想高尚、素质优良、敢于负责的公共服务队伍，加强政府的人力资源建设。科学的公务员养老保险制度改革，有利于提高公务员的

责任意识、竞争意识，从而有利于提升公共服务的质量和效率。公务员养老保险制度改革在促进服务型政府建设的同时，也有助于加强和深化行政管理体制改革，为经济社会的发展创造良好的管理环境。人事制度改革是政府行政体制改革的重要内容，是加强服务型政府建设的重要途径。公务员养老保险制度改革与机关人事制度改革二者相互促进、相辅相成。因此，公务员养老保险制度改革与机关人事制度改革应该协同进行。

三是促进养老保险体系的完善。"老有所养"是我国社会保障制度建设与民生事业发展的重要目标之一，养老保险体系的完善是实现"老有所养"目标的重要途径。近些年来，党和政府高度重视养老保险事业的发展，养老保险制度在制度建设、覆盖范围、保障水平、管理水平等方面取得了显著成效，但是，依然存在不少亟须解决的重要问题，比如，制度碎片化问题、隐性债务问题、待遇差距问题、待遇调整机制问题等。科学的公务员养老保险制度改革有助于实现与其他养老保险制度的融合与协调发展，也有助于为解决其他养老保险制度存在的问题提供经验与标杆。因此，公务员养老保险制度应该立足于完善整个养老保险体系的高度来推进改革，实现养老保险体系的可持续发展。

四是促进社会公平正义与和谐。公平、正义与和谐是我国社会发展的重要目标，但是目前社会上还存在诸多不利于公平、正义与和谐的因素。目前的公务员养老保险制度由于其独立性、封闭性和较高的待遇水平而容易引起其他群体的攀比，也容易导致社会公民的误解，甚至造成不同群体之间、阶层之间的不和谐。应该通过公务员养老保险制度改革建立合理的制度模式和运行机制，实现与其他群体养老保险制度的融合，促进整个养老保险制度的公平发展，维护社会公平正义，促进社会和谐。

在公务员养老保险制度的价值理念方面，应该避免误区。不合理、不科学的价值理念不仅不符合公务员的养老利益，也不利于整个养老保险体系的健康发展，不利于公务员养老保险制度改革的顺利推进。由于目前不同群体养老保险制度的待遇差距，一些专家学者倾向于将降低公务员的养老待遇水平、减轻政府财政负担作为改革的主要价值理念。缩小待遇差距是改革的重要目标之一，但目前不宜直接将降低公务员的待遇水平作为改革的核心措施,这样不符合我国目前的现实国情,容易引起公务员的反对,难以推动改革的顺利实施。因此,对机关事业单位和企业人员的退休待遇应该有一个科学、全面、理性的认识。[①] 公务员养老保险制度改革切忌将降低公务员养老待遇、减轻政府财政负担作为近期改革的直接目标,而应该通过合理、系统、逐步地改革来缩小不同群体之间的待遇差距,实现整个养老保险制度的可持续发展。

二 中国公务员养老保险制度改革的主要目标

我国的公务员养老保险制度改革应该在上述价值理念的指导下,明确改革的目标。未来公务员养老保险制度的改革应该朝着以下几个目标去努力。

一是实现制度模式的整体转型。总体而言,随着经济体制改革的逐步进行,我国社会保障制度通过改革已经实现了整体转型,从传统的国家保障、现收现付走向责任共担、部分积累制,总体上适应了经济社会的发展。但是,公务员养老保险制度依旧实行独立、封闭的模式,显然已经不能较好地适应经济社会的发展,如果长期不进行改革,有可能阻碍经济社会的发展。因此,公务员养老保险制度改革十分必要,而公务员养老保险制度改革最重要的目标就是要对目前的制度模式进行改造,实现制度模式的整体转型,以更好地适应我国社会保障制度的发展和经济社会的发展。我国社会保障制度的改革实践,尤其是养老保险制度的改革实践,为公务员养老保险制度改革的模式选择提供了参考,尽管制度设计的形式可以是多样化的,但是公务员养老保险制度模式改革的总体方向应该是部分积累、多层次和社会化的。

二是实现与其他养老保险制度的融合。由于改革的渐进性、应急性和试验性,制度的碎片化成为我国养老保险制度和社会保障制度改革过程中出现的一大问题,影响和制约了未来养老保险制度和社会保障制度的可持续发展。应该针对目前公务员养老保险制度与其他群体养老保险

---

① 张永清:《正确认识和解决企业与机关事业单位退休人员待遇差距问题》,《宏观经济管理》2003年第7期。

制度相互独立、相互分割的问题进行改革,实现公务员养老保险制度与其他养老保险制度的融合,促进整个养老保险体系的长远发展。应该在公务员养老保险制度改革设计中为未来整个养老保险体系的融合奠定基础、创造条件。实现公务员养老保险制度与其他群体养老保险制度的融合也是世界上许多国家公务员养老保险制度改革的趋势和方向。因此,在我国公务员养老保险制度的改革设计中,应该将其与其他养老保险制度的融合作为改革的重要目标。

三是建立责任共担的筹资机制。应该针对目前我国养老保险制度完全由国家财政负担、公务员个人无须缴纳任何费用的筹资办法进行改革,适度引入个人缴费责任,建立责任共担的筹资机制。尽管一些人认为,个人收入来源于国家,如果引入个人缴费,那么实际上是在降低公务员的报酬。在改革中,应该通过合适的办法来解决这一问题,综合考虑公务员的个人缴费与其收入分配、养老待遇等因素,并引入公务员个人缴费的激励机制。在改革初期不宜明显降低公务员的报酬水平。无论如何,应该建立以政府财政为主、个人缴费为辅的责任共担机制,至于筹资水平、缴费比例、缴费形式等有待进一步设计。责任共担的筹资机制的建立是我国公务员养老保险制度改革需要突破的核心目标和难点之一,需要通过充分论证加以设计,增强改革的说服力。

四是建立科学的待遇计发与调整机制。待遇问题始终是各项社会保障制度改革的核心问题,也是公务员养老保险制度改革的焦点、难点和主要目标之一。应该建立与筹资相联系、与个人缴费适度挂钩的待遇计发机制,结合我国的经济发展水平、目前的待遇水平、其他群体的待遇水平等因素设计合理的公务员养老待遇水平(替代率),根据制度模式的多层次性设计公务员养老的待遇构成及比例。应该根据公务员的缴费年限、缴费率、工龄等因素来设计公务员养老待遇的领取资格,体现不同公务员的待遇差异。总体来说,应该体现出公务员与其他群体之间适度的待遇差距,体现出公务员的职业特点,同时,又需要在整个养老保险体系的范畴内进行改革,不造成不同群体之间的过大差距。待遇调整机制的建立和完善是待遇问题的难点之一,是整个养老保险制度未来发展必须解决的问题。未来需要对公务员的待遇调整进行规范,使待遇调整机制与其他群体的相统一。待遇调整应该参照物价水平、个人收入和年龄差异来设计。科学的调整机制有助于体现公平、缩小待遇差距。

五是设计科学的制度转轨方案。转轨方案是关系到改革成功与否的关键因素之一，理应成为公务员养老保险制度改革的主要目标之一。如何从目前的制度模式过渡到新的制度模式，需要合理的制度设计，使转轨平稳进行，应该通过转轨使制度更加优良。制度转轨应该本着帕累托最优原理，在增加不同群体的整体利益的同时，不损害任何人的个人利益。公务员养老保险制度的转轨需要分别考虑不同时期参加工作的年龄群体的利益，应该对不同年龄群体设计不同的转轨办法，同时还要通过制度转轨考虑与其他群体养老保险制度的融合与衔接。需要对转轨过程中不同人群的利益进行测算，明确转轨的成本数额，并设计合理的渠道和步骤来解决转轨的成本问题。

除了以上五个主要目标外，我国公务员养老保险制度改革还应该考虑其他方面的问题，比如，管理体制问题、资金管理问题、基金保值增值问题、经办服务问题、监督机制问题等。

三 中国公务员养老保险制度改革的基本原则

结合我国社会保障制度的发展现状、经济社会发展状况和公务员养老保险制度的特殊性，未来我国公务员养老保险制度改革应该遵循以下基本原则。

一是公平与效率相结合的原则。既注重公平又体现效率是公务员养老保险制度发展的理想状态，也是公务员养老保险制度改革应该遵循的重要原则。促进公平是社会保障制度的本质要求，公务员养老保险制度同样如此，应该通过公务员养老保险制度改革提升养老保险制度的公平性。需要注意的是，合理的差异不等于不公平，完全等同不叫公平，在一定情况下，体现一定差异的公平才是真正的公平。效率是公平的重要保障，效率有助于实现公平、提高公平的质量和层次，没有效率的公平是难以持久的，也不是真正的公平。因此，在公务员养老保险制度改革中，在注重公平的同时，也需要注意通过合理的制度设计来提升效率。

二是权利与义务相结合的原则。权利与义务相结合是社会保障制度应该遵循的基本原则之一，公务员养老保险制度属于社会保障制度的内容之一，也应该遵循这一原则。享受国家提供的养老保障、获得养老待遇是国家法律保障的公务员权利。同时，天下没有免费的午餐，要想获得理想的养老待遇，就应该履行一定的缴费义务。其他群体需要缴纳养老保险费，公务员也不应该例外。当然，权利与义务的结合不等于权利与义务的对等，否则就成了商业保险；权利与义务的结合也没有绝对的比例划分，而应该结合养老保险的资金需求与供给和不同群体的职业特点进行设定。

三是符合我国现实国情的原则。尽管世界各国养老保险制度改革取得了许多有益的经验，但是，我国公务员养老保险制度改革不能盲目模仿和照搬其他国家的模式，必须结合我国的现实国情来进行制度设计。在中国特色社会主义的背景下，我国的政治体制、行政体制、政党制度、经济发展模式、社会保障模式等均具有特殊性，如果不考虑我国的现实国情，盲目推进改革是难以适应我国经济社会发展的，也是行不通的。

四是体现公务员职业特点的原则。不同职业群体的职业性质和使命是不同的，不可能用一个完全统一的制度来适用于所有的职业群体，至少在我国目前和近期内是不适合的。我国公务员养老保险制度的改革必须体现公务员的职业特点。一方面，需要考虑我国公务员与其他群体的工作性质和职业差异；另一方面，还需要考虑我国公务员与其他国家公务员之间的本质差异和特殊性。因此，在改革设计中，既要体现公务员与其他群体之间的养老保险制度差异，同时也要体现出我国公务员养老保险制度与国外养老保险制度的差异。

五是与经济发展相适应的原则。与经济发展相适应既是公务员养老保险制度应该坚持的重要原则，也是我国经济持续健康发展的要求。任何不适应经济发展的社会政策都是难以持续的。我国公务员养老保险制度改革必须立足于我国经济发展的现状与未来趋势，适应我国社会主义市场经济体制的发展。公务员养老保险筹资水平与保障水平的设计上需要与我国的经济发展水平相适应，既不能过度超越经济发展，也不能落后于经济发展，做到公务员养老保险制度与我国经济发展的良性互动。

六是协调性与多样化结合的原则。协调性原则是我国公务员养老保险制度应该坚持的原则之一。所谓协调性原则,就是指我国公务员养老保险制度应该与社会保障的发展模式和发展水平相协调、与公务员的其他社会保险制度相协调、与其他群体养老保险制度相协调,只有做到协调发展,才能减少公务员养老保险制度改革与发展的阻力,顺利推进改革。在协调发展的同时,还应该体现多样化原则,应该满足不同收入、不同年龄公务员的差异化需求,通过多层次的制度体系满足不同职业群体的多样化需求。协调性与多样化的结合也有助于实现普惠与差异相结合的目标。

第三节 中国公务员养老保险制度改革的目标模式选择

未来我国推进公务员养老保险制度改革,应该在前述理念、目标与原则的指导下,明确改革的目标模式,并在此基础上开展科学的制度设计。

一 我国公务员养老保险制度模式选择的影响因素

从国外的经验来看,影响公务员养老保险制度改革与模式选择的因素是多方面的,包括人口、经济、政治、管理、制度、理论、文化等。[1]结合我国国情,在公务员养老保险制度改革的模式选择过程中应该重点考虑以下影响因素。

(一)政治因素:政党制度、政治体制与行政体制[2]

与其他国家一样,政治因素对社会政策制定与改革的影响不可忽视。在我国,政治因素对经济社会发展和政策变革的影响更为明显。政治因素对公务员养老保险制度模式的影响体现在政党制度、政治体制与行政体制等方面。

---

[1] 龙玉其:《国外公务员养老保险制度改革的影响因素》,《南方论丛》2012年第2期。
[2] 从严格意义来说,行政体制不属于政治因素的范畴,但考虑我国实际,这里将其纳入政治因素考虑。

从政党制度来看，我国中国共产党领导的多党合作制国家，这是我国政党制度的特色。在共产党的坚强领导下，我国的经济社会发展和公共政策相对比较稳定，而不像一些西方国家一样随着政党的变革和轮流执政而发生变化。中国共产党坚定支持各项改革，促进国民共享发展成果，推动我国社会主义的自我完善。中国共产党是我国公务员养老保险制度改革的坚定支持者，在党的许多会议和文件中均提出要加强机关事业单位养老保险制度改革，为公务员养老保险制度改革创造了条件，同时也要求公务员养老保险制度模式的选择需要有稳定性、连续性，而不要朝令夕改。中国共产党正在领导人民努力实现中华民族伟大复兴的"中国梦"，要求公务员养老保险制度的改革和完善要为实现"中国梦"创造条件，增强改革的科学性。

从政治体制来看，我国在中国共产党的领导下，行政、立法、司法既分工明确、职责清晰，又相互促进、相互制约，而不是西方的三权分立。在我国的政治体制下，公务员的身份与西方国家的完全不同，行政、立法和司法机关的正式在编人员绝大多数属于公务员或者参照公务员管理。在我国，所有公务员追随和支持中国共产党的领导，绝大多数公务员属于共产党员，公务员的政治色彩比较深厚。我国公务员的政治使命艰巨、政治责任感较强、政治觉悟较高，公务员的身份比较特殊。在公务员养老保险制度改革和制度模式选择的过程中，应该充分考虑我国公务员的职业特殊性，增强对公务员服务国家和社会的激励性。近些年来，随着经济体制的改革和完善，我国正在逐步完善中国特色的公务员制度，颁布和实施了《公务员法》，未来公务员养老保险制度模式的选择应该适应《公务员法》的需求，体现《公务员法》的精神，建立和完善公务员的社会保险制度。由于中国特色社会主义正处于完善过程之中，政治体制方面可能还存在一定的不足之处，公务员养老保险制度的改革不应该超前于政治体制的改革，而应该适应政治体制的完善。相反，需要通过政治体制的完善进一步推动公务员养老保险制度的改革。

从行政体制来看，我国在中国特色政治体制的框架内逐步完善行政体制，正在逐步通过各项改革，建立适应和促进社会主义市场经济完善的行政体制。行政体制的完善和公务员养老保险制度的改革与完善是相互促进的。我国的行政体制正在逐步改革计划经济时期的弊端，转变政府职能，适应市场经济体制的完善。加强服务型政府建设是未来我国行政体制改革的方向，公务员养老保险模式的选择应该为实现政府职能转型、加强服务型政府建设发挥作用。

（二）经济因素：发展模式、发展水平与发展趋势

经济基础决定上层建筑，经济因素是影响我国公务员养老保险制度模式选择的核心要素之一，公务员养老保险制度模式必须适应和促进经济发展。影响公务员养老保险模式的经济因素主要包括经济发展模式、经济发展水平和经济发展趋势。

从经济发展模式来看，我国实行的是社会主义市场经济模式，是在社会主义的政治制度下实行市场经济的发展模式。公务员养老保险制度模式应该适应社会主义市场经济模式，促进市场配置资源的效率提升，促进劳动力的自由流动和合理配置，促进经济效率的提升。在体现公平本质的同时，公务员养老保险模式的选择还应该为提高制度效率奠定基础，应该利用市场经济的便利条件来提高制度运行效率。比如，通过市场投资促进基金保值增值，利用市场资源加强管理服务。在市场经济条件下，公务员养老保险模式还应该实现从完全的国家保障模式向责任共担模式的转型，体现市场经济所需要的合作意识、责任意识与竞争意识。

从经济发展水平来看，经济发展水平是影响公务员养老保险制度模式选择的重要因素，与经济发展水平相适应是公务员养老保险制度模式选择应该坚持的基本原则。目前，我国经济发展比较稳定，需要我们居安思危，加强各项政策的改革与调整，促进经济的可持续发展。经济发展的实力已经为公务员养老保险制度模式的改革与转轨创造了经济条件。不过，目前我国的经济发展水平仍然不高，经济发展的地区差异性较大，在经济发展方面依然存在诸多问题，近期我国公务员养老保险模式的选择不能过于理想化，既不能选择较高水平的保障模式，也不能选择完全统一的制度模式。

从经济发展趋势来看，在未来较长一段时间内，我国经济依然会保持较好的发展势头，我国正在转变经济发展方式，逐步改善经济发展的

质量，增强经济发展的可持续性。经济全球化是不可阻挡的趋势，我国需要参与国际合作与竞争，人员往来日益频繁，加强国际合作与交流需要有包括养老保险制度在内的配套政策支持。在全球化的背景下，国家之间的竞争压力也不断增加，迫切要求我国完善经济发展模式、提升经济发展的活力，从而促进国家竞争力的提升，从某种程度上来说，公务员养老保险制度模式的选择应该为提升国家竞争力服务。未来我国将大力推进城镇化进程，城镇化的发展将使更多的人员流动，公务员养老保险制度模式的选择应该适应城镇化的发展。此外，在未来经济发展过程中，需要充分考虑人口老龄化的影响，调整相关政策，公务员养老保险制度改革的模式选择必须考虑人口老龄化的因素，应该有利于应对人口老龄化的挑战。

（三）文化因素：互助文化、和谐文化与多元文化

文化是一个国家和民族发展的灵魂，是长期积淀而成的。公务员养老保险模式的选择必须考虑我国的文化传统与现状，而不能违背文化因素。总体来看，公务员养老模式的选择需要考虑我国的互助文化、和谐文化与多元文化特点。

互助共济、助人为乐是中华民族的优良传统，是我国社会保障的文化要义，也是促进社会公平的必然要求。我国公务员养老保险制度应该坚持互助的文化本质，通过合理的制度设计体现互助共济的特点，因此，我国的公务员养老保险制度不宜采用完全个人账户制的模式，而应该尽可能地体现社会统筹的属性。当然，互助共济、社会统筹不等于吃大锅饭，公务员养老保险制度模式的选择需要把握好度，体现适度的激励性和效率性。

在我国长期的历史进程中，天人合一的思想一直流传至今。追求社会的稳定与和谐是历代统治者的理想目标，也是普通民众的期盼，尤其是近代以来中国社会的不和谐给国民带来了灾难和痛苦，中国人民更加期盼和谐。和谐文化已成为当代中国的主流文化，促进和谐已成为我国当今发展的目标追求。在公务员养老保险制度模式的选择与制度设计过程中，必须注重体现和谐文化，维护与促进社会和谐发展。公务员养老保险制度模式必须体现不同公务员群体之间、不同职业群体之间、不同

地区之间的和谐共处,而不能因为制度模式选择和改革设计的不当造成不和谐。

不可否认,和谐发展、包容发展是我国经济社会发展的主流和方向。但是,由于我国不同国民群体的异质性,我国这样一个有着特殊历史与发展进程的大国,又存在多元文化并存的局面,不同群体有着不同的利益诉求。公务员养老保险制度模式的选择必须考虑不同群体的差异性,近期不宜用一个完全统一的模式应用于所有国民。和谐文化与多元文化是不矛盾的,养老保险制度就应该将普惠与差异合理结合,既体现统一、共性的特点,又体现适度的差异、个性。

(四) 社会因素:社会舆论、社会公平与社会发展

公务员养老保险制度是一项重要的社会政策,社会发展需要若干社会政策的实施,社会政策的改革与完善也必须考虑社会因素,与社会发展相适应。影响公务员养老保险制度模式选择的社会因素包括社会舆论、社会公平与社会发展几个方面。

社会舆论对社会发展具有导向性。目前,社会各界对公务员养老保险制度改革表现了强烈的兴趣,给予了广泛的关注,也给予了期盼,希望通过改革,破除目前我国养老保险的"双轨制",促进国民公平共享改革发展成果。未来公务员养老保险制度模式的选择应该合理回应民众的期盼,通过模式选择和制度设计来克服"双轨制"的弊端。当然,由于改革的复杂性和专业性,合理回应民意不等于完全遵从民意,而应该是在充分调查研究的基础上进行科学论证和设计。

社会公平是社会和谐与社会发展的必然要求,公共政策的改革与完善应该有利于促进社会公平,而不是违背或阻碍社会公平。在经济体制转型与社会转轨的进程中,由于历史和现实等诸多方面的原因,我国出现了一些不公平的因素,尤其是改革开放以来,随着市场化进程的加快,收入差距日益扩大,收入分配方面出现了一些不公平现象。近些年来,缩小收入差距、促进社会公平的呼声日益高涨,迫切要求通过一系列的改革举措来促进收入合理分配与社会公平。公务员养老保险制度模式的转型,应该体现社会公平,或者为未来缩小收入差距、促进社会公平创造条件。

公务员养老保险制度模式的选择不仅需要与经济发展相适应，也需要与社会发展相适应。社会良性运行与协调发展是社会发展的常态，公务员养老保险制度改革应该为促进社会发展服务。目前，我国社会发展的方向是包容发展、和谐发展。社会的包容发展与和谐发展一方面要求完善各项社会政策；另一方面要求加强社会管理与社会服务。公务员养老保险制度改革本身就是社会政策完善的一部分，同时，通过合理的公务员养老保险制度改革，提升公务员的素质，调动公务员的积极性，提高社会管理与社会服务的水平，增强社会发展的活力，促进社会和谐。我国社会发展的目标就是要推动社会转型，实现社会现代化的目标，公务员养老保险制度模式应该实现从传统向现代的转型，为实现社会现代化的目标创造条件。

（五）制度因素：其他养老保险制度模式与社会保险制度模式

公务员养老保险制度是整个养老保险制度体系的重要构成部分，也是社会保险制度的重要内容，公务员养老保险制度模式的选择应该考虑其他养老保险制度、社会保险制度的改革与模式。

总体来看，我国养老保险制度和社会保险制度的主体模式是社会统筹与个人账户相结合，这种模式是通过改革实践探索，综合国内外社会保障发展的经验教训而总结形成的，已经被列入党的重要文献和规划中，已经成为一种相对稳定、比较符合中国国情、体现中国特色的制度模式。公务员养老保险制度改革目标模式的选择必须考虑当前我国养老保险与社会保险的制度模式，建立与之协调、融合的制度模式。我国主张建立多层次的社会保障制度，但是在实践中没有真正实现，或者效果不佳。可以利用公务员养老保险制度改革的机会，加快推进多层次的制度体系建设，不仅符合我国社会保障的现实需要，而且可以为其他国家社会保障制度的发展提供重要经验。

当然，社会统筹与个人账户相结合的制度模式依然存在诸多问题，①需要在实践中和未来的改革中进一步完善。公务员养老保险制度改革的目标模式选择应该充分认识其他养老保险制度和社会保险制度模式存在

---

① 张健：《关于做实养老保险个人账户的研究》，《上海经济研究》2007年第6期。

的问题,在此基础上结合公务员的特点进行制度模式创新,为日后整个养老保险制度和社会保险制度的发展留下空间、提供参照。未来公务员养老保险制度的目标模式完全可以在现有的社会统筹与个人账户相结合、多层次的制度模式基础上进行改造、完善和创新。

二 我国公务员养老保险制度改革的近期目标模式

(一) 关于目标模式的讨论

近些年来,一些专家学者对我国机关事业单位养老保险制度改革的模式选择进行了探讨,从不同的角度提出了各自的设想。李绍光认为,行政事业单位的基本养老保险改革有两个选择,一个是偏重于积累制的一次性退休金加个人账户的职业年金计划;另一个是现收现付性质较强的名义个人账户制。[①] 孙爱琳认为,我国国家公务员养老保险制度应该包括两部分:国家基本养老保险和补充养老保险。[②] 周宗顺、徐新原认为,在社会主义市场经济条件下,我国应当确立一种权责划分明确、项目设置完整、筹资方式多渠道、保障水平适度、组织管理科学的新型公务员养老保险模式,即国家—社会保障制模式。[③] 陈建辉认为,公务员养老保险改革的总体目标为:公务员养老保险和企业养老保险可衔接;5~10年内,公务员养老保险逐步向"3+1"的目标模式过渡。所谓的"3"指的是三支柱,分别是公务员统筹养老金、公务员个人账户养老金和公务员职业年金;"1"指的是廉政公职金。[④] 李鸥、苗桂祥、胡明杰认为,作为国家机构的核心组织,机关事业单位应成为公共制度的模范践行者,养老保险制度只能实行现收现付制,可设立个人"概念账户"。[⑤] 董黎明认为,需要用低水平、全国统一的补给制代替原来的现收现付制度,用名

---

① 李绍光:《行政事业单位养老金改革构想》,《中国金融》2006年第17期。
② 孙爱琳:《完善我国国家公务员养老保险制度的思考》,《江西财经大学学报》2001年第5期。
③ 周宗顺、徐新原:《浅论我国公务员养老保险模式选择》,《经济体制改革》2006年第3期。
④ 陈建辉:《公务员养老保险制度改革研究》,《福州大学学报》(哲学社会科学版) 2008年第2期。
⑤ 李鸥、苗桂祥、胡明杰:《机关事业单位社会养老保险制度的构建》,《中共天津市委党校学报》2005年第4期。

义账户制向完全积累制逐步过渡的思路取代原来的部分积累制。① 王延中、龙玉其认为,应该统筹推进机关事业单位养老保险制度改革,建立公职人员养老保险制度。② 郭阳③、郑秉文等人④认为应该统筹考虑机关事业单位人员和企业职工,建立统一的基本养老保险制度。

专家学者对公务员养老保险制度改革目标模式的讨论体现了不同的改革设想,也体现了一些共同的改革愿望,即应该建立多层次的养老保险制度体系,统筹考虑不同职业群体的养老问题,改革现有的公务员养老保险模式。

(二) 目标模式的选择

目标模式是公务员养老保险制度的发展方向,是正确开展制度设计的前提和依据,科学的制度模式在很大程度上决定着制度设计的成功。综合上述各种因素和我国的现实国情,我们认为,近期我国公务员养老保险制度改革的目标模式可以概括为:多层次、部分积累、部分融合、责任共担、社会化、强制与自愿相结合的公职人员养老保险制度。

从未来公务员养老保险制度的目标模式来看,对制度模式的上述概括实际上体现了制度模式的特点和制度的基本轮廓。

多层次是制度模式的重要特点,未来公务员养老保险制度改革应该改变目前公务员养老单一层次和单一制度的现状,建立多层次的制度体系,发挥不同层次制度的不同作用,满足不同人员的差异化需求。那么,究竟应该设立多少层次?层次数量不宜过多,也不宜过少,我们认为,保持三个层次比较合适。在三个层次内,可以设立若干支柱性的制度。

第一层次是公职人员基本养老保险制度,⑤ 实行现收现付制,强制参

---

① 董黎明:《机关事业单位养老保险机制创新——基于"转型名义账户制"思路的制度设计》,《当代经济管理》2009 年第 1 期。
② 王延中、龙玉其:《国外公职人员养老保险制度比较分析与改革借鉴》,《国外社会科学》2009 年第 3 期。
③ 郭阳:《中国企业与行政事业单位养老待遇差距研究》,《甘肃社会科学》2008 年第 6 期。
④ 郑秉文、孙守纪、齐传君:《公务员参加养老保险统一改革的思路——"混合型"统账结合制度下的测算》,《公共管理学报》2009 年第 1 期。
⑤ 这里将公务员与事业单位人员养老保险制度统一对待,统称为公职人员养老保险制度,下同。

加，缴费完全由国家财政年度预算缴拨，纳入公职人员基本养老保险统筹账户管理，公职人员无须缴费；具体的缴拨款比例应该与其他群体保持接近。如果考虑所有人群，还可以在第一层次下设立贫困老年人的特殊养老补助，对包括公务员在内的所有贫困老年人给予贫困养老金（具体名称可以进一步研究设计），有助于进一步发挥养老保险的收入再分配作用，促进社会公平。

第二层次是公职人员的职业年金，可以与参照公务员管理的事业单位人员职业年金合并为公职人员职业年金；公职人员的职业年金实行完全个人账户积累制，强制公职人员参加，主要由公职人员个人缴费组成，政府给予适当的匹配缴费予以激励。需要注意的是，这里是将公务员与事业单位人员（统称为"公职人员"）统筹考虑的，[1] 公务员养老保险制度的建立需要与事业单位养老保险制度改革加强联动。

第三层次则是适用于任何职业群体的自愿性养老储蓄制度，国家不给予直接的资金支持，但通过税收政策给予支持；考虑到其他群体，第三层次的主办者应该充分实行市场竞争和适度分散原则，在国家的宏观指导下，由主办者自主设计制度，经过政府主管部门审批备案即可。[2]

部分积累是当前我国社会保险的主要模式，在实践中是被认可的，公务员养老保险制度应该坚持这一模式，并对我国现有的基本养老保险模式进行反思，[3] 实行现收现付与基金积累相结合，其中，基本养老保险和第一层次下的贫困养老金实行现收现付，由国家财政实行年度预算；第二层次和第三层次实行完全的个人账户积累制。我国的公务员养老保险应该坚持以社会统筹为主、以基金积累为辅的模式。

部分融合就是要通过建立与其他群体养老保险制度相一致或比较接近的基本养老保险制度作为制度融合的基础，在此基础上建立不同类型

---

[1] 不过，这里的事业单位不是所有的事业单位，而是通过改革之后真正具有完全公益性质的那一部分。
[2] 龙玉其：《我国公务员养老保险制度改革的思考》，《岭南学刊》2011年第4期。
[3] 刘昌平：《中国基本养老保险"统账结合"制度的反思与重构》，《财经理论与实践》2008年第5期。

的职业年金制度作为补充，通过建立公务员或者公职人员职业年金制度来体现职业特点和激励原则，此外再建立自愿参加、政府支持的养老储蓄制度来进一步体现差别和效率。近期国家还不宜采用完全统一或者完全融合的制度模式来适用于所有人群。

责任共担就是要求政府或单位和个人共同分担缴费责任，这是公务员养老保险制度改革的重要目标。如果仍由国家财政完全负责，那么，改革没有实质意义。公务员养老保险制度改革的一个重要举措就是要建立责任共担机制，要求公务员或公职人员履行适当的缴费义务（主要在补充养老保险层次和自愿养老保险层次）。不过，考虑到公务员的职业特点，个人缴费不宜占主要部分，而应该保持合适的水平，责任共担机制不能颠倒主次。

社会化主要是针对目前我国公务员养老由国家负责、单位包办的做法进行的改革，社会化早已成为我国社会保障的发展方向，公务员养老保险必须走社会化之路，真正实现向社会保险的转型。公务员养老保险的社会化是指将公务员养老保险制度管理与服务的相关事宜交给专门的机构，包括资金筹集、待遇发放、资金管理、基金投资等，有助于减轻单位负担，提高公务员保险制度的公平与效率。

强制与自愿相结合就是指在不同的层次实行不同的原则，其中基本养老保险层次和公职人员职业年金制度实行强制原则，要求公务员必须参加，同时国家给予资金和政策激励。第三层次的养老储蓄制度实行完全自愿原则，政府通过税收政策给予鼓励和支持。

需要特别强调的是，建立公职人员职业年金制度是公务员养老保险制度改革和创新的重要内容。公职人员职业年金制度是指公职人员基本养老保险制度之外的补充养老保险制度，类似于私人部门的企业年金制度。公职人员职业年金制度的建立是我国公务员养老保险制度改革的重点举措之一，这一制度的定位准确与否、具体制度设计的科学与否直接关系到未来公务员养老保险制度改革的成败。公职人员职业年金制度在促进制度走向融合、缩小待遇差距、促进人员流动等方面发挥着重要作用。国外很多国家对公务员实行基本养老保险制度的同时还实行了职业年金制度，在全球10个最大的职业养老基金中有8个是公务员职业养老金,约占总资产的83%。^① 尽管2008年出台的事业单位养老保险制度改革试点方案提到了要建立职业年金制度,但是目前我国对职业年金制度的定位和发展目标并不明确,更没有一套科学、具体的职业年金制度方案。因此,可以借公务员养老保险制度改革的机会,将公务员与事业单位人员养老保险制度改革统筹推进,建立公职人员职业年金制度。

公务员养老保险制度模式的选择必须立足于整个养老保险体系的可持续发展,统筹考虑养老保险体系的未来改革,针对制度碎片化的现状,适度加强融合,并为日后进一步加强制度融合留下空间,而不能使制度进一步碎片化。近期整个养老保险体系的改革和完善应该朝着"基础统一、多元多层"的方向发展,建立基础整合、普惠与差别相结合、多层次、公平与效率相结合的养老保险制度体系。^② 这里所指的近期,定位在2020年左右,也就是在建党100周年前后和全面小康社会建成之际。这一时期我国正处于经济社会持续健康发展的时期,各项改革逐步推进和完善。在各项社会政策出台的同时,需要进一步提升社会政策的质量,为进一步提升国民福祉创造良好的政策环境。改革开放以来,我国养老保险制度运行稳定并取得了显著成效,但是,依然存在不少问题,与国民需求还有一定距离,需要加强制度建设,进行制度优化,尤其是在应对人口老龄化速度加快的背景下,迫切需要在现有养老保险制度改革取得成就的基础上进一步改革和完善。

(三) 理由阐释

上述公务员养老保险制度模式,是基于前述几个方面的影响因素和未来中国养老保险制度改革的整体考虑而设计的。具体来说,这一模式在以下几个方面具有优势。

第一,符合我国经济社会发展的现实国情。这里所指的融合不是完全融合或完全统一,而是部分融合,笔者不主张在我国实行完全融合的公务员养老保险制度,因为中国人口众多且异质性大,地区发展差异大,

---

① OECD: Funde Pension Schemes for Government Workers: Proposal for Study, http://www.oecd.org/dataoecd/37/16/31078082.pdf.
② 龙玉其:《建立"基础统一、多元多层"的养老保险制度》,《新疆社科论坛》2011年第2期。

经济发展水平还不高，如果采用完全统一的制度来覆盖所有人群，无论从筹资还是管理方面来说都不太现实，而且不利于调动公务员的积极性。完全独立的公务员养老保险制度已经出现诸多问题，因此，部分融合的公务员养老保险制度模式是比较理想的改革选择。

第二，有利于实现公平与效率相结合的目标。既有与其他群体相一致或接近的基本养老保险制度安排，有利于体现制度的公平性，促进社会公平；也有体现其职业特点的公职人员职业年金制度，体现差异化的养老需求，增强制度的激励性和效率性。在我国的近期发展阶段，完全统一和完全独立的制度安排都难以兼顾公平与效率二者的结合，而部分融合型的制度具有明显的优势。

第三，有利于促进不同职业人员的自由流动。部分融合型的公务员养老保险制度为公共部门（机关事业单位）与私人部门（企业）之间的人员流动提供了便利，有利于完善统一的劳动力市场，提高人力资源配置的效率。合理的人员流动，既有利于企业经营管理水平的提升，也有利于政府公共服务质量与效率的提升。

第四，有利于公务员养老保险改革顺利推进。选择这一模式的改革难度适中。如果按照一步到位走向完全融合的做法，可能会给公务员群体带来较大的心理落差，使其不支持改革，甚至可能抵制改革的进行，造成改革的停滞（如事业单位养老保险制度改革试点）。上述目标模式的选择可以给公务员带来心理缓冲，公务员相对容易接受，也与普通国民的期盼接近，使改革更加具有可操作性与可行性，降低改革的难度，减少改革的阻力。

第五，有利于促进养老保险体系的适度整合。我国养老保险制度的碎片化已经呈现诸多问题，不利于养老保险制度的转移接续，不利于加强养老保险制度的管理，也容易造成不同群体之间的差距，甚至造成阶层对立，不利于社会公平与和谐。上述模式有利于加强不同养老保险制度之间的整合、促进社会和谐与公平发展。当然，这种融合不是完全的、绝对的，而是有所区分的，逐步进行的。

第六，符合我国社会保险制度的主体模式。上述模式不是对现有社会保险模式的完全推倒重来，不是对现有养老保险制度模式的根本变革，而是结合国情与现实需求进行的科学改造。这一模式与目前城镇职工基本养老保险制度统账结合模式比较接近,有利于改革的衔接,推动改革的平稳进行。

第七,有助于实现养老保险的多层次发展。这一模式也有助于实现整个社会保障制度和养老保险制度的多层次发展。虽然我国早已提出了养老保险制度的多层次发展方向,但发展成效不明显,除基本养老保险外,补充养老保险和自愿养老储蓄还没有发展起来。通过公务员养老保险制度的上述模式选择,可以带动和促进养老保险制度的多层次发展。

三 我国公务员养老保险制度近期改革的总体设计

基于上述改革的目标模式,这里提出改革的总体思路,具体的制度设计和分析、论证将在后面进一步论述。

(一) 资金筹集:责任共担、水平适度

责任共担是筹资机制改革的核心。总体来说,公务员养老保险的资金由政府和个人共同分担,考虑到公务员身份的特殊性,应该以政府负责为主,个人只是适当缴费。在不同的养老保险层次,其资金来源有所不同。第一层次的公职人员基本养老保险资金完全由中央财政缴拨,地方财政和个人无须负责。第二层次的公职人员职业年金筹资方式值得进一步研究,可以采取多种方式。第三层次的资金完全由个人负责,财政不直接给予资金支持,而是通过税收减免和政策支持的形式给予支持。

水平适度是筹资机制的必然要求。筹资水平的合理与否关系到政府财政的负担程度和个人的待遇水平,需要有一个科学的标准,主要涉及缴费基数和缴费比例两项内容。在缴费基数方面,基本养老保险制度可以参照各省市上年度在职职工平均工资或者当地公务员的平均工资,而政府匹配缴费则参照上年度公务员本人的平均工资。在具体的缴纳比例上,公务员基本养老保险制度的比例不能按照目前城镇职工基本养老保险的缴费水平,可以适当降低,并带动城镇职工基本养老保险降低缴费率。公务员个人对职业年金的缴费多,政府匹配缴费也需要适当增加;职业年金的总缴费水平相对灵活,可以设定一个灵活区间,规定个人缴

费的下限和政府匹配缴费的上限。

(二) 待遇计发：公平共享、科学调整

待遇计发的核心要求是公平共享，应该通过科学的待遇计发机制来实现公平共享。公平共享的前提是要设定合理的待遇水平。待遇水平的设定需要把握适度原则，既不能设置过高的待遇水平，增加政府的负担；也不能过低，尤其是与目前的公务员退休金水平相比，不能有很大的差距。待遇水平的一个核心指标就是替代率，把握待遇的总替代率，同时明确不同层次的替代率水平。替代率的设计应该参照其他群体的待遇水平，基本养老保险层次的替代率水平应该与其他群体保持接近，职业年金的替代率可以体现适度差异，总体替代率略高于其他群体的。待遇的公平共享和合适的待遇水平还需要通过待遇领取资格的设计来体现。领取养老金的条件一般包括缴费年限、退休年龄、工作年限等，将待遇领取资金和待遇水平与这些因素密切关联。根据制度的多层次性，待遇也相应由多个部分构成，待遇确定的方式也有所不同。

科学的待遇调整是体现公平共享的重要措施，是待遇计发的重要内容。改革开放以前，原有的公务员养老保险制度向公务员提供固定的离退休费，在确定退休费后的较长一段时间内不会变化，尽管改革开放以后的一些政策文件提出要根据公务员的工资增长和物价变动等情况进行调整，而在实践中往往根据在职公务员的工资增长情况进行不定期的调整，由于公务员比企业职工的平均工资要高，这种调整方式导致了退休公务员与退休职工的养老金水平差距越来越大。无论从减轻政府财政负担还是缩小不同群体的养老金待遇差距的角度，都需要加强公务员养老保险制度的调整机制建设，既让公务员养老金随经济发展而适度增长，又不能让公务员因待遇调整机制的不同而进一步拉大与其他群体之间的待遇差距。

(三) 制度转轨：明确方案、核算成本

所谓制度转轨，就是指从目前的制度如何过渡到新的制度，确保新旧制度的顺利转轨是改革顺利推进的关键环节。制度转轨的一个重要环节实际上就是处理好新制度实施前已经参加工作、实施后若干年内退休的这一部分人（称为"中人"）的参保和待遇问题。与目前的城镇职工基

本养老保险制度一样，未来的公务员养老保险制度从实施开始就坚持"老人老办法、中人中办法、新人新办法"的转轨原则。对于制度实施前已经退休的"老人"，应该按照目前的制度按月发给养老金，并根据经济发展情况适时进行待遇调整。对制度实施后参加工作的"新人"，理所当然地应该完全按照新制度执行，按规定进行职业年金账户缴费积累，退休后按新制度的计发办法发给养老金。

对"中人"的处理是制度转轨的核心问题的处理，主要是对"中人"在新制度实施以前的养老权益问题的处理，因为这部分人在这段时间内的职业年金账户没有积累，制度对于这段时间内的公务员养老权益必须制定一个具体的处理办法。建议对"中人"在新制度实施前参加工作的时间内的职业年金账户权益以"认可债券"的形式予以认可，在"中人"退休后对"认可债券"进行兑现。"认可债券"虽然没有明确的投资回报率，但也应该给予计算一定比例的利息。

在明确制度转轨方案的基础上，应该对转轨的具体成本进行核算，明确转轨的成本总量、分解办法、时间步骤等，做到心中有数、有序转轨。①

（四）基金管理：适度分散、科学投资

按照前述制度模式，如果未来实行个人账户积累型的公职人员职业年金制度，将逐步积累较大的职业年金基金，因此，需要设计一个科学的基金管理与运营机制，以实现基金安全与保值增值的目标。公务员养老保险的基金管理应该严格分开、增强独立性，做到收支两条线，设立专门账户，并严格加强监管。

在基金管理方面，尽管公务员养老保险实行垂直统一经办，但考虑到我国的地区差异和资本市场的实际，对公职人员职业年金基金的管理不宜过度集中，不宜采取由中央经办机构集中管理运营的做法，而应该采取适度分散（但不宜过度分散）、专业化管理的做法。

建立一个高效的市场化投资体制对公务员职业年金的运营十分重要，

---

① 郑功成主笔《中国社会保障改革与发展战略——理念、目标与行动方案》，人民出版社，2008。

目前，我国社会保障基金的投资主要用于银行存款和购买国债，相对注重安全性，但保值增值效果欠佳，尤其是在金融危机和通货膨胀的情况下，损失较大。未来公务员养老保险制度改革必须吸取这些教训，逐步发展一批专业化的基金管理与投资机构，在这些机构之间开展充分竞争。采取多样化的投资战略，分散投资风险，提高投资收益，进一步降低银行存款的比例。投资于一些经济效益和社会效益均比较好的重大公共工程是可取的选择。

对职业年金基金的管理运营，需要建立严密的基金管理与监督体系，实现相互独立、相互制约、高效运营的目标。通过完善相应的法律对基金的管理与运营进行约束，通过严密的监督体系及时发现和解决基金运行中存在的问题，防范各类人为和非人为的风险。

（五）管理服务：职责明确、高效便捷

这里的管理服务实际上包含了行政管理、监督机制和经办服务等内容，应该建立职责明确的管理体制和高效便捷的服务体系。

基于未来我国公务员养老保险制度趋于融合的设想，其行政管理也应该进一步走向融合。从形式上来看，目前的公务员与其他群体的养老保险制度统一由人力资源和社会保障部养老保险司管理，但是，由于制度的差异，公务员养老保险管理体制距离实质融合还有较大差距。根据多层次的养老保险制度发展方向，可以考虑在目前的养老保险司下面设立基本养老保险处、补充养老保险处（或职业年金处）、自愿储蓄养老和商业养老保险处等具体的职能机构。将来可以考虑成立国家养老保险总局，负责整个养老保险体系的管理。公务员与其他群体的基本养老保险、补充养老保险和自愿养老储蓄分别由这些具体的职能机构管理。

应该建立集中监督与分散监督相结合、日常监督与定期监督相结合的严密的监督机制。形成以中央社会保障行政部门为核心，人事、财政、审计、监察、立法、司法等部门参与的监督系统。加强社会监督，吸收公务员、社会公众、新闻媒体参与监督。

在经办服务方面，需要实现公务员养老保险制度的社会化管理，实现管办分离，加强公务员养老保险经办服务的独立性和能力建设，提高经办服务水平，进而提高制度运行效率。公务员与其他群体基本养老保

险的经办应该实现整合,即由一个经办机构统一负责。中央设立统筹全国养老保险的经办机构,各省级经办机构对中央经办机构负责,不受省级政府行政部门管理,接受中央政府职能部门的行政监督。省级以下设立派出机构,该机构是一个全额拨款的事业单位,具体经办基本养老保险与职业年金业务,其经办人员和经费统一由中央负责。第三层次的养老保险遵循市场化原则,统一由商业性保险公司负责管理和经办。在理顺经办系统的同时,应该通过人员、资金、设备等的投入,实现经办服务的信息化。

四 我国公务员养老保险制度改革的远期战略构想

公务员养老保险制度改革是一个渐进的过程,也是一个需要与时俱进的过程。随着经济社会环境的变化,公务员养老保险制度需要逐步调整和完善。在不能一步到位的情况下,近期改革模式和制度设计既是对现有养老保险制度模式和制度设计的完善和创新,也为后续的改革完善留了空间。

展望未来,党和政府提出了宏伟的发展战略目标,努力追求实现中华民族伟大复兴的"中国梦"。在新中国成立100周年之际,我国将建成民主、文明、富强、和谐的现代化国家,这一目标的实现有待于经济社会发展水平的进一步提高,有待于各项改革和社会政策的进一步完善。社会保障方面,到那个时候,应该形成具有中国特色的社会主义福利体系,建成制度科学完备、全民覆盖、公平共享、管理健全、服务高效的福利社会。这是我国经济社会发展的重要落脚点,也是"中国梦"的重要内容。

科学、完善的养老保险制度是中国特色福利社会的核心内容之一,公务员养老保险制度应该在整个养老保险制度体系的框架内进一步完善,从近期的部分融合模式走向更高水平的融合,加强不同群体养老保险制度的整合,建立适用于全体国民、统一、多层次的国民养老保险制度体系。这一目标的重点就是统一、公平,也就是说,要建立统一的制度体系、行政管理体系、资金管理体系、基金投资体系和经办服务体系。未来养老保险制度的目标就是要努力消除人群之间的不公平、地区之间的不公平、城乡之间的不公平，实现最大的公平与效率。到时候，公务员的阶层特殊性将逐步减弱，国民意识将逐步增强，意味着公务员与普通国民将被平等对待。当然，无论何时，都不可能有完全的、绝对的平等。统一不代表完全的集中，也不代表没有差异。

公务员养老保险制度要实现与普通国民统一的制度体系安排，是一个理想的目标，需要国民意识、公民社会、行政体制、收入分配、资本市场等方面的协同努力。

第五章 中国公务员养老保险制度改革的难点与障碍

推进我国公务员养老保险制度改革，不仅需要正确的理念与思路，需要科学的制度设计；而且需要针对改革可能存在的难点与障碍有所认识与准备，并采取有效的措施进行突破。需要正确认识政府在公务员养老保险制度改革中的多重角色及角色困境，认识我国公务员养老保险制度改革的难点与相关制约因素。

第一节 中国公务员养老保险制度改革中的政府角色困境[①]

政府是公共政策的制定者与公共服务的提供者，在经济社会改革过程中，政府发挥着非常重要的作用。在我国社会保障制度改革中，政府在法制建设、政策制定、监督管理、资金供给、组织协调、宣传引导等方面的作用非常明显。政府是公务员养老保险制度改革中的重要主体，在其中扮演着多重角色，容易造成角色冲突。本节对政府在公务员养老保险制度改革中的角色进行分析，在此基础上分析其角色冲突，并寻求解决冲突的办法。

一 我国公务员养老保险制度改革中的政府角色

在公共事务与私人事务中，不同的组织与个体往往扮演着多重角色，

---

① 本节内容已发表在《行政管理改革》2015年第9期。

而不是单一角色，尤其是在经济社会现代化的进程中，不同组织与人群的联系日益密切，多重角色更是不可避免的。政府在公务员养老保险制度改革中集多重角色于一身，在不同层面发挥着重要作用，主要体现在以下几个方面。

第一，政策制定者。政策制定者不仅是政府在一切经济社会发展与改革中的重要角色，也是政府在公务员养老保险制度改革过程中的重要角色。公务员养老保险制度改革的重要前提就是要有一套科学的制度设计。政策制定者是政府在公务员养老保险制度改革中的基础角色。公务员养老保险制度改革需要有一个科学的制度设计，尤其是政府要从整个养老保险制度长远发展的角度开展顶层设计。能否制定出一个科学的改革方案，取决于政府的认识、能力、态度和决心，要求政府综合考虑各种因素，处理好各类关系，通过合理的程序和充分的论证设计出既能体现公平又能体现效率的公务员养老保险制度方案。

第二，资金提供者。适度的资金供给是公务员养老保险制度改革的物质基础。政府是目前我国公务员养老保险唯一的资金提供者，也应该成为未来公务员养老保险制度改革最主要的资金提供者。一方面，政府作为公共产品与公共服务的提供者，应该为国民养老提供适度的资金支持或政策支持；另一方面，政府作为我国公务员的雇主，为公务员提供养老的资金支持是其理所当然的责任。但是，需要明确的是，公务员养老保险的资金是否应该完全由政府来提供，在制度设计中应该回答这一问题。无论如何，政府应该明确公务员养老保险的资金需求量，从需求与公平的角度科学把握公务员养老保险的待遇水平。

第三，监督管理者。监督管理是公务员养老保险制度改革顺利实施的重要保障。政府不仅需要制定公务员养老保险制度的改革方案，而且还要负责对公务员养老保险制度的改革实施和制度运行进行全面的监督管理，确保真正实现改革的意图，使改革不出现偏差。政府对公务员养老保险制度改革的监督管理应该是全方位的，包括资金筹集的监管、待遇支付的监管、基金运营的监管、经办服务的监管等方面。[①] 政府作为监

---

① 章萍、严运楼：《政府在养老保险基金监管中的定位》，《财经科学》2008年第6期。

督管理者的角色非常重要，直接影响到改革的成败。作为监督管理者，要求政府秉持公平、公正、公开的原则对待公务员养老保险制度改革与运行中不同主体的行为及权利和义务关系。

第四，组织协调者。从制度的制定到制度的落实，中间需要政府发挥强有力的组织协调作用，政府能否履行好组织协调者的角色直接关系到公务员养老保险制度的公平与否和效率高低。在公务员养老保险制度改革过程中，政府需要组织各类资源来实现公务员养老保险制度的改革目标，在政策制定、资金提供、人才培养、服务提供、监督管理等方面进行组织协调，发挥各类主体在公务员养老保险制度中的作用。需要注意的是，政府应该成为组织协调者，而不是完全的执行者。

第五，宣传引导者。公务员养老保险制度改革需要各类主体有科学的认识，对改革的目标和意图都要有清晰的认识，只有这样才能顺利推动改革。首先，政府自身对公务员养老保险制度要有全面、科学的审视；其次，作为改革的对象，公务员应该有科学的认识，才能真正支持改革；最后，作为普通公民，需要从整个经济社会发展的整体利益出发，全面、客观地认识公务员养老保险制度改革。政府作为宣传引导者的角色非常重要，通过政府的宣传引导来提高不同人群对公务员养老保险制度改革的认识与支持。

二 我国公务员养老保险制度改革中的政府角色困境

从新制度主义或公共选择理论的观点来看，政府同样是"经济人"，"公共选择的显著特征是假设政治舞台上的个人像市场上的个人一样，理性地按照他们自己的自利方式行动"[1] 新制度主义中的"诺思悖论"就充分揭示了政府在追求公共利益和追求自身利益之间的角色冲突和内在矛盾性。[2] 霍布斯指出，政府公职人员"在政治身份方面虽然留意谋求公共福利，但他会同样谋求他自己以及他的家属和亲友的私人利益。在大

---

[1] 〔美〕布坎南、瓦格纳著《赤字中的民主》，刘延安译，北京经济学院出版社，1988，第91~92页。

[2] 〔美〕道格拉斯·C.诺思：《经济史中的结构与变迁》，陈郁、罗华平等译，上海人民出版社，1994。

多数情况下,当公私利益冲突的时候,他就会先顾个人的利益,因为人们的感情的力量一般来说比理智更为强大"。① 由此可见,政府在公务员养老保险制度改革中扮演着多重角色,很容易导致角色混乱,甚至角色冲突。我国特殊的政治制度与行政体制,容易使政府在公务员养老保险制度改革中的角色更加混乱,政府的角色困境体现在多个方面。

一是作为改革设计者与被改革者的角色困境。政府应该成为公务员养老保险制度改革的主导者,同时也是被改革的对象。从某种程度上讲,公务员养老保险制度改革是政府的自我改革。政府作为改革者与被改革者的角色困境,容易导致政府在改革过程中过分注重自我利益而忽视社会整体利益,使改革出现偏差。这种角色困境对政府主管部门及其工作人员(公务员)提出了更高的要求。

二是作为政策的制定者与执行者的角色困境。政府是公务员养老保险政策的制定者,同时也是执行者;或者说,政府既是裁判,又是运动员。作为规则的制定者与执行者,容易导致政府的越轨行为和执行政策不力。就公务员养老保险制度而言,可能会出现降低政策标准或者不按政策标准执行的现象,可能导致公务员养老保险制度改革推进不力。政府部门在政策制定过程中发现对自身不利的问题时,可能会运用自己的话语权和信息优势来影响决策者,使制定的政策偏向于公务员。

三是作为资金的提供者与受益者的角色困境。目前,政府是公务员养老保险资金的完全提供者,未来也将是资金的主要提供者,而作为公务员所在单位的政府各部门又是资金的直接受益者,二者密切关联,相当于钱从一个人的"左口袋流向右口袋",钱的数量不会流失,只是交换了存放位置。资金提供者与受益者之间的困境,容易导致政府过度考虑自身利益而提高公务员养老保险待遇水平,造成对公务员养老保险资金的过度供给,而忽视了作为公共资源的国家财政资金的来源及其性质,造成对公共资源的浪费或不公平使用。

四是作为监管者与被监管者的角色困境。监督管理者是政府在公务员养老保险制度中的重要角色,但是,由于养老保险管理体制的不完善,

---

① 〔英〕霍布斯:《利维坦》,商务印书馆,1986,第144页。

政府相关部门又成为主要的被监督者,这样就出现了所谓的"左脑袋监督右脑袋"的现象,容易出现监督不严的问题。监督的对象即便不是政府部门,也是参照公务员管理而与政府密切关联的事业单位,同样会出现监督不严的问题。监管者与被监管者过于密切的联系,容易导致监管不严而出现一些负面问题。

五是作为宣传者与被宣传者的角色困境。宣传引导不仅体现在改革的准备工作中,也体现在改革的实施过程中,以增强公务员与其他人员对公务员养老保险制度改革的认识与支持度。其中,宣传引导的重要对象就是作为公务员身份的政府工作人员。一方面,政府是宣传者、引导者;另一方面,政府又是引导和宣传的对象。因此,这种宣传引导实际上相当于一种自我宣传、自我说服的过程,其效果取决于政府工作人员(主要是公务员)的认识和态度。当宣传引导的对象面临利益选择时,其效果具有较大的不确定性。

政府在公务员养老保险制度改革中之所以存在上述角色困境,原因是多方面的,既有公务员个人方面的原因,也有管理方面的原因,还有政府职责定位方面的原因。就个人方面而言,受公务员个人认识与素质的影响,在面临利益选择时,一些人很容易选择对个人有利的行为或决策,而忽视包含个人利益在内的社会整体利益。就管理方面而言,养老保险制度的不完善或行政体制存在的诸多问题,容易导致公务员养老保险制度决策和管理与执行过程中的不规范。就政府职责而言,在现实中,模糊不清的政府职能定位容易造成政府的角色混乱。

三 我国公务员养老保险制度改革中政府角色困境的处理

政府在公务员养老保险制度改革中的作用十分关键,在推进公务员养老保险制度改革的过程中,务必处理好多重角色困境问题,明确其自身的职责定位,[1][2] 只有这样才能推动改革的顺利进行。

---

[1] 万春、邱长溶:《中国养老保险领域的政府七大职能分析》,《中央财经大学学报》2005年第10期。
[2] 刘飞、娄宇、李庚:《政府社会保障职能范围的法律界定》,《国家行政学院学报》2010年第5期。

一是将公务员养老保险制度改革的决策权与执行权分开。应该在批判西方发达国家三权分立的基础上，积极探索符合中国国情和发展阶段的分权制约与监督机制，"以权力制约权力"。① 应该在中国特色社会主义政治体制的框架内，将公务员养老保险制度改革的决策权、管理权与执行权适度分开。应该将公务员养老保险制度改革的决策权和立法权交给人大机关，政府只保留法制建议权和法规制定权。应该将公务员养老保险制度纳入法制化轨道，直接通过立法的形式来推进公务员养老保险制度改革。在暂时不具备进行单独立法的情况下，可以在《社会保险法》的基础上进行修订和完善，增加和补充关于公务员养老保险的内容，并对改革设计进行适度细化。在此基础上，交由国务院拟定出具体的实施细则，负责公务员养老保险制度改革的执行与落实，并对实施过程中存在的问题进行反馈，便于法律的进一步完善。当然，在现有的体制下，立法机关的人员同属于公务员行列，需要增强立法机关的法律意识和大局意识，增强立法的独立性，真正做到立法与行政分开，避免受到党委和政府部门的不利影响。

二是进一步明确政府职责，完善公务员养老保险管理体制。政府在公务员养老保险制度中的多重角色是其不同职责的体现，如何做到既体现多项职责，又不出现角色混乱，需要进一步明确政府的职责界限，准确定位和认真履行好政府职责，做到不越位、不缺位，加强在政策执行、宣传引导、监督管理等方面的职能。尤其是要明确政府作为公民利益和公共利益的维护者身份，从经济社会的大局出发来改革、完善公务员养老保险制度。需要进一步完善公务员养老保险的管理体制，做到公务员养老保险的行政管理、资金管理、基金投资、经办服务等方面既相互独立、相互制约，同时又保持有效衔接。

三是提高公务员对其养老保险制度改革的认识与觉悟。公务员是政府行政管理与公共服务的重要主体，公务员的觉悟高低与思想认识直接决定着公务员养老保险制度改革的顺利与否。作为负责任的特殊公民，公务员应该充分认识到服务国家、奉献社会的职责，站在国家长远发展

---

① 〔法〕孟德斯鸠：《论法的精神》，商务印书馆，1961，第154页。

的角度支持各项改革。公务员应该认识到公务员养老保险制度改革的重要性，自觉维护公共利益，支持公务员养老保险制度的改革，而不过多地考虑个人利益或群体利益。绝大多数公务员属于共产党员，应该讲求奉献意识和大局意识。公务员养老保险制度改革的成功可以为其他养老保险制度的完善，甚至为整个社会保障制度的完善提供借鉴、树立标杆。

四是充分发挥公民参与在公务员养老保险制度改革中的作用。由于政府在公务员养老保险制度改革中角色的多重性与复杂性，这就更加需要借助外部力量的参与和监督，需要充分发挥公民在公务员养老保险制度改革中的作用，提高政府行为的公平性与有效性。[①] 在公务员养老保险制度改革设计的过程中，在征求公务员意见的同时，也应该将改革的相关信息向社会通报，让社会公民了解公务员养老保险制度改革的意义、目标与主要内容，这样做也有助于公民为公务员养老保险制度改革提出建议和意见，有助于改革方案的完善。公民参与的另外一个重要作用就是监督，在政府扮演多重角色的背景下，尤其需要公民的参与和监督来增强公务员养老保险制度改革的公平性、公开性与科学性。公民参与涉及对公务员养老保险的资金筹集、待遇计发、资金管理、基金投资等方面。

第二节 中国公务员养老保险制度改革的难点及其突破[②]

由于公务员群体的职业特殊性，与其他群体养老保险制度相比，公务员养老保险制度改革需要考虑更多的因素，改革设计更加复杂。我国公务员养老保险制度存在若干难点，包括制度模式的选择、筹资机制的建立、待遇水平的设定、转轨方案的设计、投资体制的完善等方面，未来公务员养老保险制度改革尤其应该重点考虑这些内容，寻求最佳的解决办法。

---

① 赵宇峰、廖仕梅：《公民参与和政府行为有效性的提升》，《江苏行政学院学报》2011年第2期。
② 这一节的内容作为阶段性研究成果已发表于《理论导刊》2014年第3期。

一 难点之一——模式如何选择：人群关系的处理

制度模式的选择是公务员养老保险制度改革的关键与前提，也是改革的难点之一。选择什么样的制度模式直接决定着改革的内容设计与改革的难度。而制度模式选择的根本是要通过科学的制度模式来处理公务员与其他群体之间的关系，实现养老保险制度公平与效率的发展目标。

国际上养老保险的制度模式呈现多元化发展的趋势，不同的国家基于各自的国情与历史传统选择了不同的制度模式，并在此基础上展开了多样化的制度设计。[①] 根据养老保险的待遇确定模式，主要可以划分为缴费确定制、给付确定制、混合确定制三种模式；根据养老保险的筹资方式，主要可以分为现收现付制、基金积累制、部分积累制三种模式；根据养老保险的层次性，主要可以划分为单一层次的养老保险制度与多层次的养老保险制度。就公务员养老保险制度模式而言，如果根据与其他群体之间的关系，可以分为完全独立型、完全融合型、部分融合型三种模式。总体而论，不同的养老保险模式利弊兼存，相同的制度模式不一定适用于不同的国家，也未必适用于一个国家的不同发展阶段。

从我国目前养老保险的制度模式来看，实行的是社会统筹与个人账户相结合的模式，待遇确定方面，是混合确定制；筹资方面，是部分积累制。我国养老保险模式的选择充分借鉴了国外的经验，在结合国情进行改革试点的基础上确立了这一模式，并且已经运行相对稳定，但是，仍然不成熟，存在诸多方面的问题，比如，个人账户的空账问题、基金保值增值难、制度转轨成本的分担机制不明确、待遇调整机制的不完善等。公务员养老保险制度模式的选择应该在借鉴其他养老保险制度经验的基础上充分考虑其存在的问题与教训。

如何处理不同人群之间的关系是我国公务员养老保险制度模式选择的难点，应该充分考虑不同群体的特点和利益诉求，基于经济社会长远发展的整体利益，选择科学的制度模式，满足不同人群多样化的养老需

---

① 〔美〕罗伯特·霍尔茨曼、理查德·欣茨等：《21世纪的老年收入保障——养老金制度改革的国际比较》，中国劳动社会保障出版社，2006。

求。处理好公平与效率的关系是我国公务员养老保险制度模式选择的难点，也是公务员养老保险制度改革的理想目标，科学的制度模式是实现公务员养老保险制度公平与效率的重要前提。

因此，我国公务员养老保险制度改革需要扬长避短，学习其他群体养老保险制度模式的优点，克服其不足，吸取其教训，充分立足国情，借鉴国际经验，选择科学的制度模式。充分考虑不同群体的特点，处理好不同群体之间的利益关系，促进不同群体之间的和谐共处。公务员养老保险制度模式的选择还需要考虑我国的政治体制、经济体制、政党制度、公务员的职业特点等因素。

二 难点之二——责任如何分担：筹资机制的建立

在选择科学、有效的制度模式的基础上如何划分不同主体在公务员养老保险制度中的责任，建立科学的筹资机制，是公务员养老保险制度改革的另一个难题。

目前，我国公务员养老保险的资金供给完全由国家财政负责，由国家财政纳入年度预算，实行现收现付制，单位与公务员个人无须缴纳任何费用。这种筹资模式与筹资机制不符合当前我国市场经济的发展规律，不利于实现公务员养老保险制度公平与效率的目标，不利于公务员养老保险制度的可持续发展。因此，建立科学的筹资机制是未来公务员养老保险制度改革的重点和难点。

总体来看，我国养老保险实行部分积累的筹资模式，社会统筹部分实行现收现付制，个人账户部分实行基金积累制。社会统筹部分完全由国家或单位负责；个人账户主要是个人缴费，国家或集体给予适当支持。城镇职工基本养老保险与城乡居民社会养老保险的筹资水平差异较大。当前我国养老保险筹资存在缴费基数不实、逃费现象严重、费率相对较高、个人账户空账户严重等问题。

公务员养老保险制度的筹资应该避免其他群体养老保险制度筹资存在的问题，并结合公务员的职业特点开展筹资模式的创新。公务员养老保险制度筹资模式的创新与筹资机制建立的一个重要方面就是要建立责任共担机制。如何确定合理的筹资水平，划分国家、单位和个人的责任分担比例是公务员养老保险制度设计的难点之一。

公务员养老保险制度的筹资应该借鉴其他群体养老保险制度筹资机制中责任共担的做法，但不宜完全照搬其具体的筹资办法。需要通过科学测算确定公务员养老保险的资金需求，充分考虑我国公务员的职业特点，设计公务员的筹资水平、筹资来源及分担比例、缴费年限和筹资方式等具体参数。在公务员养老保险筹资设计中，需要把握好度，包括责任分担的度和筹资水平的度，需要结合制度模式、公务员的职业特点、经济社会发展水平等因素来综合考虑。

三 难点之三——待遇如何确定：待遇水平的设定

不同群体之间养老保险待遇差距较大是推动公务员养老保险制度改革的重要动力，因此，在公务员养老保险制度改革中，需要合理设定待遇水平，并且设计科学的待遇计发办法，这是公务员养老保险制度改革设计的核心与难点之一。

关于养老保险待遇的问题，实际上包括两个方面：一是待遇水平的设定；二是待遇计发机制的设计。也就是说，需要明确什么样的待遇水平既适合公务员的职业特点和需求，又能获得其他群体的认可与支持；同时，需要围绕这一目标来设计具体的待遇计发机制，包括待遇获取的资格条件、待遇的构成部分、待遇计发的方式、待遇调整的办法等。

公务员养老保险待遇水平的设定需要充分考虑目前公务员的养老待遇水平和公务员的养老需求，并参考事业单位人员、城镇职工的养老保险待遇水平。总体上看，公务员的养老待遇水平相对较高，值得肯定的是，未来的改革设计无须提高公务员的待遇水平，而是需要通过改革设计来维持适度的养老保险待遇水平。

待遇水平与待遇计发机制设计需要明确的一个问题就是是否应该将降低公务员养老保险待遇水平作为一个重要目标。对这一问题的回答直接决定着待遇水平与计发办法。总体而论，应该将缩小养老保险待遇差距作为我国养老保险制度改革的重要目标，但是，如何缩小差距是一个值得深入研究的重要问题。究竟是降低公务员的养老待遇，还是提高其他人群的养老待遇？缩小待遇差距是一步到位，还是分步实施？缩小待遇差距是直接降低待遇，还是通过参数调整间接降低待遇？在未来的公务员养老保险制度改革中，必须将待遇水平设定作为一个核心内容来加以设计。

需要明确的是，缩小待遇差距不等于没有待遇差距，由于不同群体的职业特点，其养老保险待遇应该体现出适度的差异性，只有这样，才能增强对不同群体的激励性，真正实现养老保险制度的公平与效率。但是，究竟什么样的待遇差距是合理的，需要从主观和客观两个方面进行测量与评价，需要通过事先的调查研究来确定合理的待遇差距。

应该将待遇调整机制的设计作为公务员养老保险待遇水平设定和缩小待遇差距的一个重要举措，也为其他群体养老保险待遇的调整提供参照，这是待遇设计中的难点，也是未来完善我国养老保险制度必须解决的重要问题。

其他参数的确定也是待遇水平设定过程中的重要问题，包括缴费年限、待遇领取的年龄、待遇构成、待遇水平与个人缴费的关联程度等。解决这些问题，应该围绕制度模式和筹资机制来展开测算与设计。

四 难点之四——权益如何处理：转轨方案的设计

制度转轨是其他养老保险制度和社会保障制度改革的难点，也是公务员养老保险制度改革的难点，如何处理不同年龄公务员的权益、设计科学的转轨方案是确保公务员养老保险制度改革顺利实施的重要保障。

从理论上讲，制度转轨是制度改革的必要步骤，制度转轨就是制度改进的过程，科学的转轨方案有助于改革的顺利实施；反之，不科学的转轨方案则可能带来负面问题，不利于改革的实施。

制度转轨的核心问题就是对不同年龄公务员的权益进行处理，即如何处理好改革过程中"老人"、"中人"与"新人"的养老利益。由于这些群体处于不同的年龄阶段，参加工作的时间不同，公务员养老保险制度改革对他们的影响也有所不同，因而在改革过程中，对他们的权益处理办法也应该有所差异。其中，最核心的是要处理好"中人"和"老人"的利益，尤其是对"中人"利益的处理更加复杂。

在城镇职工基本养老保险制度改革的过程中，制度转轨方案设计不科学、对不同年龄群体权益的处理不明确，导致了转轨过程中对转轨成本的处理不明确，出现了大量的个人账户空账和巨额的隐性债务，①制约着养老保险制度未来的可持续发展。在转轨过程中始终没有就支付转轨成本形成明确的制度安排，这使得中国的基本养老保险制度转轨仅仅停留在制度上，并未真正步入实质层面。②公务员养老保险制度改革应该吸取城镇职工基本养老保险制度改革中的这一教训。

在公务员养老保险制度转轨的过程中，其转轨设计可能更加复杂，不仅要考虑不同年龄公务员的权益，而且还要考虑公务员与其他职业群体流动过程中的权益处理。

公务员养老保险制度转轨设计的核心是转轨成本的核算，明确转轨过程中的资金需求量，并且明确转轨成本的核算方法与筹资渠道。由于制度转轨的复杂性，再加上公务员的特殊性，需要在改革过程中开展制度创新，设计科学的转轨方案。

五 难点之五——基金如何增值：投资体制的完善

基金的保值增值是实行基金积累型养老保险制度国家的共同难题，也是我国养老保险制度健康发展的必然要求。我国养老保险制度实行的是部分积累制，通过多年来的积累，已经形成了巨额的养老保险个人账户资金积累，迫切需要通过合理的投资对其进行保值增值，才能维护劳动者的养老权益，促进养老保险制度的可持续发展。有学者通过对基本养老保险基金投资收益率的分析，依据社会保障水平的测定公式，得出：个人账户基金投资收益率每增加1个百分点，社会保障水平相应提高0.51个百分点。③

但现实情况并不理想，我国养老保险个人账户基金一直采取保守的

---

① 一些学者从不同的测算基点，根据不同的假设条件和资料，测算出我国养老金隐性债务存在很大的差别，但大多数研究者认为，我国养老保险隐性债务规模大致为3万亿元。参见宋晓梧、何平、王晓军、房海燕、贾康、王燕、周渭兵等人的相关成果。
② 马俊：《中国养老保险制度转轨成本支付模式的研究》，《世界经济情况》2006年第22期。
③ 武萍、穆怀中、王一婷：《养老保险基金投资收益率对社会保障水平的影响》，《统计与决策》2012年第2期。

投资策略，主要为银行存款和购买国债，在扣除通货膨胀后，十年年均收益为负数。以 2010 年为例，当年城镇职工基本养老保险基金的收入几乎都来源于基金征缴，占比高达 82.79%，而运营收入（几乎全部为利息收入）仅为 2.04%。[①]

考虑到我国社会保障制度（尤其是养老保险制度）的现状，未来公务员养老保险制度改革也应该实行部分积累，逐步积累较多的养老基金。在制度设计和改革实施的过程中，需要充分考虑基金的保值增值问题，才能推动公务员养老保险制度改革的顺利实施，确保公务员养老权益的实现。如果不建立科学、有效的投资体制，我国的公务员养老保险制度改革效果将大打折扣。

基于目前我国养老保险基金主要用于银行存款和购买国债而难以实现保值增值的现状，在公务员养老保险制度改革过程中，需要吸取其他养老保险制度在保值增值过程中的经验教训，建立科学、高效的基金管理与投资体制，这是确保公务员养老保险基金保值增值、实现公务员养老保险目标的重要保障。鉴于其他群体养老保险制度尚未真正建立科学的基金管理与投资体制，公务员养老保险基金管理与投资体制的建立与完善也可以为其提供经验借鉴。

公务员养老保险基金投资体制的建立和完善，需要解决投资主体、投资渠道、投资方式等方面的问题。公务员养老保险基金投资体制完善的方向是增强其独立性、专业性、多元化、公益性。公务员养老保险基金投资体制的建立和完善涉及养老保险管理体制和整个行政体制方面的问题，相对比较复杂，需要有相关配套改革的跟进。

第三节 当前中国公务员养老保险制度改革的制约因素

20 世纪 90 年代以来，一些地方对机关事业单位养老保险制度改革进行了探索，但是，成效不太理想，目前一直没有出台国家层面的公务员养老保险制度改革试点办法，公务员养老保险制度改革基本上没有取得

---

① 郑秉文：《中国养老金发展报告（2011）》，经济管理出版社，2011，第 77~79 页。

实质进展。目前，我国公务员养老保险制度改革还存在若干制约因素，未来我国的公务员养老保险制度改革，除去加强制度模式的改革和制度方案的设计外，还应该从这些制约因素方面寻求突破。

一 认识方面的制约：对公务员养老保险制度改革的认识不到位

尽管社会各界对公务员养老保险制度高度关注，盼望公务员养老保险制度改革，实现养老保险的公平共享。但是，不同社会群体对公务员养老保险制度的认识还不到位，在一定程度上制约着未来的公务员养老保险制度改革。公务员、普通公民、专家学者等不同身份群体对公务员养老保险制度改革有不同的认识，对公务员养老保险制度改革认识的差异、分歧影响和制约着未来的公务员养老保险制度改革。

公务员是公务员养老保险制度改革的核心利益群体，其对改革的认识直接关系到改革的成败和改革进行得顺利与否。目前我国公务员对本群体养老保险制度改革的认识尚不十分清晰，特别是一些公务员对其养老保险制度改革甚至持抵触态度，认为维持目前的制度即可，不需要进行改革。一些公务员担心因为改革而使自己的养老金利益受损，畏惧公务员养老保险制度改革，或者认为"如果不损害公务员的养老利益、不降低公务员的养老待遇，也没有必要进行改革，维持现状即可"。更有甚者，由于一些公务员的身份意识、阶层意识较强，具有较强的职业优越感，认为公务员应该适用独立和特殊的养老保险制度，凸显公务员职业的特殊性。总之，由于身份意识、阶层意识、利益考虑等方面的因素，部分公务员对其养老保险制度改革的支持不明显，甚至反对。当然，也有少部分公务员基于社会整体利益考虑而主张加强公务员养老保险制度改革。

社会公民是公务员养老保险制度改革的坚定支持者，对于加强公务员养老保险制度改革有着强烈的愿望，主张破除"双轨制"，缩小待遇差距。[1] 但

---

[1] 人民网和人民日报政治文化部历年的两会调查结果，均显示了网民期盼公务员养老保险制度改革的强烈愿望。2011年的两会调查显示，九成网民希望废除养老"双轨制"，http://politics.people.com.cn/GB/13890963.html；2013年的调查结果显示，98%的网民认为废除企业和机关事业单位退休金"双轨制"的条件已经成熟，http://news.xinhuanet.com/politics/2013-02/24/c_114781536.htm。

是，大多数普通公民对公务员养老保险制度改革的认识不完全合理，主张采用"一刀切"的办法进行改革，将公务员与其他职业群体完全统一对待，公务员在养老制度设计、待遇水平、管理服务等方面应该与其他群体完全相同。这种态度显然是与大多数公务员相对立的，不完全符合现实国情，容易引起公务员群体的反对，不利于改革的顺利推进。

从专家学者对公务员养老保险制度改革的研究和态度来看，对为什么要改革、怎么样进行改革、改革什么、改成什么样等方面还没有形成统一的认识。目前，学术界对公务员养老保险制度改革的理论研究尚不充分，尚未形成比较成熟、一致的改革观点与方案设计。其中一个重要的原因就是对改革的理念和目标的认识不完全成熟。一些学者将公务员养老保险制度改革的主要目标定位为减轻财政负担，主张降低甚至大幅降低公务员的养老待遇。一些学者盲目借鉴国外经验，对我国现实国情和发展历史的把握不充分。目前，学术界对公务员养老保险制度改革的成本、改革的时机、改革的方式等方面的认识与选择不科学。

可见，目前各方面对公务员养老保险制度改革的认识并未完全到位，对于近期是否需要改革、怎么进行改革还没有完全取得共识，这些都制约着公务员养老保险制度改革的方案设计与具体实施。

二 制度方面的制约：缺乏科学的公务员养老保险制度设计

在明确科学、合理的改革目标与价值理念的基础上开展制度设计是有效推进公务员养老保险制度改革的重要因素。尽管目前一些学者对公务员养老保险制度改革展开了理论研究与方案设计，但是并没有形成一个比较公认的改革方案，公务员养老保险制度改革在制度模式、资金筹集、基金管理、待遇计发、待遇调整、制度转轨、管理与服务等方面的制度方案设计不科学，制约着未来的改革。

2008年国务院发布了关于事业单位养老保险制度改革的试点方案，①

---

① 《国务院关于印发事业单位工作人员养老保险制度改革试点方案的通知》（国发〔2008〕10号）。

主要仿照城镇企业职工进行，并没有太多的创新，没有解决事业单位养老保险制度改革的深层次问题，① 这是导致事业单位养老保险制度改革试点受挫的重要原因之一。公务员养老保险制度改革要想取得成功，必须要通过充分的理论研究和论证形成比较科学、完善的公务员养老保险制度改革方案，这是推进公务员养老保险制度改革的重要前提。

目前，学术界没有形成相对成熟的改革设计，政府也并没有形成国家层面的公务员养老保险制度改革试点方案，主要是由于政府、学术界对公务员养老保险制度改革的一些关键问题没有取得共识。未来还需要加强这些方面的改革研究与制度设计：一是要解决制度模式的选择问题，这是制度设计的根本前提，制度模式的选择非常关键，只有选择了合理的制度模式，才能开展科学的制度设计；相反，如果没有合理的制度模式，制度设计得再完善、再全面也是徒劳的，难以实现改革的目标和效果。二是要解决资金来源问题，需要针对目前完全由国家财政负担的筹资机制所带来的问题进行改革，需要解决资金来源渠道与责任分担机制问题。三是要解决待遇计发问题，包括待遇水平的确定、待遇确定的方式、待遇调整机制等，尤其是要处理好财政责任与个人责任的关系。四是要解决改革转轨过程中不同年龄群体的利益问题，确定合理的转轨方式与制度。可见，在公务员养老保险制度的这些方面还需要进一步加强研究与设计，扩展政策共识，② 才能有效推动公务员养老保险制度改革。公务员养老保险制度方案的设计直接体现着养老保险制度的公平与效率。

三 管理方面的制约：目前养老保险制度管理的不完善

科学、有效的管理与服务是推动公务员养老保险制度改革的重要因素，也是确保公务员养老保险制度顺利实施的重要保障。与其他群体养老保险制度一样，公务员养老保险制度同样需要有科学、高效的管理体制。管理不当或者管理无效率都难以体现公务员养老保险制度改革的目

---

① 桂世勋：《改革我国事业单位职工养老保险制度的思考》，《华东师范大学学报》（哲学社会科学版）2010年第3期。
② 孙永芳：《扩展政策共识是当前构建和谐社会的重中之重》，《中国特色社会主义研究人》2011年第6期。

标和意图，无论多么完善的制度设计也会大打折扣。

管理是一项系统工程，目前养老保险制度管理方面需要解决的问题包括行政管理、资金管理、业务管理等。目前，我国养老保险制度的管理不完善，尽管通过最近十多年的改革得到了较大的改善，但仍然存在诸多方面的问题，对未来公务员养老保险制度改革十分不利，甚至可以说，制约着公务员养老保险制度改革。

在行政管理方面，相对而言，养老保险的行政管理改革进展较大，取得了显著成效，实现了不同群体养老保险行政管理的整合，将原来由民政部管理的农民养老保险和人事部管理的公务员养老保险统一交由人力资源和社会保障部门来管理，将许多行业分开管理的养老保险统一移交地方社会保障部门管理。尽管实现了形式上的统一管理，但是管理机制和管理决策方面并没有实现较好的整合；在统筹层次上，目前我国养老保险管理的统筹层次较低，还处于省级、市级统筹甚至县级统筹阶段，不利于养老保险资源的整合与管理效率的提高，不利于养老保险公平性的提升，不利于养老保险制度的可持续发展，也在一定程度上影响公务员养老保险制度的改革设计。

在资金管理方面，主要涉及资金的安全与保值增值。我国目前实行的是社会统筹与个人账户相结合的养老保险模式，现收现付制与基金积累制相结合。资金管理与投资问题已成为制约未来我国养老保险制度可持续发展的重要问题。社会统筹与现收现付部分主要涉及资金的管理问题，个人账户与基金积累部分主要涉及基金的投资问题。目前我国养老保险无论是资金的管理还是基金的投资都不理想，出现了诸多影响资金安全的现象，基金的投资不理想，保值增值难。资金管理的不理想直接影响到我国公务员养老保险制度的模式选择与制度设计，制约着公务员养老保险制度改革的推进。

在业务管理方面，我国养老保险的业务经办能力欠缺，影响着养老保险制度的公平与效率，也在一定程度上制约着公务员养老保险制度改革。无论是硬件方面还是软件方面，都体现着我国养老保险业务管理能力（或者说经办服务能力）的不足。硬件方面，主要是指一些养老保险经办机构缺乏相应的办公场所、办公设施等；软件方面，主要是指经办机构缺乏相应的制度规范、充足的专业人才。养老保险经办能力的欠缺还体现在不同养老保险业务经办的分散化。业务管理方面的不足，尤其体现在基层经办机构。公务员养老保险制度改革需要有科学、完备、高效的经办体系做支撑，而目前我国养老保险经办服务能力的欠缺制约着公务员养老保险制度改革。

四 路径依赖的制约：受传统制度与其他养老保险制度的影响

过去的实践总会对未来的改革产生影响，路径依赖是制约许多公共政策改革、影响改革效率的重要因素。根据诺思的理论阐释，一项社会制度的形成和变迁，往往受到历史的影响，具有明显的路径依赖特征。[1] 由于我国经济社会的变革是渐进式的，很容易受到过去经济社会发展政策与实践的影响，社会保障与社会福利的变革也是渐进式的。[2] 我国公务员养老保险制度改革同样如此，受路径依赖的影响较大。我国公务员养老保险制度改革的路径依赖，一方面，体现在对传统公务员养老保险制度或目前公务员养老保险制度的依赖；另一方面，对其他群体养老保险制度也可能产生一定的依赖。此外，由于制度和实践依赖所引起的公务员心理依赖可能会对公务员养老保险制度改革造成影响。

首先，传统的公务员养老保险制度（即目前的公务员养老保险制度）对公务员养老保险制度改革产生重要影响。无论是政策制定者，还是公务员自身，都会在一定程度上受目前公务员养老保险制度思维定式的影响。与其他养老保险制度与公共政策改革一样，公务员养老保险制度改革的路径依赖明显，甚至更强。因此，未来的公务员养老保险制度改革需要突破旧制度的制约，而这种改革和突破在初期可能会产生阵痛或不适，但从长远来看，必须突破旧制度的樊篱。未来必须突破目前公务员养老保险单位管理、资金完全由国家财政负担、公务员个人无须履行任何缴费义务即可获得较高养老金待遇的做法，否则，只会换汤不换药，

---

[1] 〔美〕道格拉斯·诺思：《理解经济变迁过程》，钟正生、邢华等译，中国人民大学出版社，2008。

[2] 熊跃根：《转型经济国家的社会变迁与制度建构：理解中国经验》，《社会科学》2010年第4期。

实现不了改革的目标。

其次，公务员养老保险制度改革也受到其他群体养老保险制度的影响与制约。尽管其他养老保险制度的改革和实践为公务员养老保险制度改革奠定了基础，但是，也容易制约公务员养老保险制度改革，其他群体养老保险制度的模式与具体设计容易对公务员养老保险制度改革造成影响，如果盲目照搬，就会导致因人群差异而产生的不适应性。正如当初事业单位养老保险制度改革对企业职工养老保险制度的盲目借鉴也不能适应事业单位的特点与事业单位人员的职业特点。因此，我国公务员养老保险制度改革，一方面，学习、借鉴其他群体养老保险制度改革与发展的经验，加强与其他群体养老保险制度的融合与衔接；另一方面，应该避免与其他群体养老保险制度的完全雷同，否则，很难体现公务员的职业特点，况且其他群体养老保险制度也不尽完善。

最后，由于长期以来公务员与其他群体养老保险制度并存的养老"双轨制"局面，公务员已习惯于优厚的养老待遇、福利待遇与职业的稳定性。由于长时间的影响，公务员的利益已趋于固化，若要对现存的公务员养老保险制度进行改革调整，可能会存在一定的改革阻力。这里，将这一现象称为"心理依赖"。未来公务员养老保险制度顺利改革应该获得公务员的支持，应该对公务员进行宣传教育，让公务员全面审视养老保险制度改革的重要性与制度设计，支持公务员养老保险制度改革。

五 配套改革的制约：公务员养老保险制度的相关配套改革落后

公务员养老保险制度改革受诸多因素的影响，必须有相关配套改革的协同推进，否则，无论多么完善的制度设计与管理服务，都难以真正实现改革的目标和效果，影响改革的顺利推进。目前我国公务员养老保险制度的相关配套改革还比较落后，主要体现在机关人事制度、工资福利制度、资本市场等方面。在人事制度方面，目前的公务员人事制度是计划经济体制时期遗留下来的，带有浓厚的计划经济色彩，比如，人员众多，机构臃肿，等级制度明显，铁饭碗、终身制，人员流动不顺畅，人员选拔和任用机制不合理，缺乏科学的考评机制，等等。这些问题的存在成为政府机构改革、行政管理体制改革乃至整个经济社会发展的阻碍。在工资福利制度方面,当前我国公务员的工资福利制度还存在诸多问题,工资收入在整个收入结构中的占比不合理,使得目前公务员工资制度已经失去了相应的激励作用。公务员工资内外收入倒挂现象比较严重,制度内外的收入比例严重失调,工资收入仅为公务员全部收入的1/3,地方的各种政策性补贴和各单位工资外收入所占的比例高达2/3。[①] 公务员的工资制度已经严重扭曲,缺乏激励作用。公务员的福利收入比较混乱,存在"多补贴、滥福利"现象。一些单位通过各种形式变相发放福利,或者福利隐性化,尤其是各种职务性消费福利项目繁杂。与不同形式的工资收入相比,福利项目的设置显得更加混乱。福利项目设置的不规范,使得不同单位之间、不同地区之间的公务员福利支出差别较大。在资本市场建设方面,我国资本市场的发展虽已起步,但还很不完善,制约着养老基金的发展和养老保险制度的改革。目前,中国资本市场整体发展水平仍然处于初级阶段:整体规模偏小,直接融资比例较低,股票、债券市场结构失衡;市场机制不够完善,市场运行效率不高;上市公司治理水平有待提高;证券公司综合竞争力较弱;投资者结构不合理,机构投资者规模偏小,发展不平衡;法律和诚信环境有待完善,监管有效性和执法效率有待提高。[②]此外,收入分配制度、退休制度等改革的落后也在一定程度上制约着公务员养老保险制度的改革与完善。[③]

[①] 王学力:《我国公务员工资的现状、问题与对策建议》,《经济研究参考》2006年第32期。
[②] 中国证券监督管理委员会:《中国资本市场发展报告》,中国金融出版社,2008。
[③] 龙玉其:《公务员养老保险制度国际比较研究》,社会科学文献出版社,2012,第248页。

第六章 中国公务员养老保险制度改革的关键问题

在明确改革总体思路和改革的难点与障碍的同时，需要研究和解决公务员养老保险制度改革设计与实施中的若干关键问题，主要包括资金筹集、待遇计发、管理服务、基金管理与投资、制度转轨设计、退休年龄等。对这些问题的认识和分析，需要充分考虑我国养老保险制度存在的主要问题，进行有针对性的设计。

第一节 公务员养老保险的资金筹集

筹资机制的建立是基于制度模式选择基础上开展制度设计的首要环节，是公务员养老保险制度改革的基础，构建科学的筹资机制也是公务员养老保险制度改革的重要目标。公务员养老保险制度筹资机制的设计，应该立足于目前我国养老保险和公务员养老保险的筹资现状及其问题，选择合理的筹资模式与筹资办法，为公务员养老保险制度的可持续发展提供充分、适度、可持续的资金保障。

一 不同群体养老保险制度筹资现状分析

目前，我国养老保险制度在社会统筹与个人账户相结合的模式下实行现收现付制与基金积累制相结合的筹资模式，以现收现付为主、基金积累为辅。

在具体的筹资机制上，总体实行责任共担的筹资机制，不同类型的养老保险制度的筹资机制有所差异。城镇职工基本养老保险由单位和个人缴费组成，缴费率分别为个人缴费工资的20%、8%，分别计入社会统筹账户和个人账户。城镇居民养老保险基金主要由个人缴费和政府补贴构成，个人缴费标准目前设为每年100~1000元，共10个档次，地方人民政府对参保人员缴费给予补贴（不低于每人每年30元），个人缴费与政府补贴全部计入个人账户。新型农村社会养老保险由个人缴费、集体补助、政府补贴构成。个人缴费标准目前设为每年100~500元，共5个档次，有条件的村集体给予缴费补助，地方政府对参保人缴费给予补贴（不低于每人每年30元），政府、集体和个人筹资全部计入个人账户。城乡居民养老保险不设立统筹账户，统一由政府支付基础养老金，每人每月55元。① 目前机关事业单位人员养老保险基本上由财政负责，个人无须缴费，享受较高的养老待遇。

目前的养老保险制度都建立了责任共担机制，尤其是城乡居民养老保险，强调了政府的财政责任，有利于城乡居民养老保险制度的可持续发展。2012年，我国城镇居民基本养老保险基金总收入20001亿元，其中征缴收入16467亿元，各级财政补贴基本养老保险基金2648亿元，年末基本养老保险基金累计结存23941亿元；全年城乡居民社会养老保险基金收入1829亿元，其中个人缴费594亿元，基金累计结存2302亿元。②

从目前我国养老保险筹资存在的问题来看，主要体现在以下几方面。一是筹资水平差距较大，机关、事业单位养老保险的筹资水平较高，城镇职工基本养老保险次之，城乡居民养老保险的筹资水平较低，筹资水平的差距是导致待遇差距较大的重要原因。二是城镇职工基本养老保险出现严重的个人账户空账现象，个人账户权益难以得到保障，截至2004年，我国社会养老保险个人账户的空账达到7400亿元，而且每年以1000多亿元的规模在扩大。③ 目前，个人账户空账规模超过1.3万亿元。④ 个

---

① 自2014年起，城乡居民养老保险实行统一的筹资办法。
② 《2012年度人力资源和社会保障事业发展统计公报》。
③ 张健：《关于做实养老保险个人账户的研究》，《上海经济研究》2007年第6期。
④ 《社科院称我国养老金空账约1.3万亿》，http://news.sina.com.cn/c/2010-07-14/014620671401.shtml。

人账户长期空账运行将造成未来的财务危机，影响到养老保险制度的可持续发展，甚至影响经济和社会稳定。三是城镇职工基本养老保险的缴费率设计相对较高，筹资结构不尽合理，个人账户过大。四是城乡居民养老保险的筹资水平较低，尤其是政府财政补贴较低。五是在实践中还出现大量的逃费和漏缴（缴费基数不实）现象，养老保险的覆盖率不足，远未实现应缴尽缴的目标。六是公务员个人无须缴费，难以体现制度形式的公平性，而且容易造成财政压力，不利于公务员责任意识和竞争意识的提升。因此，公务员养老保险资金的筹集应该克服我国养老保险制度的上述这些问题，选择合理的筹资模式与筹资机制。

二 我国公务员养老保险筹资模式的选择

从世界上养老保险制度的筹资模式来看，主要有三种：现收现付制、完全基金积累制、部分积累制。除此之外，还有一种模式为名义账户制，是现收现付与基金积累相结合模式的融合与创新。[1] 李绍光（2006）[2]、谭珊珊与黄健元（2012）[3] 等学者认为，机关事业单位的养老保险制度应该选择名义账户制。

不同的养老保险筹资模式各具特色、各有利弊，适用于不同的国情与发展阶段。现收现付制便于管理，有利于加强互助共济、促进社会公平；但不利于应对人口老龄化的挑战，不利于增强激励性。基金积累制有利于增强激励性、调动缴费积极性、应付人口老龄化的资金需求；但是管理相对复杂，保值增值的压力较大，而且容易造成待遇差距，不利于互助共济与社会公平。现收现付与基金积累相结合有利于公平与效率的平衡，兼顾社会公平与激励性，兼顾制度的近期需求与长远发展；但是，部分积累制的组合是多种多样的，不同的组合可能产生不同的经济社会效果，部分积累制能否发挥理想的作用还取决于实践过程中诸要素

---

[1] 郑秉文：《名义账户制：我国养老保险制度的一个理性选择》，《管理世界》2003年第8期。
[2] 李绍光：《行政事业单位养老金改革构想》，《中国金融》2007年第17期。
[3] 谭珊珊、黄健元：《事业单位养老保险改革：个人账户与名义账户的选择》，《华东经济管理》2012年第3期。

的配合。不同筹资模式对经济社会发展的影响是不同的，只有二者协同发展，才能做到相互促进、相得益彰。

基于我国的现实国情和养老保险制度筹资现状，未来公务员养老保险的筹资模式应该是基于责任共担的部分积累模式，这种部分积累制中的积累部分是实际的，而不是名义上的账户积累。我们认为，未来公务员养老保险个人账户应该做实，明确公务员养老的个人账户权益。总体而言，公务员养老保险制度应该是部分积累模式，但不同制度层次应采用不同的筹资模式。其中，公职人员基本养老保险采用完全现收现付制，设立基本养老保险统筹账户，专门用于公务员养老保险统筹资金的管理，完全由国家财政负担，主要体现公平和国家责任。公职人员职业年金的筹资采用完全账户积累制，建立公务员养老个人账户，体现公务员的职业特点，由国家和个人共同进行缴费积累，并投资运营取得收益。至于现收现付与基金积累的比例大小和组合形式有待于进一步设计和完善。

这一筹资模式的选择符合我国公务员养老保险制度改革的目标模式，有利于与其他群体养老保险筹资机制的衔接，便于从制度形式上体现筹资的公平性；而且有利于满足不同群体的差异化需求，体现公务员的职业特点，增强激励性；有利于促进政府与企业之间、不同地区之间的人员流动；也有利于应对人口老龄化的挑战。当然，这一筹资模式能否取得良好的效果，还有待于完善的制度设计和实践操作。在实践中，尤其应该避免出现个人账户空账的现象，注意明确和保护个人账户的产权，实现个人账户资金的保值增值，否则，再好的筹资模式和筹资机制设计都会大打折扣，难以实现改革的理想目标。

三 我国公务员养老保险筹资的基本原则

未来我国公务员养老保险的筹资应该坚持以下三个原则。

1. 政府为主、责任共担

由于公务员职业和身份的特殊性，其养老保险筹资需要体现出一定的差异性。相比其他养老保险制度而言，政府在公务员养老保险制度中的财政责任更大，政府既需要履行雇主的缴费责任，同时还应该体现国家的责任，为国民提供保障。目前很多国家的公务员养老保险实行责任共担制度，或朝着责任共担的方向改革。但是，不同国家、不同主体之间的责任共担程度有所不同。公务员养老保险制度的筹资必须以政府为主。如果对薪酬制度进行整体改革，大幅提高公务员的收入水平，则可以考虑以公务员个人缴费为主，但这种做法不符合我国社会保障的主体模式和经济、社会、文化传统。在强调政府财政责任的同时，也必须适度强调公务员的缴费责任，建立合理的责任共担机制，增强公务员的责任意识。公务员养老保险筹资责任共担机制的建立，是未来我国公务员养老保险制度改革的必然要求，是对社会各界期盼机关事业单位养老保险制度改革的关键回应之一，有利于促进我国养老保险制度的融合与衔接，体现养老保险制度的公平性，也可以更好地满足不同收入公务员的养老需求。

2. *收支平衡、水平适度*

公务员养老保险制度的筹资必须考虑公务员的养老待遇水平和未来的支出水平，以支定收，收支平衡。一方面，筹资水平的设定应该确保不造成公务员养老待遇的大幅度降低；另一方面，应该满足公务员养老保险制度的长远发展需要，保持收支的平衡性，增强制度的财务可持续性。收支平衡原则要求综合考虑各类因素，对公务员养老的资金需求进行准确预测，并在不同的资金供给主体之间进行合理分配。收支平衡原则还需要考虑其他群体养老保险的筹资与待遇水平，不能因为改革进一步拉大公务员与其他群体之间的社会保障待遇差距。水平适度也是公务员养老保险的筹资原则之一，应该使筹资水平与经济发展水平相协调，既不造成过大的政府财政负担，同时又能够满足公务员的合理需求。水平适度既是满足公务员养老需求的必然要求，也是公务员养老保险财务可持续的必然要求。

3. *强制性与灵活性结合*

公务员养老保险属于法定的社会养老保险，其筹资应该遵循强制原则，任何公务员必须遵守公务员养老保险制度，政府和个人必须按要求履行筹资责任，而且需要规定明确的缴费率和缴费方式。在坚持强制性的同时，还应该体现筹资的灵活性，在强制性的基础上增强公务员的选择性，公务员可以在规定的基本缴费的基础上，在一定的区间范围内根据自己的收入水平和养老需求自由选择更高的缴费水平。灵活性的体现还需要通过合理的制度设计进行引导，增强激励性。强制性与灵活性的结合，有利于增强制度的弹性，兼顾不同人员的需求意愿，满足差异化养老需求。

四 我国公务员养老保险筹资机制的构建

筹资机制的设计是一项复杂的工作，需要充分考虑各类因素，从筹资水平、筹资来源及分担比例、筹资标准、筹资方式等方面进行设计。

（一）筹资水平的确定

科学的筹资水平是确保待遇合理的重要前提，需要考虑目前公务员养老的筹资水平和待遇水平、企业职工养老保险的筹资水平、公务员养老保险制度的层次性等因素。

未来公务员养老保险筹资水平的确定，首先需要了解目前公务员养老的筹资水平，确保未来的筹资水平不能有太大的降低。根据历年机关事业单位人数和离退休金水平，机关事业单位的人均离退休费基本一致，2012年，事业单位的人均离退休费水平甚至略高于机关人均离退休费水平。可以根据公务员占机关事业单位人数的比重来估算其离退休费水平，粗略地将公务员的离退休费支出水平设定为行政事业单位离退休费的30%。通过计算，公务员的离退休费绝对数虽然呈历年增长趋势，但是，占财政总支出和社会保障财政支出的比重呈现下降趋势（见表6-1）。

表6-1 2007~2012年机关事业单位离退休费支出

单位：亿元，%

项　　目	2007年	2008年	2009年	2010年	2011年	2012年
财政总支出（A）	49781.4	62592.7	76299.9	89874.2	109247.8	125712.3
社会保障财政总支出（B）	5447.2	6804.3	7606.7	9130.6	11109.4	12541.8
机关事业单位离退休费（C）	1566.9	1812.5	2093	2353.6	2737.8	2821.9
机关离退休费（D）	470.07	543.75	627.9	706.08	821.34	846.57

续表

项　目	2007年	2008年	2009年	2010年	2011年	2012年
C/B	28.77	26.64	27.52	25.78	24.64	22.50
C/A	3.15	2.90	2.74	2.62	2.51	2.24
D/B	8.63	7.99	8.25	7.73	7.39	6.75
D/A	0.94	0.87	0.82	0.79	0.75	0.67

资料来源：《中国人力资源和社会保障统计年鉴（2013）》。需要注意，由于有关数据不公布，这里是估算数，可能与实际数据有出入。

目前，我国城镇职工基本养老保险的总缴费率为28%，其中，社会统筹部分缴费率为20%，个人账户部分的缴费率为8%。与世界上绝大多数国家相比，我国养老保险的缴费率相对较高，在进行公务员养老保险筹资设计的时候，应该适度降低缴费率，同时带动和影响城镇职工基本养老保险制度的筹资改革，降低城镇职工养老保险的缴费率。尤其是随着未来工资制度的改革，工资基数不断规范，基金投资运营不断成熟，不断取得较好的投资收益，将为降低养老保险筹资水平创造条件。因此，公务员养老保险的法定基本缴费水平（第一层次和第二层次）应该低于目前城镇职工基本养老保险缴费水平，平均缴费水平维持在25%左右，在此基础上，有条件的公务员可以自愿增加缴费，政府给予适当的匹配缴费进行激励，为防止待遇差距过大，设定总缴费水平上限，总缴费率在30%左右。当然，在总缴费水平确定的前提下，应该合理确定不同层次制度的缴费水平，通过科学的组合来体现公务员养老保险制度的公平与效率，促进制度的持续健康发展。

筹资水平可以用"倒推"的办法来确定，即如果要达到目前的待遇水平，需要多高的缴费率来维持，需要根据参加工作年限、退休年龄、预期寿命、收益率、待遇调整等相关因素进行精算。由于城镇职工基本养老保险的费率已经相对比较稳定，这里主要是参照城镇职工基本养老保险的费率水平，在此基础上进行完善和调整即可。由于相关数据限制，本节不再进行具体精算。

（二）筹资来源与责任分担

公务员养老保险的资金由政府和个人共同分担，其中以政府负责为主，个人适当缴费，这是公务员养老保险制度改革的重要措施。

第一层次的基本养老保险完全由中央财政缴拨，地方财政和个人无须缴费。社会统筹账户部分的缴费率可以参照城镇职工的社会统筹账户缴费率，设定为全国公务员平均工资的20%。

第二层次的公职人员职业年金则以个人缴费为主，政府适当予以缴费匹配激励。个人缴费和政府匹配均有上限和下限的规定。规定个人的最低缴费标准，可设定为个人上年度月平均工资的3%；政府的最低匹配为公务员个人上年度月平均工资的1%，也就是说，公务员的职业年金账户最低缴费率为4%。公务员个人缴费率维持在3%~7%，政府匹配维持在1%~5%，职业年金的总缴费率维持在4%~12%。第一层次和第二层次的总缴费率维持在24%~32%（见表6-2），最低总缴费率为24%，符合总体的筹资水平设定。

也就是说，统筹账户规模为20%，个人账户规模为4%~12%，最低总缴费率为24%，符合我国养老保险降低缴费率的总体趋势。需要强调的是，职业年金账户尽管规模不大，但将逐步积累较多的养老基金，需要把个人账户做实，并且通过合理的渠道进行投资，实现公务员职业年金个人账户的保值增值。

关于第二层次的政府匹配有三种办法可以选择。第一办法是由中央财政对所有（中央和地方）公务员统一进行缴费匹配。完全由中央财政匹配有利于体现公平，也符合我国的政治体制和公务员制度现状，不足就是在一定程度上增加了中央财政的压力。第二种办法是区分中央所属公务员和地方所属公务员两种情况，中央公务员由中央财政匹配缴费和个人缴费组成，地方公务员由地方财政匹配缴费和个人缴费组成。这种办法有利于体现出适度的地区差异和岗位差异，增强激励性，但容易造成地区之间的待遇差距，给一些中西部的地方政府造成负担，[①]而且容易造成中央和地方公务员的分立，对中央政策的支持度可能有负面影响。第三种办法是由中央财政给所有公务员提供一个最低比例的自动匹配缴费

[①] 如果选择这种办法，中央财政应该对中西部地区给予补贴作为对地方政府的转移支付和支持。

作为基础（1%），在此基础上再由中央财政和地方财政分别对中央公务员和地方公务员增加的缴费部分进行匹配缴费（总体匹配缴费控制在规定的范围内），中央财政对西部地区给予全额缴费匹配补贴，对中部地区给予差额缴费匹配补贴。这种办法相对较好地兼顾了公平与效率，有利于平衡地区之间的差距。综合考虑，我们比较赞同完全由中央财政统一支付的办法。

第三层次的资金完全由公务员个人负责，政府不直接给予资金支持，而是通过税收减免给予支持。主办者实行完全市场竞争的原则，自主开展制度设计，由商业保险主管部门进行监管和指导。

表6-2 公务员养老保险的缴费分担情况

单位：%

来源	基本养老保险（社会统筹）	职业年金（个人账户）					合计
政　府	20	1	2	3	4	5	21~25
个　人	0	3	4	5	6	7	3~7
合　计	20	4	6	8	10	12	24~32

根据《中国统计年鉴》《中国财政统计年鉴》《中国劳动统计年鉴》的统计数据，以2012年为例，全国公务员的年平均工资为48513元，全国在职职工平均工资为47593元，① 在岗公务员总人数以800万人计算，② 公务员基本养老保险如果按公务员年平均工资18%的财政筹资比例计算，政府财政支出为685.3亿元，占当年财政总收入（117253.52亿元）③ 的0.58%，占当年财政总支出（125952.97亿元）④ 的0.54%，占当年社会保障财政总支出（12541.8亿元）的5.46%。如果将职业年金的政府匹配缴费部分考虑在内，按政府匹配1%计算，政府财政支出全部为724.1亿元，占当年财政总收入的0.62%，占当年财政总支出的0.57%，占当

---

① 《中国人力资源和社会保障统计年鉴（2013）》。
② 根据《中国统计摘要（2012）》的数据，公务员和参照公务员法管理的工作人员合计为777.8万人。
③ 2013年《中国财政统计年鉴》，为2012年全国财政收入决算数据。
④ 2013年《中国财政统计年鉴》，为2012年全国财政收入决算数据，与前面表中2012年的财政府总支出略有出入，前面的数据来源中应该为非决算数据，这里为决算数据。

年社会保障财政总支出的5.77%;按政府匹配3%计算,政府财政支出全部为801.7亿元,占当年财政总收入的0.68%,占当年财政总支出的0.64%,占当年社会保障财政总支出的6.39%;按政府匹配5%计算,政府财政支出全部为879.4亿元,占当年财政总收入的0.75%,占当年财政总支出的0.70%,占当年社会保障财政总支出的7.01%(见表6-3)。

表6-3 基本养老保险按在职职工平均工资计算的政府财政支出水平

财政缴费比例（%）	财政需求（亿元）	占财政收入的比重（%）	占财政支出的比重（%）	占社会保障财政支出的比重（%）
18	685.3	0.58	0.54	5.46
19 (18+1)	724.1 (685.3+38.8)	0.62	0.57	5.77
20 (18+2)	762.9 (685.3+77.6)	0.65	0.61	6.08
21 (18+3)	801.7 (685.3+116.4)	0.68	0.64	6.39
22 (18+4)	840.5 (685.3+155.2)	0.72	0.67	6.70
23 (18+5)	879.4 (685.3+194.1)	0.75	0.70	7.01

注:财政缴费需求的计算包括两个部分,一是按全国在职职工平均工资计算的基本养老保险缴费;二是按公务员平均工资计算的职业年金匹配缴费。

2012年机关单位月人均离退休费为2352元(年人均离退休费为28224元),替代率为58.17%,如果按离退休人数310万人计算,离退休费总计估算为874.9亿元,与前面对机关单位离退休费的计算基本一致(846.57亿元)。从表6-3数据可以看出,改革前后政府财政支出水平基本一致,年度财政支出下限为724.1亿元,最高支出为879.4亿元;如果按中间水平21%的缴费率计算,改革后的政府财政支出为801.7亿元,低于目前的机关单位离退休费支出水平。改革后的政府支出和总缴费率低于目前的城镇职工基本养老保险缴费率,符合降低缴费率的改革趋势。可见,改革并不增加财政压力,但增强了制度的适应性和效率性,有利于整个养老保险体系的完善。

(三)缴费基数与缴费年限

1. 缴费基数

缴费基数是公务员养老保险筹资机制的重要参数,在公务员养老保险筹资机制的构建和改革中,需要确定科学、规范的缴费基数。第一层次的缴费基数的确定可以参照城镇职工基本养老保险的做法，公务员基本养老保险部分以全国在职公务员的平均工资为基数进行缴费，有助于体现养老保险制度的统一性和公平性；职业年金以公务员本人上年度平均工资为缴费基数，体现公务员的职业特点和收入差异。

目前的公务员工资状况容易造成工资基数不实的问题，应该规范公务员的缴费工资基数，针对目前公务员报酬结构不合理的现象，加强公务员工资制度改革，提升工资在个人收入中的比重，实施阳光工资制，加强公务员福利的货币化改革。公务员工资制度的改革，一方面，有利于提升公务员的工资水平，与养老保险制度改革相配套，减少改革的阻力；另一方面，有利于充实公务员养老保险的缴费基数，加强公务员养老的资金筹集，也有利于提高公务员未来的养老金水平。

2. 缴费年限

缴费年限的确定需要考虑未来公务员养老的待遇水平、城镇职工的缴费年限、公务员的工作年限、公务员的退休年龄等因素。

公务员在职期间，政府和个人都需要按要求进行缴费。与城镇职工基本养老保险一样，应该设定最低缴费年限。由于公务员职业和收入的相对稳定性，公务员的最低缴费年限应该高于15年，可以设定为20年，并且多缴多得，增强制度的激励性。

公务员在达到规定的退休年龄后，政府停止财政缴费。如果仍然参加工作且领取全额工资的，个人仍需要对个人账户进行缴费；如果不领取全额工资的，可以不进行个人账户缴费，但需要完全退出工作岗位后才能开始领取养老金。

（四）筹资方式的选择

筹资方式的选择是近些年来我国养老保险制度改革过程中的一个重要问题，引起了一些学者的争议。一些学者主张维持现有的缴费形式（税务与社保征收并存）；有学者认为应该由社会保障经办机构进行征收；也有学者认为，应该由税务部门通过税收的形式进行征收。

根据目标模式的选择，目前应该以税收和缴费相结合的方式进行筹资。其中基本养老保险部分以政府一般税收的形式纳入财政收入，并进行年度公务员基本养老保险支出预算。职业年金部分由政府和个人以缴费的形式,根据公务员上年度的平均工资进行缴纳,个人缴费直接从工资中扣除。

随着我国税收体制逐步完善,尤其是工薪税的实施和完善,未来我国的养老保险可以采用税收筹集的方式。不过,目前离这一目标还有一定的距离,由于养老保险制度和税收体制的不完善,目前完全采用税收筹资方式的条件还不完全具备。

五 完善公务员养老保险筹资机制的建议

筹资机制的改革和完善是未来我国公务员养老保险制度改革的关键内容之一,除了从以上几个方面加强筹资设计外,需要特别注意以下几点。

一是同步推进公务员薪酬与福利制度改革。工资、保险、福利是公务员总报酬的组成部分,需要明确三者在总报酬中的地位和作用,始终应该将工资作为总报酬的核心部分,不能颠倒主次,不能用养老、福利来取代工资。因此,推进公务员养老保险制度改革,需要同步改革和完善公务员的工资制度和福利制度,避免出现"低工资、高福利"的现象。应尽快扭转公务员薪酬偏低的局面,同时应显著提高基本工资在公务员报酬中的比重,严格规范津贴补贴的发放。[①] 如果只改革养老保险制度,而不改革公务员的薪酬福利制度,改革很难顺利推进。

二是规范并提高公务员的工资水平。在公务员养老保险制度改革中,将引入个人责任,需要个人进行适度缴费,如果公务员的工资水平不变,势必降低公务员的待遇水平,会遇到较大的阻力,不符合改革的目标。因此,需要完善公务员的工资制度,探索建立和完善公务员绩效工资制和阳光工资制。考虑到目前较多公务员反映工资水平较低的问题,需要提高公务员的工资水平,尤其是提高基层公务员的工资水平。

三是规范公务员养老保险个人缴费基数。从目前来看,我国城镇职工养老保险的缴费率相对较高,但是,缴费基数不实,虚高了缴费水平,

---

① 高文书:《工资待遇低成公务员第一挑战》,中国社会科学网,http://www.cssn.cn/skyskl/201408/t20140806_1281254.shtml。

降低了实际筹资水平;甚至出现较多的漏缴或少缴行为。公务员养老保险的缴费率设计相对低于目前的城镇职工缴费率,这是我国养老保险制度改革的趋势,但是,需要规范公务员养老保险的缴费基数。应该真正将公务员的工资全部纳入缴费基数,确保公务员养老保险的实际筹资水平不降低。

四是建立和完善公务员养老保险财政预算。应该将公务员养老保险财政支出纳入社会保障财政预算的范围,细化社会保障财政预算,规范和完善公务员养老保险财政支出,为公务员养老保险提供充分、适度、可持续的财政保障。

五是完善公务员养老保险基金投资体制。主要是针对公务员职业年金而言的,建立公务员职业年金个人账户,有利于体现公务员养老保险制度的效率,体现公务员的职业特点,但是,需要加强个人账户的管理与投资,尤其是要建立科学的基金投资体制,实现基金的科学管理与运营,从而实现基金的保值增值,维护公务员的养老权益,促进公务员养老待遇水平的提升。

第二节 公务员养老保险的待遇计发

待遇问题是我国公务员养老保险制度改革的核心问题之一,是社会各界对机关事业单位养老保险关注的重中之重。未来我国养老保险体系的完善和公务员养老保险制度改革的顺利推进,要求建立公平、科学的公务员养老保险待遇计发机制。这里,结合目前我国养老保险制度待遇计发现状和公务员养老保险的目标模式,对公务员养老保险的待遇确定模式进行分析,并对公务员养老保险的待遇水平、待遇结构、计发办法、调整机制等进行分析。

一 不同群体养老保险制度的待遇计发现状

目前我国的养老保险制度总体上实行缴费确定制与给付确定制相结合的待遇确定模式,不同养老保险制度的待遇确定模式和计发办法也有所不同。

其中，城镇职工基本养老保险的基本养老金由基础养老金和个人账户养老金组成，基础养老金月标准以当地上年度在岗职工月平均工资和本人指数化月平均缴费工资的平均值为基数，缴费每满1年发给1%。个人账户养老金月标准为个人账户储存额除以计发月数，计发月数根据职工退休时城镇人口平均预期寿命、本人退休年龄、利息等因素确定。[①] 城乡居民与城镇职工的社会养老保险的待遇计发办法接近，养老金待遇由基础养老金和个人账户养老金构成，基础养老金标准为每人每月55元；个人账户养老金的月计发标准为个人账户储存额除以139。在待遇调整方面，我国养老保险的待遇调整机制整体缺失，待遇调整具有偶然性、随意性，缺乏科学、具体的待遇调整机制。

目前机关事业单位养老保险的待遇确定采用固定给付确定制的模式，个人不需要缴费，待遇水平与个人缴费没有关联，而是与个人退休前的工资水平、工资结构、职务级别等因素挂钩，待遇水平较高，权利与义务的结合不明确。而且，退休人员的养老金水平随在职人员的工资水平进行调整，与其他养老保险待遇的调整办法不一致，容易进一步拉大不同群体之间的养老待遇差距。

不同的制度设计，尤其是不同的筹资办法、待遇计发办法、待遇调整办法，使得不同群体之间的待遇差距较大，机关事业单位人员的养老金水平明显高于企业职工的，更是远远高于城乡居民的，在一定程度上扩大了收入差距，这也是社会各界期盼机关事业单位养老保险制度改革的重要原因之一。暂且不论社会各界对机关事业单位养老保险改革期盼的合理性，在未来的改革中，不得不将待遇水平和待遇计发机制的设计和完善作为一项重要内容来考虑。在完善我国养老保险制度的过程中，需要通过制度模式的完善、合理的制度设计与管理机制的完善，缩小不同群体之间的养老金待遇差距，实现养老保险的公平共享。公务员养老保险制度改革应该在加强与其他群体养老保险制度融合的同时，通过待遇计发与调整机制的完善，提高公务员养老保险制度的公平性与效率性。

---

① 《国务院关于完善企业职工基本养老保险制度的决定》（国发〔2005〕38号）。

二 我国公务员养老保险的待遇确定模式选择

养老保险的待遇确定模式主要有固定给付确定制、缴费确定制以及给付确定制与缴费确定制相结合三种。不同待遇确定模式具有各自的优势和不足，各自适用于不同的经济社会状况和制度模式，没有绝对的好坏优劣之分。各国养老保险待遇确定模式的选择必须结合各自的制度模式和经济社会发展现实，综合考虑制度的公平性和效率性。固定给付确定制模式与个人缴费多少没有直接关联，操作比较简单，相对比较公平，有利于缩小待遇差距；但是，不利于个人缴费积极性的提高。缴费确定制完全与个人缴费与投资收益关联，缴费越多，待遇水平越高，但是缺乏统筹互济性，容易造成较大的待遇差距，不利于促进公平。给付确定制与缴费确定制相结合的模式有助于平衡公平与效率的关系，二者的组合决定着公平与效率的权衡。国外公务员养老保险待遇确定模式有一个共同特点，一般来说，基本养老保险层次实行给付确定制模式，体现公平；补充养老保险层次实行缴费确定制模式，体现效率。[1]

我国公务员养老保险待遇确定模式的选择应该对目前公务员养老保险实行的完全给付确定制进行系统改革，加强与其他群体待遇确定模式的衔接，采取缴费确定制与给付确定制相结合的办法。不同制度层次采取不同的待遇计发办法，其中第一层次的基本养老保险制度采用给付确定制，符合目前公务员的待遇确定模式，也有利于发挥制度的公平互助作用；第二层次采用完全的缴费确定制，其权益完全归个人所有，个人账户的待遇水平取决于个人缴费积累、投资收益、预期寿命等因素。这一待遇确定模式选择符合我国养老保险制度的总体待遇确定模式，有利于加强制度的融合与衔接，兼顾公平与效率相结合的目标。当然，改革后的公务员养老保险待遇确定模式不是对其他养老保险待遇确定模式的照搬照抄，而是对其进行完善。这一待遇确定模式的效果好坏还取决于

---

[1] OECD: Towards Better Measurement of Government, OECD Working Papers on Public Governance, 2007, p. 77.

其具体的制度设计。

三 我国公务员养老保险待遇水平

待遇水平的确定是公务员养老保险制度改革的核心问题之一。待遇水平是公务员养老保险制度公平性的重要体现，当然合理的待遇水平也应该在一定程度上体现效率。待遇水平的设定需要把握适度原则，既不能设置过高的待遇水平，增加政府的负担；也不能过低，尤其是与目前的公务员退休金绝对水平相比，不能有很大的降低。

待遇水平的一个核心指标就是替代率。长期以来，我国公务员的离退休费保持着较高的替代率，曾经为90%以上，一些公务员的离退休金替代率甚至超过100%，无论是绝对值还是替代率都明显超过企业职工的养老金水平。通过逐步改革和调整，近些年来，公务员的养老金替代率水平明显下降，但是其替代率和绝对值仍然明显高于企业职工的，企业的离退休费约为机关事业单位人员的2/3（见表6-4）。

表6-4 不同类型单位人均离退休费及替代率比较

单位：元/月,%

年份	企业			事业单位			机关单位		
	离退休费	平均工资	替代率	离退休费	平均工资	替代率	离退休费	平均工资	替代率
1999	494	681	72.54	725	722	100.42	721	744	96.91
2000	544	766	71.02	871	803	108.47	947	835	113.41
2001	556	871	63.83	894	958	93.32	940	1010	93.07
2002	618	989	62.49	1031	1104	93.39	1077	1167	92.29
2003	640	1132	56.54	1091	1214	89.87	1124	1311	85.74
2004	667	1297	51.43	1154	1374	83.99	1223	1489	82.14
2005	719	1488	48.32	1208	1560	77.44	1257	1736	72.41
2006	835	1713	48.74	1290	1772	72.80	1364	1947	70.06
2007	947	2004	47.26	1576	2150	73.30	1717	2397	71.63
2008	1121	2363	47.44	1663	2480	67.06	1822	2822	64.56
2009	1246	2635	47.29	1816	2838	63.99	1959	3116	62.87

续表

年份	企业			事业单位			机关单位		
	离退休费	平均工资	替代率	离退休费	平均工资	替代率	离退休费	平均工资	替代率
2010	1380	3021	45.68	1929	3201	60.26	2055	3376	60.87
2011	1528	3502	43.63	2105	3605	58.39	2241	3692	60.70
2012	1700	3940	43.15	2380	4036	58.97	2352	4043	58.17

资料来源：《中国人力资源和社会保障统计年鉴（2013）》。

公务员的养老金待遇水平明显高于其他群体的，既有制度设计的差异，有不合理的因素，也有一定的合理性因素，体现了一定的职业特点。因此，未来公务员养老保险制度改革应该保持与目前公务员退休金水平绝对值基本一致，不能有明显的直接降低，替代率可以逐步调整和规范，与其他群体的养老金替代率水平保持接近。切忌以直接降低公务员的待遇水平作为改革的出发点。可以通过完善公务员养老保险制度、改革其他养老保险制度、完善养老保险待遇调整机制等综合举措来进行调整，不宜通过单方面的途径来缩小不同群体之间的待遇差距。单一的改革举措不仅难以实现待遇调整的效果，而且容易导致改革的阻力。

根据对公务员养老的问卷调查，被调查对象认为，目前公务员的退休金水平并不高，认为很高和比较高的分别为3.8%和10.9%；认为比较低和很低的分别为23.0%、9.6%。而且，50.7%的人认为公务员的养老金水平应该高于事业单位人员的，56.8%的人认为公务员的养老金水平应该高于企业职工的。虽然有较多的人支持公务员养老保险制度改革，但绝大多数人不同意降低公务员的养老金水平，其中78.2%的人不同意，只有21.8%的人同意（见图6-1）。

公务员养老保险待遇水平的确定需要考虑以下因素，一是与经济发展水平的适应性。这是公务员养老保险待遇水平确定的基本原则，也是确定公务员养老待遇水平最基本的要素，不能超越经济发展水平，给经济发展增加负担，阻碍经济的发展。二是待遇水平的延续性。需要考虑公务员群体过去和目前的养老待遇水平，需要保持延续性，而不是突然地骤降，尤其是在改革初期，不宜直接降低其待遇水平。三是待遇水平

□ 不同意　■ 同意

21.8%

78.2%

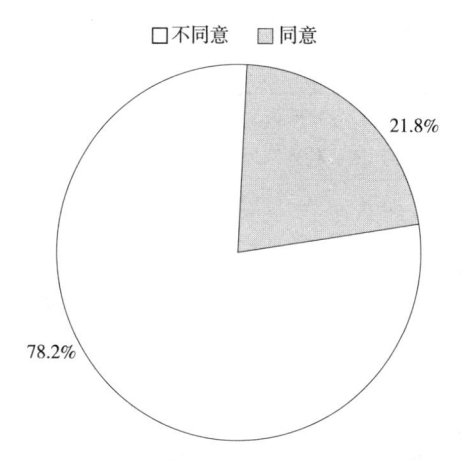

图 6-1　未来改革中是否同意降低公务员的养老金水平

的公平性。需要结合其他群体的待遇水平，不能因公务员养老待遇水平确定过高而造成不同群体之间过大的待遇差距。四是财务的可持续性。也就是说，需要考虑公务员养老保险的筹资水平，也需要考虑财政负担水平，不能超越目前的财政负担水平；考虑未来的财务可持续性，在不超越公务员心理预期的前提下，公务员待遇水平的设定宜低不宜高。

经过近些年来的调整和完善，目前，公务员的养老金替代率维持在60%左右，替代率已基本趋于合理水平，未来改革也应该维持这一替代率水平，近期不能将降低待遇水平作为改革的目标。

根据制度的多层次性，公务员的养老待遇由多个部分构成，主要由基本养老金和职业养老金组成，分别体现公务员基本养老保险与职业年金的待遇。根据筹资水平与筹资结构，基本养老金应该占总待遇水平的2/3左右，职业年金占1/3左右。由于缴费年限较长、工资水平较高，再加上合理的资金运营，公务员是完全可以实现其待遇水平的。如果再加上第三层次的个人自愿养老保险，公务员的待遇水平甚至比目前更高。

从国外的养老保险待遇来看，国家公共养老金占养老金水平的比例并不高，OECD 国家的平均公共养老金替代率仅为 40.6%，欧盟 27 个国家[①]平均为 47%，而强制性私人养老金、自愿型养老金在总养老金水平中发挥着重要作用（见表 6-5）。

---

① 不包括克罗地亚。

表6−5 部分国家的养老金替代率

单位:%

国家/组织	公共养老金	强制性私人养老金	自愿型养老金	总强制性养老金	总养老金（包括自愿型养老金）
澳大利亚	13.6	38.7	—	52.3	—
奥地利	76.6	—	—	76.6	—
比利时	41.0	—	15.1	41.0	56.2
加拿大	39.2	—	33.9	39.2	73.1
智利	4.8	37.2	—	41.9	—
捷克	43.5	—	39.2	43.5	82.8
丹麦	30.6	47.9	—	78.5	—
爱沙尼亚	27.4	24.8	—	52.2	—
芬兰	54.8	—	—	54.8	—
法国	58.8	—	—	58.8	—
德国	42.0	—	16.0	42.0	58.0
希腊	53.9	—	—	53.9	—
匈牙利	73.6	—	—	73.6	—
冰岛	6.5	65.8	—	72.3	—
爱尔兰	36.7	—	43.0	36.7	79.7
以色列	22.2	51.1	—	73.4	—
意大利	71.2	—	—	71.2	—
日本	35.6	—	—	35.6	—
韩国	39.6	—	—	39.6	—
卢森堡	56.4	—	—	56.4	—
墨西哥	3.8	24.7	—	28.5	—
荷兰	29.5	61.1	—	90.7	—
新西兰	40.6	—	14.1	40.6	54.7
挪威	45.7	6.8	11.3	52.5	63.8
波兰	24.5	24.3	—	48.8	—
葡萄牙	54.7	—	—	54.7	—
斯洛伐克	37.6	28.3	—	65.9	—
斯洛文尼亚	39.2	—	—	39.2	—
西班牙	73.9	—	—	73.9	—
瑞典	33.9	21.7	—	55.6	—

续表

国家/组织	公共养老金	强制性私人养老金	自愿型养老金	总强制性养老金	总养老金（包括自愿型养老金）
瑞士	32.0	23.1	—	55.2	—
土耳其	64.5	—	—	64.5	—
英国	32.6	—	34.5	32.6	67.1
美国	38.3	—	37.8	38.3	76.2
OECD34个国家平均	40.6	—	—	54.0	67.9
阿根廷	90.4	—	—	90.4	—
巴西	57.5	—	—	57.5	—
印度	55.8	—	—	55.8	—
印度尼西亚	—	14.1	—	14.1	—
俄罗斯联邦	30.6	17.3	—	47.9	—
沙特阿拉伯	100.0	—	—	100.0	—
南非	0.0	—	54.5	0.0	54.5
欧盟27个国家平均	47.0	—	—	57.6	—

注：以上替代率均按平均收入计算。

资料来源：OECD, Pensions at a Glance 2013: Retirement-Income Systems in OECD and G20 Countries, 2013。

四 我国公务员养老保险制度的待遇计发办法

（一）待遇确定资格

结合其他养老保险的待遇计发办法，公务员养老保险的待遇计发主要考虑缴费年限、工作年限、退休年龄等因素。

缴费年限是确定待遇水平和待遇资格的基本条件，公务员养老保险待遇领取的前提就是个人要按规定履行缴费义务。原则上公务员只要是在职期间，都应该按规定缴费。目前，城镇职工基本养老保险制度规定的最低缴费年限为15年，即只有缴费15年以上的职工才能获得待遇领取资格。考虑公务员的职业稳定性和退休年龄，可以规定公务员养老保险的最低缴费年限为20年以上，以后适当延长最低缴费年限。与企业职工相比，由于职业的稳定性和缴费年限相对较长，因而我国公务员可以获得相对较高水平的养老金待遇。

工作年限主要是指在公务员岗位上的工作年限，公务员需要达到一定的公务员岗位工作年限才能领取公务员养老金，以体现出公务员养老金与其职业贡献的结合。考虑到公务员与其他职业的流动性，应该设定在公务员岗位上的最低累积工作年限，比如15年。如果在公务员岗位上的工作年限不足，可以按照工作年限最长的岗位职业的养老保险制度计发养老金，或者对不同职业岗位的养老金权益进行相加计算。

退休年龄的规定是公务员养老保险待遇计发的核心要素。一般而言，公务员在达到规定的退休年龄即可领取养老金。因特殊情况（比如伤残）可以提前退休，提前退休年限最多不得超过5年，如果超过5年，需要相应减少一定数额的养老金；比如，在此基础上每提前一年，减少1%的基本养老金。也可以根据工作需要和个人意愿延长退休年龄，如果达到退休年龄后仍然工作并且获得全额工资的，需要个人按要求进行全额缴费；如果达到退休年龄后从事兼职工作未获得全额工资的，可以不用个人缴费，但需要正式退休后才能领取养老金。退休年龄的设定是一项复杂的工作，目前我国的退休年龄总体偏低，不符合人口老龄化和预期寿命延长的趋势，应该进行调整。退休年龄的调整需要综合考虑不同职业群体的利益诉求、受教育程度、就业愿望、健康状况等因素。在我国退休年龄总体偏低的情况下，未来需要适时、适度、渐进延长退休年龄，通过"先女后男、共同延长"的办法，逐步达到男性65岁的退休年龄，女性退休年龄可以略低于男性。

国外较多国家对公务员养老保险待遇领取资格进行了相关规定，包括最低退休年龄、正常退休年龄和服务年限要求。绝大多数国家规定的正常退休年龄为60岁，而且男女要求相同，只有少数国家规定了男女不同的正常退休年龄，少数国家的正常退休年龄为65岁或67岁；最低退休年龄低于正常退休年龄的2~10岁，低于5岁的占绝大多数。最低服务年限要求为10~30年。

（二）具体计发办法

计发办法的科学与否直接关系到公务员养老保险的待遇水平能否实现，关系到公务员养老保险制度公平与否和效率的高低。公务员养老保险待遇的具体计发办法，可以参照其他养老保险制度的做法，结合公务员养老保险的制度模式和制度设计，体现出适当的差异。不同层次的计发办法有所不同。

第一层次的公务员基本养老保险制度注重社会统筹，强调公平互助，在计发办法上也应该体现这一特点和目标。第一层次的基本养老保险应该兼顾当地社会平均工资水平、公务员的平均工资水平和个人缴费工资水平,以此为基数,公务员每缴费一年(包括视同缴费年限),发给1%的基本养老金。即每缴费一年的公务员基本养老金为(全国在岗职工平均工资+全国公务员的平均工资+个人平均缴费工资)/3×1%。如果一个公务员25岁参加工作,60岁退休,基本养老金可达到35%,如果65岁退休,可以达到40%。这一计发办法参照了社会平均工资水平,体现了较大的公平成分,也体现了一定的个人特点,有利于缩小收入差距,但又不是完全的平均主义。

第二层次的职业年金主要根据个人账户余额(包括个人缴费总额与政府匹配积累额、投资总收益)和平均预期寿命进行计算。个人账户的权益完全归个人所有,待遇水平完全体现个人差异,充分体现个人的缴费贡献。这里有一点非常重要,就是保持一定的投资收益率。

第三层次的待遇计发完全遵循市场原则,由主办方根据缴费与待遇对等原则进行测算和确定。在第三层次的筹资中,地方政府和单位可以对其给予适当的缴费支持,但需要规定一个低水平的上限。

关于待遇的计发,需要政府财政承担一定的托底责任和收益率担保,而且政府需要承担长寿风险。特别需要注意的是,务必将公务员养老保险的缴费基数做实,保持稳定的工资增长率和投资收益率,建立和完善第三层次的自愿养老保险制度。特别是需要实现科学的基金管理与投资,促进基金增值非常重要。如果将基本养老保险层次、职业年金和第三层次的待遇水平相加,完全可以超过目前公务员退休金的替代率水平。有关学者在对事业单位养老保险制度改革研究中相关的类似测算结果基本上可以证实这一结论。[1]

五 建立公务员养老保险待遇调整机制

(一)公务员养老保险待遇调整现状及问题

改革开放以前原有的公务员养老制度向公务员提供固定的离退休费,

---

[1] 高和荣:《我国事业单位人员养老保险制度改革设计与检验》,2014年中国社会保障30人论坛年会会议论文。

在确定退休费后的较长一段时间内不会变化。改革开放以后，对公务员的离退休待遇进行了一些临时性调整，主要是采取发放补贴的形式提高退休公务员的待遇。1979~1994年，大约进行了10次离退休人员各种补贴的发放，其中，1979年、1985年、1988年进行了三次较大的物价补贴调整。尽管改革开放以后的一些政策文件提出要根据公务员的工资增长和物价变动等情况进行调整。在实践中往往是根据在职公务员的工资增长情况进行不定期的调整，由于公务员比企业职工的平均工资要高，这种调整方式导致了退休公务员与退休职工的养老金待遇差距越来越大。

无论从减轻政府财政负担的角度还是从缩小不同群体养老金待遇差距的角度，都需要加强公务员养老保险待遇调整机制建设，既让公务员养老金随经济发展而适度提高，又不能因待遇调整机制的不同而进一步拉大公务员与其他群体之间的待遇差距。

（二）公务员养老保险待遇调整机制的建立

从国外养老金待遇的调整来看，主要有四种做法，一是根据物价指数进行调整，随着价格水平的提高，公务员的养老金水平也相应提高，包括澳大利亚、加拿大、爱尔兰、意大利、西班牙、瑞典、瑞士、英国等。二是根据公务员的平均工资水平进行调整，在职公务员的工资增长时，退休公务员的养老金也要相应进行调整，比如，奥地利、法国、德国、巴西、土耳其、委内瑞拉、尼泊尔、摩洛哥等。三是根据社会平均工资水平进行调整，这一类的国家数量较少，比如，挪威。四是综合考虑物价水平、工资水平等因素调整，比如，比利时、丹麦、芬兰、希腊、卢森堡、荷兰、葡萄牙等。通过与部分发展中国家的对比发现，发达国家的公务员养老金待遇调整机制相对比较规范和科学，大多数发展中国家并没有建立科学的调整机制，而是随意进行调整。这几种待遇调整办法各有优劣，分别适用于不同经济社会和文化背景的国家。

根据我国的实际，公务员养老保险待遇不宜完全根据在职人员的工资增长情况进行调整。建议对公务员的养老金采用根据物价上涨情况进行调整的办法，也可以根据物价上涨情况与在职公务员的工资增长相结合的办法，比如，50%根据物价调整，加上50%根据在岗人员的平均工资增长进行调整。同时，对不同年龄群体采用差异化的调整方案，但无论"老人"还是"新人",都需要让其适度分享改革发展的成果。对不同地区的经济发展水平也要有所考虑,①既要有相对统一的调整标准(指数),又要注意不同群体和地区的差别性,使公务员养老保险制度朝着公平与效率相结合的方向发展。建议将公务员养老待遇调整纳入整个养老保险体系的待遇调整机制中进行统筹考虑,对不同群体人员的养老金待遇进行同步、同标准的调整,建立统一、完善的待遇调整机制,防止因时间、标准的不同而导致待遇差距的扩大。

第三节 公务员养老保险的管理与服务

在制度模式基础上进行的筹资机制与待遇计发机制设计是公务员养老保险制度改革设计的核心。科学、高效的管理与服务是公务员养老保险制度改革顺利进行的重要保障,有利于确保改革目标的实现,有利于加强社会治理。从内容划分,公务员养老保险的管理与服务包括行政管理、监督管理、经办管理、基金管理等方面。②

一 我国养老保险的管理与服务体系

我国养老保险的管理体制经历了由分散到逐步统一的过程,管理体制改革取得了重大成就。目前我国的养老保险包括城镇职工基本养老保险、城镇居民社会养老保险、新型农村社会养老保险、机关事业单位养老保险统一由人力资源和社会保障部门管理,建立了相对集中统一的管理体制,并且实现了部分行业养老保险统筹移交地方管理的重大突破。养老保险管理的统筹层次逐步提高。在经办服务方面,我国逐步建立和完善了相对独立的养老保险经办服务系统,并且从硬件、软件等方面加强经办机构的能力建设,建立和完善经办服务信息系统,提高经办服务的质量和效率。

但是,我国养老保险制度的管理与服务依然存在不少问题,需要在

---

① 穆怀中:《养老金调整指数研究》,中国劳动社会保障出版社,2008,第235~236页。
② 这里主要就行政管理、监督管理与经办管理进行论述,后面将专门讨论基金管理运营问题。

未来的改革中进一步完善。比如，养老保险管理的统筹层次仍然较低，尤其是城乡居民养老保险还处于县区级统筹阶段，管理相对分散，不利于提高管理效率，也不利于提高制度的公平性；养老保险的管理职责不明确，尤其是行政管理、监督管理、经办管理、基金管理等方面的职责混乱，行政色彩比较深厚；养老保险经办服务的独立性欠缺，经办服务的能力不足、体系不健全；养老保险基金管理体制不顺，基金保值增值难，基金安全堪忧。①

公务员的养老保险管理原来一直保持着与其他养老保险制度独立管理的局面，由人事部门主管。在2008年我国的行政机构改革中，将公务员的养老保险并入人力资源与社会保障部门。目前，我国的机关事业单位养老保险保持着制度分立、统一管理的状况。机关事业单位的养老事务基本上是由单位包办的，是一种典型的国家保险，而非真正的社会保险。

影响公务员养老保险管理与服务模式的因素是多方面的，包括政治体制、行政体制、制度模式等。政治体制方面，集权制国家主要由中央政府制定公务员养老的法律法规，负责全国公务员养老保险制度的管理和运营，地方政府主要协助中央政府有关部门管理本区域的公务员养老保险制度，执行中央政府的公务员养老法律法规；分权制国家则较大地体现地方的自治性，中央和地方的公务员养老保险制度往往不完全一致，甚至差别较大。行政体制方面，整合型行政体制的国家往往将公务员养老保险制度纳入整个养老保险体系进行整合管理；分散型行政体制的国家则是将公务员养老保险制度与其他群体养老保险制度分开独立管理，往往由政府人事部门负责管理。制度模式方面，独立型公务员养老保险制度实行分立的管理体制，与其他群体的养老保险制度相互独立；融合型公务员养老保险制度的管理体制也体现出与其他群体养老保险制度相融合的特点，根据制度整合的程度分为完全统一管理和部分统一管理两种情况，完全统一管理就是指将公务员与其他国民同等对待，统一由一

---

① 孟颖颖：《中国社会保险行政管理体制的历史变迁及改革方向思考》，《贵州社会科学》2011年第9期。

个机构进行管理和业务经办,目前来看,完全统一管理的公务员养老保险制度还比较少,部分统一管理模式的国家相对较多,即与普通国民养老保险制度相统一的基础养老金部分或私人养老金实行统一管理,而公务员的职业养老金计划由政府人事部门管理。

未来在公务员养老保险制度改革实施的过程中,必须在设计科学的制度方案的基础上,建立科学、高效、严密的管理与服务体系。公务员养老保险制度的管理与服务体系建设需要坚持几点原则:一是统一管理原则,需要建立自上而下的垂直管理与经办服务体系;二是独立化原则,应该实现公务员养老保险的管、办、监等职能的相互独立、相互制约;三是法制化原则,管理部门的设置、管理职责的明确应该有相应的法制规范;四是协调性原则,即公务员养老保险管理应该加强与其他养老保险管理的协调,公务员养老保险管理体制与服务体系的完善需要与制度模式和制度设计相协调;五是科学化原则,即应该通过科学的管理与服务来提升公务员养老保险制度的公平与效率。

二 我国公务员养老保险的行政管理

目前包括公务员养老保险在内的整个养老保险体系的行政管理已经统一由人力资源和社会保障部门统一管理,从形式上实现了养老保险的统一管理。公务员养老保险的行政管理是我国行政管理体系的构成部分,因此,公务员养老保险制度的改革离不开行政体制改革的配套。总体来看,我国公务员养老保险行政管理的完善应该解决以下几个方面的问题。

一是明确行政管理的具体内容。政府是各类养老保险制度的重要主体,需要明确公务员养老保险行政管理的具体内容,包括加强公务员养老保险制度的规划和顶层设计、制定公务员养老保险的具体政策和制度、监督公务员养老保险制度的实施过程、加强公务员养老保险基金的监督等方面。明确和完善公务员养老保险的行政管理,需要处理好政府在公务员养老保险制度中的多重角色困境,正确履行政府职责。

二是不同层次制度的行政管理。根据公务员养老保险模式和其他养老保险制度的未来发展,我国将真正建立和完善多层次的养老保险制度。未来公务员养老保险制度的管理体制也应该体现出制度的多层次性,根据制度的多层次设置不同的管理部门。根据多层次的养老保险制度发展方向,可以考虑在目前的养老保险司下面设立基本养老保险处、补充养老保险处(或职业年金处)、自愿储蓄养老和商业养老保险监管处等具体的职能机构。将来可以考虑成立国家养老保险总局或老年总局,负责整个养老保险体系或老年保障体系的管理,设立养老保险一司(主要负责基本养老保险管理)、养老保险二司(主要负责职业年金管理)、养老保险三司(负责其他养老保险的管理)。公务员与其他群体的基本养老保险、补充养老保险和自愿养老储蓄分别由这些具体的职能机构管理。目前我国的养老保险虽然从形式上实现了统一管理,但是,实质上来说还是独立管理,在人力资源和社会保障部门下根据不同人群设立不同的养老保险管理机构。未来养老保险的行政管理体制需要进行调整,打破职业群体差异,根据养老保险制度的层次性和发展规律分别设置管理部门。

三是管理的统筹层次问题。总的来说,统筹层次越高,越有利于加强统一管理,越有利于制度公平性的实现。当然,也不是完全绝对的,如果一味追求高层次统筹,可能会适得其反;但是,如果统筹层次过低,肯定是不利于制度发展的,会造成管理分散、资源浪费,不利于公平,也不利于效率。从现实情况看,我国养老保险管理的统筹层次偏低,需要从整体上提高我国养老保险管理的统筹层次。城镇职工基本养老保险应该加快提高统筹层次的步伐,尽快实现全国统筹的目标。[①] 城乡居民养老保险也应该提高统筹层次,实现省级统筹的目标。公务员养老保险可以根据不同层次实行差异化的统筹层次管理。其中公务员基本养老保险实行全国统筹管理,职业年金可以探索省级统筹或区域统筹方式,有利于加强职业年金个人账户的管理与投资、保持适度竞争性、提高管理效率。[②] 与城镇职工相比,考虑公务员的规模不算太大,公务员职业年金也可以与基本养老保险一样实行全国统筹,但需要建立适度竞争、相互制

---

① 郑功成:《实现全国统筹是基本养老保险制度刻不容缓的既定目标》,《理论前沿》2008年第18期。
② 张新民、林雪梅:《养老金管理体制研究》,《西南师范大学学报》(人文社会科学版)2006年第3期。

约的基金管理与投资体制。待未来其他养老保险制度的补充保险层次发展起来后，公务员职业年金可以与之共同实行省级统筹或区域统筹。

四是管理的统一性与分散性问题。基于我国公务员养老保险制度趋于融合的设想，其行政管理也应该进一步走向融合。虽然从形式上来看，目前的公务员养老保险制度与其他群体养老保险制度统一由人力资源和社会保障部养老保险司管理，由于制度的差异，公务员养老保险管理体制距离实质融合还有一定的差距。应该发挥行政主管部门在不同类型养老保险制度改革中的统一决策作用，对养老保险制度的改革与发展进行整体考虑，而不再是独立、分散管理。当然，统一管理不代表完全的同质化管理，在具体的管理实施过程中，需要因人制宜，考虑不同群体的职业差异，提高养老保险管理的针对性与有效性。

五是纵向管理与横向管理的关系。公务员养老保险的行政管理需要充分考虑我国的行政管理体制格局和养老保险统筹层次，处理好纵向管理与横向管理的关系。作为公共管理的重要内容，目前我国的社会保障体制是一张纵横交织的网络。应该遵循养老保险事业的发展规律和公务员养老保险的特殊性，增强公务员养老保险行政管理的科学性，确保公务员养老保险行政管理的公平、公正与效率。公务员养老保险的行政管理又必须服从于整个行政体制安排。

三　我国公务员养老保险的监督管理

监督管理是公务员养老保险管理的重要内容之一，建立严密的监督机制是确保公务员养老保险制度改革实施顺利运行的重要保障。我国养老保险制度的监管不严带来了诸多问题，影响了制度的声誉，不利于制度的可持续发展。在今后的公务员养老保险制度改革中，需要从监督主体、监督内容、监督形式、监督反馈与纠偏机制等方面加强监督机制建设。

1. 监督主体

建立和完善监督机制，首先需要明确监督主体，也就是说由谁来监督的问题。只有明确了监督主体，才能落实监督责任，加强监督力度。公务员养老保险制度的监督主体是多元的，根据监督的内容和形式不同，监督的主体也有所不同。总体来看，人大机关是最重要的监督主体，也是最有力的监督主体，主要通过立法监督来体现，监督养老保险法律的实施情况。政府社会保障行政部门是加强行政监督的主体，是理所当然的监督主体，各级社会保障行政部门对公务员养老保险制度负有全面的行政管理与监督责任。除社会保障主管部门的行政监督外，财政、审计、司法、纪检等部门也是重要的监督主体。新闻媒体、社会公众、保障对象（公务员）都有参与监督的权利。可见，参与监督的主体是多元的，需要通过相应的法律法规明确不同监督主体的监督责任，畅通监督渠道。

2. 监督内容

明确监督的内容也就是明确监督什么的问题，只有明确了监督的内容，才能增强监督的针对性，提高监督效率。公务员养老保险制度监督的内容是全方位的，涉及制度设计、制度运行与管理的各个方面。具体而言，公务员养老保险制度的监督内容包括：制度设计的监督，通过加强监督规范制度设计的程序和信息公开，提高制度设计的科学性；资金筹集的监督，监督政府、单位和个人是否严格履行筹资责任，确保筹资顺畅；待遇计发的监督，包括待遇资格、待遇水平的确定是否合理，待遇是否及时发放，待遇调整是否规范；资金管理的监督，严格资金管理，专款专用，确保资金的安全性；基金管理与投资的监督，实现基金管理与投资的规范性，促进基金的保值增值；参保范围的监督；信息公开的监督；等等。概括地说，监督的内容涉及公务员养老保险制度改革实施之前、实施过程中、实施后的效果等全方位监督。

3. 监督形式

公务员养老保险制度的监督形式是多种多样的，包括立法监督、行政监督、司法监督、审计监督、纪检监督、社会监督等。立法监督是指公务员养老保险相关法律法规的落实情况，立法监督具有较强的权威性。行政监督主要是指政府行政部门对涉及公务员养老保险行政事务方面的监督，需要相关部门的协作。司法监督主要是指涉及公务员养老保险纠纷与争议方面的监督。审计监督主要是涉及资金方面的监督，包括资金筹集、待遇发放、资金管理、基金投资等。纪检监督是一项具有中国特色的监督形式,主要是由纪检监察机关开展的监督。社会监督无时不有、无处不在,包括社会公众与新闻媒体等方面的监督。根据监督的时间划分,包括定期监督与不定期监督,公务员养老保险制度既要有长期的、持续的、定期的监督,也要根据需要开展不定期的、随时的监督。

4. 监督反馈与纠偏机制

这是监督的落脚点,监督不是为了监督而监督,而是通过监督预防问题的发生,或者对已经发生的问题寻求解决的办法,避免类似问题的再次发生,这才是监督的根本目的。如何进行有效的反馈与纠偏,这是监督机制的难点。通过各类形式的监督获得的信息应该向行政主管部门进行反馈,并且由行政部门负责对监督中所发现问题进行解决落实和进一步监督。当然,建立一个良好的反馈与纠偏机制,需要与行政体制的改革相配合,增强公务员养老保险行政管理、监督管理、服务管理的独立性与相互制约性,否则,由于公务员养老保险制度的特殊性,监督者、被监督者、整改落实者都是公务员,监督的效果可能会打折扣。

总体而言,应该根据基本养老保险全国统筹和经办机构垂直、独立管理的特点,建立集中监督与分散监督相结合、日常监督与定期监督相结合的严密的监督机制。形成以中央社会保障行政部门(人力资源和社会保障部)为核心,财政、审计、监察、立法、司法等部门参与的监督系统,还有一个重要的监督渠道就是社会监督,要吸收公务员、社会公众、新闻媒体参与监督。监督的内容主要包括行政管理监督和基金管理监督,监督应该覆盖公务员养老保险制度设计、资金筹集、资格审查、待遇计发、基金投资等多个方面。

四 我国公务员养老保险的经办服务

公务员养老保险的经办服务包括资金筹集、待遇资格审查、待遇发放、基金管理等内容,经办服务的好坏直接关系到公务员养老保险制度是否能够落实,关系到公务员养老权益是否能够实现,关系到公务员能否享受优质、高效的养老保险服务。

目前的公务员养老保险制度实行的是单位管理模式,公务员养老金的资格审查、待遇发放、资金管理等事宜全部由所在单位负责,既给单位增加管理负担,也不利于提升养老保险服务的专业化水平;未来的改革需要实现公务员养老保险制度的社会化管理,实现管办分离,加强公务员养老保险经办服务能力建设,提高经办服务水平,进而提高制度的运行效率。

统一经办是公务员养老保险经办服务的发展方向。根据公务员养老保险制度的融合性发展方向,未来公务员养老保险的经办、应该与其他群体养老保险的经办逐步实现整合,即不同类型养老保险统一由一个经办系统负责经办。根据我国养老保险多层次的发展方向,应该有所区别,可以设立养老保险经办一处、养老保险经办二处,分别负责统筹管理基本养老保险与职业年金的经办事项。从中央到地方分别设立不同级别的养老保险经办机构。从各经办机构的管理来看,各省级经办机构对中央经办机构负责,不受省级政府行政部门管理,而接受中央政府职能部门的行政监督。公务员养老保险经办机构实际上是一个全额拨款的事业单位,其经办人员和经费统一由中央负责。当然,这还有待于整个养老保险改革的整体推进,这里说的只是未来的发展方向。第三层次的养老保险统一由商业性保险公司负责管理和经办,中央政府制定有关政策方案,各级政府进行监督。考虑到基金管理的重要性,不宜过分集中,可以实行适度分散管理。

经办机构的独立性问题是未来公务员养老保险经办机构设置与运行的重要问题。要处理好经办机构与行政管理部门之间的关系。行政机构对经办机构负有行政管理、指导、监督管理的责任,而具体的经办决策和服务事项完全由经办机构负责,政府行政部门不应该过多干涉,否则会造成职责混乱、决策效率低、监督不力、经办服务效率不高等问题。因此,垂直管理与独立运行是公务员养老保险制度和未来整个养老保险经办的发展方向。

经办机构的能力建设。在理顺经办体制的同时,应该加强经办机构的能力建设。可以从这几个方面着手:一是加强经办机构的资金投入,满足经办机构的经费需求;二是建立高素质、专业化、数量充足的经办人才队伍,满足不同群体养老保险的经办服务需求;三是加强经办机构的场地与设施建设,确保经办服务的稳定性;四是加强经办机构的信息化建设，建立全国统一的社会保险经办信息系统，经办机构的信息化建设是确保经办服务效率的关键，未来需要重点加强；五是加强经办机构的制度建设，规范经办服务行为。

第四节 公务员养老保险的基金管理与投资

基金管理与运营虽然不是公务员养老保险制度设计的直接内容，但是，良好的基金管理与运营对顺利推进公务员养老保险制度改革与可持续发展具有重要意义，甚至决定公务员养老保险制度改革的成功，应该引起高度重视。如果未来我国公务员养老保险制度引入职业年金制，每年将积累数百亿元的公务员职业年金基金。因此，需要设计一个科学的基金管理与运营机制，以实现基金安全、保值增值的目标。

一 公务员养老保险基金管理与投资的重要性

加强公务员养老保险基金的管理与投资对推进公务员养老保险制度改革、实现公务员养老保险基金的保值增值、维护公务员的养老权益具有重要作用。

第一，加强公务员养老保险基金管理与投资是公务员养老保险制度改革的重要内容。公务员养老保险制度改革是一项复杂的系统工程，涉及各方面的利益关系和影响因素，不仅需要科学的制度设计，而且需要为制度实施提供相关保障，基金的管理与投资是整个公务员养老保险制度改革过程中非常关键的内容。如果在基金管理与投资方面乏力，公务员养老保险的制度设计和改革效果将大打折扣，甚至改革将遭遇阻碍。科学的基金管理与投资，有利于提高制度的运行水平和公务员的养老待遇水平。因此，未来要顺利推进公务员养老保险制度改革，必须注重基金的管理与投资。

第二，加强公务员养老保险基金管理与投资是实现公务员养老保险基金保值增值的必然要求。由于新的公务员养老保险制度将引入个人账户，加强基金积累，因而必须确保基金安全，实现基金的保值增值。这是公务员养老保险制度健康运行的重要体现，也是顺利推进改革、降低制度运行成本和财务风险的内在要求。

第三，加强公务员养老保险基金管理与投资是维护公务员养老权益的必然要求。公务员养老保险制度改革不能削弱公务员的养老权益，公务员养老保险基金是公务员个人权利和贡献的重要体现，政府有责任维护公务员的养老权益，不能因基金的不安全和贬值而影响公务员的养老待遇水平。

第四，良好的公务员养老保险基金管理与投资也为整个养老保险基金和社会保障基金的管理与投资提供借鉴。目前，我国养老保险基金和社会保障基金的管理与投资还很不理想，存在较多的问题，基金保值增值难以成为我国社会保障制度发展过程中的一个重要问题。目前的问题主要还体现在其他诸多方面，比如，基金贪污、挪用现象严重、管理分散、投资渠道单一、投资收益过低、投资体制不完善、[1] 管理成本偏高、管理效率较低等。[2] 公务员养老保险基金的管理与投资应该吸取我国养老保险和社会保障基金管理与投资过程中的教训，通过完善制度设计、加强监管、完善管理体制和投资策略，促进公务员养老保险基金的保值增值。反过来又为养老保险基金和社会保障基金的保值增值提供借鉴。

二 公务员养老保险基金的管理

基金管理是公务员养老保险管理的重要内容之一，加强公务员养老保险基金的管理是确保基金安全与保值增值的重要前提。应该建立合理的管理模式，完善基金管理体制，健全基金管理机构。需要说明的是，广义的基金监管包括基金筹集、发放、管理、投资、监管等在内的一系列环节，这里主要聚焦于狭义的基金管理，即指对筹集的基金进行管理这一环节。

目前我国养老保险基金和社会保障基金的管理主要是纳入财政专户，实行收支两条线管理，单独记账、核算，在一定程度上维护了基金的安全。但是，目前的基金管理方式还不足以维护基金的安全和保值增值，

---

[1] 庞凤喜、洪源：《我国社会保障基金管理模式构建研究》，《现代财经》2006年第2期。
[2] 徐景峰：《我国现行企业年金基金管理模式存在的问题及对策研究》，《财政研究》2011年第2期。

难以提高基金管理的效率。

加强公务员养老保险基金的管理，应该进一步完善基金管理模式与管理体制。在切实做到钱账分开、独立建账的基础上建立专门的、专业化的基金管理机构，采用信托模式，由专业的基金管理机构进行管理，[①]可以考虑建立养老保险基金管理公司。[②] 需要进一步增强基金管理的独立性，有利于确保基金的安全和基金管理效率的提高。公务员养老保险基金的所有权属于公务员，基金管理机构只是一个履行托管责任的机构，代表公务员履行基金管理职责，应该为公务员的利益负责。可以考虑在公务员养老保险经办机构内成立养老保险基金管理委员会加强基金管理，委员会由经办机构人员、专家、公务员、行政人员等组成，[③] 有利于加强公务员养老保险基金管理的科学性，规范基金管理机构的行为。

在基金管理层次与集中性方面，考虑到我国的地区差异和资本市场的实际，对公务员职业养老基金的管理不宜过度集中，不宜采取由中央经办机构集中管理的做法，而应该适度分散（但不宜过度分散）。笔者主张采取地区分散管理的办法，比如，在全国划分东北、华北、西北、华南、华中、华东、西南、中南、东南等地区。由各地区的经办机构根据委托—代理制原则加强基金的管理运营，也可以探索省级管理的办法。每个省份或地区由一个专业的基金管理公司管理。基金管理既不能过于集中，也不能过于分散，避免恶性竞争，应该采取适度分散的管理模式，提高基金管理的竞争性，分散和降低基金管理的风险，提高基金管理的效率，有利于基金的委托投资。

三 公务员养老保险基金的投资

基金的管理与投资是相衔接的，基金管理机构加强基金管理的最终目标是基金的安全与保值增值，实现公务员的养老权益。因此，在完善

---

① 王亚柯：《中国养老保险基金管理：制度风险与管理风险——基于美国联邦社保基金管理经验的启示》，《华中师范大学学报》（人文社会科学版）2012年第3期。
② 郑秉文：《加快养老金管理公司建设》，《红旗文稿》2007年第22期。
③ 李珍：《论建立基本养老保险个人账户基金市场化运营管理制度》，《中国软科学》2007年第5期。

基金管理机构和管理体制的基础上，需要采取有效措施和策略加强基金投资。

公务员养老保险基金投资的重要前提是确保基金的安全性，在风险性与收益性之间保持适度平衡，不宜过度进行风险投资，而应该投资一些收益相对稳定、风险较小的领域。特别是在我国资本市场还很不完善的背景下，尤其需要规避基金投资的风险。当然，不能因为害怕投资损失而采取过于保守的投资办法，需要在完善投资体制和投资策略的基础上实现较好的投资收益，这是基金投资的根本目标。可见，公务员养老保险基金投资需要考虑基金安全性与收益性的结合，在规避风险的同时尽量实现更好的收益。

投资体制的完善是加强基金投资、实现基金保值增值的重要保障。建立一个高效的市场化投资体制对于公务员职业年金的运营十分重要，从目前我国社会保障基金的投资现状来看，主要用于银行存款和购买国债，相对注重安全性，但保值增值效果欠佳，尤其是在金融危机和通货膨胀的情况下，损失较大。未来公务员养老保险制度改革必须吸取这些教训，逐步发展一批专业化的投资机构，在这些机构之间开展充分竞争。基金投资需要注意降低投资成本、提高投资效率。与基金管理类似，可以考虑在公务员养老保险经办机构成立投资委员会，投资委员会特别需要强调专业人员和公务员（参保人员代表）的参与，加强投资决策及公务员在投资决策中的参与，[1] 确保公务员在投资机构选择方面的权利。应该严格加强市场准入，建立基金投资机构的准入机制，确保投资机构提供最低收益担保。

在我国目前的行政体制下，尤其需要确保公务员养老保险基金投资的独立性，充分发挥政府对养老保险基金管理与投资的监督作用，防止因政府对公务员养老保险基金投资的过度干预而导致基金投资风险的出现。

在完善基金管理体制的基础上完善基金的投资渠道与投资策略是加强基金投资、实现基金保值增值的直接要求。就投资渠道和投资手段而

---

[1] 金颖：《社会保障基金管理中的公众参与机制研究》，《山东社会科学》2011年第4期。

言，应该拓宽投资渠道，采取多样化的投资策略，分散投资风险，提高投资收益。对于银行存款、债券、股票等组合的比例应该合理分配，尤其是要进一步降低银行存款的比例，投资于一些经济效益和社会效益均比较好的重大公共工程是可取的选择。同时，需要尽快完善中国的资本市场。基金投资委员会有权对投资机构的选择及其投资行为进行指导和监督，确保基金实现合理的投资，在实现保值增值的同时尽量提高基金投资的经济社会效益。

对包括公务员养老基金在内的整个养老基金进行管理，促进其保值增值，是各国养老保险制度发展的重要任务。2008年下半年股票市场的巨大动荡给私人养老金制度造成了巨大冲击，2008年OECD国家的养老基金平均下降了10%以上，其中，爱尔兰的养老基金几乎贬值了35%以上；美国和澳大利亚的养老基金几乎蒸发了20%以上。① 2008年养老基金的损失在20%以上的国家包括日本、匈牙利、加拿大、比利时、冰岛、美国、澳大利亚、爱尔兰等；损失在10%～20%的国家包括奥地利、丹麦、瑞典、荷兰、英国、波兰、芬兰等。② 根据郑秉文教授对全球养老基金在金融危机中所受损失的研究，从整体来看，在此次金融危机中，全球养老基金资产大量贬值，总资产从2007年底的34.77万亿美元下降到2009年初的29.88万亿美元，损失了近5万亿美元。③ 养老保险基金的保值增值是各国养老保险制度面临的挑战，未来公务员养老保险基金投资需要通过建立和完善科学的投资体制，采取有效的投资策略，在确保安全性的前提下，努力实现收益性。

四 公务员养老保险基金的监督

公务员养老保险基金的监督是整个公务员养老保险制度监管的重要内容，主要针对公务员养老保险基金的管理行为和投资行为进行监管，确保基金安全和投资收益。

---

① OECD observer, OECD in Figures 2009, p. 89.
② OECD, Private Pensions Outlook 2008, p. 23.
③ 郑秉文：《金融危机对全球养老资产的冲击及对中国养老资产投资体制的挑战》，《国际经济评论》2009年第9期。

之所以强调对公务员养老保险基金的监督,主要是针对公务员养老保险基金管理与投资过程中可能出现各类风险而言的。制度运行的不成熟、基金管理体制与投资体制的不完善、信息的不对称、资本市场的不完善,很容易使基金管理与投资过程出现诸多影响基金安全的行为。因此,需要建立严密的公务员养老保险基金监督体系,实现公务员养老保险基金筹集、管理和投资的相互独立、相互制约、高效运营,及时发现和解决基金管理与投资过程中存在的问题,防范各类人为和非人为的风险。

从国外养老保险基金的监管模式来看,主要有审慎性监管模式与严格监管模式两类,主要适用于不同经济体制、经济发展水平、养老保险制度模式等类型的国家,比如,美国实行的是审慎性监管模式,智利实行严格监管模式。[①] 目前我国养老保险基金实行的是严格监管模式,过分注重基金投资的安全性,在投资收益方面不理想。在我国资本市场不完善的情况下,未来应该在坚持严格监管方向的前提下,适度放松监管,规范基金管理与投资行为,而不能一味强调基金的安全性而忽视了基金投资的收益性。

应该建立全面的公务员养老保险基金监督体系,做到事前监督、事中监督与事后监督相结合。即应该对公务员养老保险基金的管理和投资决策进行监督,预防问题和风险的发生,尤其是应该吸纳公务员来参与管理与投资决策,让公务员有知情权与选择权。需要加强基金管理与投资行为过程的动态监督,及时纠正基金管理与投资的行为偏差。当基金管理与投资行为结束后,应该对其进行评估和监督,查处违反规定的行为,并实施相应的惩罚措施。

应该注重行政监督与社会监督相结合、专门监督与一般监督相结合。应该发挥政府行政部门的监督作用,政府监督对于投资收益的提高具有积极作用。[②] 行政部门的监督实际上是在维护(公务员)自我利益,应该建立专门的监督机构,可以从整个养老保险制度的角度出发,成立养老保险基金监督委员会或者养老金监管局,统一对包括公务员养老保险基

---

① 殷俊、赵伟:《社会保障基金管理新论》,武汉大学出版社,2007,第291~295页。
② 杨翠迎、张馥厚、米红:《政府管理作用对养老金投资收益的影响关系研究》,《西北农林科技大学学报》(社会科学版)2008年第6期。

金在内的养老保险基金的管理与投资进行监督。除去政府行政监督外，还应该注重社会监督的作用，注意利用相关中介机构对基金管理与投资的专业监督，加强基金管理与投资的风险评估。

对基金管理与投资信息的了解是加强监督的重要依据。应该建立公务员养老保险基金管理与投资的信息披露机制，强制规定基金管理与投资（绩效）的相关信息公开，定期向行政部门汇报，定期向公务员个人汇报，并向社会公开。只有通过全面的信息公开，才能充分、有力地实施监督行为。

建立和完善基金管理与投资监督的法律法规，做到依法实施监督，增强监督的权威性。可以考虑制定《养老保险基金监督条例》，或者在《社会保险法》中明确规定公务员养老保险基金的监督事项。

建立公务员养老保险基金管理委员会、投资委员会、监督委员会，充分吸纳公务员参与基金管理与投资决策，规范基金管理与投资行为，防范、降低基金管理与投资风险，实现基金的保值增值。加强基金管理与投资，还需要加强专业人才的培养，目前我国在这方面的人才还非常缺乏，不利于基金的科学管理与高效投资。

第五节 公务员养老保险制度的转轨设计

如何顺利、平稳、科学地实现转轨是我国经济社会发展的目标与要求。公务员养老保险制度改革是我国社会政策改革与转型的重要组成部分，应该通过科学的制度设计实现公务员养老保险制度的顺利转轨，进而推动社会政策的整体转型。具体而言，公务员养老保险制度的转轨就是指从目前的公务员养老制度如何过渡到公务员养老保险制度改革的目标模式与制度。因此，需要明确制度转轨的重要性，并就如何进行制度转轨提出明确的方案。

一 完善公务员养老保险制度转轨设计的重要性

设计科学的公务员养老保险制度转轨方案，对顺利推进公务员养老保险制度改革具有重要意义，具体体现为以下几点。

第一，科学的转轨设计有利于维护不同年龄公务员的养老权益。公务员养老保险制度转轨设计的核心问题就是要处理改革之前已经退休的公务员（"老人"）、改革之前已经参加工作但尚未退休的公务员（"中人"）和改革之后参加工作的公务员（"新人"）的养老权益，做到公务员养老保险的公平共享，不能因为改革而损害部分人的养老权益。公务员养老保险制度改革在坚持统一制度设计的基础上，兼顾不同年龄公务员的利益诉求，采取差异化的利益补偿措施。公务员养老保险制度改革对不同年龄群体公务员的影响是不同的，必须明确不同的改革措施，尤其是对于"中人"，更要审慎处理其养老权益。

第二，科学的转轨设计有利于增强公务员养老保险制度改革方案的科学性。转轨方案的设计是整个公务员养老保险制度设计的重要组成部分。应该坚持统一性与差异性相结合的原则，既坚持公务员养老保险制度改革的统一性与整体性，又要坚持公务员养老保险制度改革中因不同时间、不同人群而体现的差异性与灵活性，不用一个完全僵硬的标准对待所有的公务员。绝对统一和绝对差异的公务员养老保险制度都是不科学的。因此，科学的转轨设计，有利于完善公务员养老保险制度的改革方案，增强公务员养老保险制度改革的公平性、科学性与适应性，推动公务员养老保险制度改革的顺利实施。

第三，科学的转轨设计有利于明确不同主体在公务员养老保险制度中的责任。公务员养老保险制度转轨设计的一个重要方面就是要进一步明确不同主体的权利义务关系，明确不同主体在公务员养老保险制度中的责任。明确公务员养老保险制度改革的成本，并采取有效措施分解改革成本，需要政府、单位和公务员共同分担。不同年龄类型公务员在改革中需要承担责任和改革成本，而不能由某一代人来承担责任和改革成本。

二 公务员养老保险制度转轨的基本思路

（一）公务员养老保险制度转轨的基本原则

公务员养老保险制度转轨设计应该明确以下几点基本原则。

一是统一性与差异性相结合原则。公务员养老保险制度转轨应该坚持统一的制度设计和管理体制，需要基于养老保险体系转轨的整体设计而明确公务员养老保险制度的转轨方案；同时，根据改革的需要设计适度差异化的改革举措，处理好不同群体的利益。

二是公平与效率相结合原则。制度转轨的重要目标之一是促进公平，制度转轨的设计必须确保改革的公平性，不能因为制度转轨的不合理而造成新的不公平；同时，要通过科学的转轨设计调动公务员的积极性，增强公务员的责任意识，促进服务型政府建设，提高公务员养老保险制度的支持率，促进改革的顺利实施。

三是责任与成本共担原则。不仅公务员养老保险制度改革的筹资需要责任共担，转轨也需要责任共担。应该明确政府、单位、个人在制度转轨中的责任和成本共担机制，明确不同年龄类型公务员在公务员养老保险制度转轨中的责任。

四是新老有别、平稳过渡原则。公务员养老保险制度改革应该针对"老人""新人"分别采取不同的改革举措；同时应该确保新旧制度的顺利过渡，不能因为改革和制度转轨而造成社会震荡。

（二）公务员养老保险制度转轨的总体思路

公务员养老保险制度转轨应该坚持"老人老办法、中人中办法、新人新办法"的总体思路，明确制度转轨方案，针对不同人群实施差异化的改革举措。

1. "老人老办法"

在本研究的问卷调查中，在同意公务员养老保险制度改革的人中，81.5%的人赞同"老人老办法"。由于"老人"过去长期处于"低工资、高福利"状态，相对优厚的退休金水平是对其工作期间贡献和报酬的补偿，改革不能触犯"老人"的利益。而且，对"老人"的养老制度进行调整也不符合"老人"的心理预期，绝大多数"老人"对改革和政策变动不太适应，甚至持反对态度。因此，对于新制度实施前已经退休的"老人"，应该适用目前的养老制度安排，并在此基础上做适当的调整和完善，应该按照目前的制度按月发给退休金，并根据工资水平、物价水平、"新人"的养老金水平等因素适时进行待遇调整，完善"老人"的待遇调整办法，认可和体现"老人"过去工作的贡献和共享发展成果的权利。不能因为制度改革和转轨而忽视了退休人员的权益。当然，需要对现有的制度参数进行完善，对"老人"退休金发放的资格审查、具体的计算和发放由独立的经办机构负责，而不是由原来的单位负责，实现社会化管理。

2."中人中办法"

对"中人"养老权益的处理是制度转轨的核心问题，也是制度转轨的难点问题，主要是如何承认和处理"中人"在新制度实施以前的养老权益问题。因为"中人"在新制度实施前是不需要缴费的，没有建立职业年金制度，没有个人账户积累。改革如果处理不好，会降低"中人"的待遇水平，造成"中人"的心理落差，可能会引起较多的人提前退休。[①] 在2008年事业单位养老保险制度改革试点方案和2014年《事业单位人事管理条例》出台后，一些地方出现了提前退休的现象。因此，务必妥善处理好"中人"的权益，否则将影响改革的顺利推进。只有做好对"中人"自参加工作后至新制度实施前养老权益的处理，才能顺利实现新旧制度之间的衔接。

对于"中人"权益的处理，应该根据"中人"的年龄、收入等因素采取可选择的适度灵活的办法。在制度改革方案中应该明确规定：对于距离退休年龄15年（45岁）以上的，必须选择新制度；对于距离退休年龄不足15年（45岁）的，可以自愿选择新制度或旧制度。如果符合条件的"中人"选择旧制度，那么，则按老办法对待，相对容易处理。如果"中人"选择新制度，则需要有相应的过渡办法，需要明确"中人"在新制度实施之前的养老权益，并采取补偿办法。建议可采取两种办法。第一种办法：对"中人"在新制度实施前参加工作的时间内的职业年金账户权益以"认可债券"的形式予以认可，在"中人"退休后对"认可债券"进行兑现，与新制度实施后的养老金一同按月计发；"认可债券"虽然没有明确的投资回报率，但也应该给予计算一定比例的利息，最好有最低利息收益担保，提高"中人"对制度转轨后退休待遇的信心。第二

[①] 王晓慧：《事业单位再现提前退休潮：担忧并轨后薪酬待遇降低》，中央国家机关工作委员会网站，http://www.zgg.org.cn/ywjj/yqrd/mtjj/201407/t20140725_458592.html。

种办法：完全按照新制度的设计实施，个人自新制度实施起按规定进行个人缴费，至退休后，除去完全按照参加新制度后缴费计算获得养老金待遇外，还应该补发"过渡性养老金"，以弥补"中人"在新制度实施之前职业年金账户的缺失。"中人"基本养老保险部分的待遇以退休前全国在岗职工平均工资、公务员的平均工资、个人平均缴费工资的平均数为基数，乘以工作年限（包括新制度实施之前的工作年限和新制度实施之后的缴费年限），再乘以1%，即"中人"参加新制度之前的工作年限为视同缴费年限。在补发"过渡性养老金"的同时，职业年金账户完全按照新制度的办法进行计算。

3. "新人新办法"

对于新制度实施后参加工作的"新人"，理所当然地应该完全按照改革后的公务员养老保险制度实施，按规定进行职业年金账户的缴费积累，退休后完全按新制度的计发办法领取养老金。"新人"是制度改革后的实施重点，由于未涉及历史问题，制度改革对"新人"的处理相对容易。凡是新制度实施后进入公务员岗位的人，意味着对制度的认可，因而新制度对"新人"的实施难度相对较小。甚至可以从现在起，在招聘和录用新公务员时告知未来将按照新的方案参加养老保险，将愿意接受这一条件作为招录新公务员的前提。这样，可以在新制度方案出台前营造改革氛围，进一步减少改革的阻力，降低改革的难度。

三 公务员养老保险制度转轨的具体举措

除了进一步明确和细化公务员养老保险制度转轨的设计外，还应该采取有效措施推进制度转轨。

一是要做好制度转轨的宣传。公务员的养老保险政策完全不同于原有的制度模式，也不同于企业职工的养老保险政策，制度设计中存在较多的新内容，再加上制度转轨，使得制度转轨设计更加复杂。需要在改革中和制度实施过程中做好制度的宣传与沟通工作，让"老人"、"中人"和"新人"都理解新的制度安排。特别是对于"中人"，要做好政策宣传，对于政策的细节要逐条解释，要让"中人"解除利益损害的担忧，要让他们明白，制度转轨有利于社会保障制度完善和经济社会发展，不会损害个人的利益。让公务员吃上"定心丸",积极、自觉地支持改革。为了经济社会发展的整体利益,即使个人适当付出,也是应该的,这符合公务员的职业要求和公仆本质。

二是要明确制度转轨的成本。由于"老人"不需要缴费,没有个人账户积累,"中人"在新制度实施前也不需要缴费,但是,"老人"和"中人"在新制度实施前的权益需要给予补偿,这就是说,制度转轨是需要成本的。利益补偿的一个重要前提是要根据制度设计和转轨设计明确转轨成本的大小,做到"心中有数"。需要对不同的转轨方案进行成本核算和比较分析,选择可行、经济的转轨方案。转轨成本的计算相对比较复杂,需要有目前公务员的相关数据,比如,公务员的人数、类别、年龄、性别、工资等,其中很多是不公开的数据,因而这里不进行具体计算。

三是要加强制度转轨的资金筹集。由于改革之前的公务员养老保险制度是现收现付型的,收支完全平衡。制度改革后,对于转轨中的资金需求要有明确的准备。在核算转轨成本的基础上加强转轨资金的筹集。总体来说,转轨成本的筹集主要依赖于政府财政。转轨成本的分担不是一次性的,而是在数十年内逐步支出的。因此,不需要一次性准备充足的转轨资金,但需要有明确的来源和筹资计划。可以考虑以中央财政来源为主,建立转轨基金,纳入公务员养老保险基金统一管理运营。在准确核算转轨成本的基础上,由中央财政根据转轨时间逐年安排预算。当然转轨基金需要加强管理与投资,实现保值增值。

财政是公务员养老保险制度的主要资金来源,制度转轨也主要依赖于财政支出。在公务员养老保险制度改革和制度转轨的过程中,必须充分考虑与公共财政的关系及对公共财政的影响。虽然我国公务员养老保险制度改革的主要目标不是减轻政府财政负担,但是,科学的改革应该有助于增强公务员养老保险制度的可持续性,不给财政增加负担。在公务员养老保险制度改革实施并稳定运行后,应该规范财政支出制度,建立和完善公务员养老保险财政预算制度,将公务员养老保险的收支统一纳入财政管理。既要确保为公务员养老保险制度提供有力的财政保障,同时,又不能给财政增加负担,影响公共财政的可持续发展。

四 公务员养老保险制度的转移接续

与制度转轨一样，转移接续也涉及转换的问题，只不过制度转轨是指公务员养老新旧制度的转换，而转移接续则是指不同地区的公务员、公务员与其他职业群体之间的养老保险制度的转换。

从目前的公务员与企业职工养老保险制度的转移接续办法来看，公务员由政府机关进入企业工作时，完全按企业职工基本养老保险制度执行，根据本人在机关工作的年限给予一次性补贴，由其原所在单位通过当地社会保险经办机构转入其本人的基本养老保险个人账户，所需资金由同级财政安排。企业职工进入机关工作时，执行公务员的养老保险制度。这种转移接续办法对于企业职工进入政府机关来说比较有利；但往往不利于公务员向企业的身份转换，会导致其退休待遇的降低，引发心理落差。为此，需要在改革整个养老保险制度的基础上实现不同群体之间养老保险制度的顺畅转移。

如果未来整个基本养老保险模式相对统一，基本养老保险实行全国统筹，个人账户实行省级统筹或地区统筹，无论是公务员与其他群体的养老保险制度转移还是不同地区之间的公务员的养老保险转移，都比较简单，主要是转移公务员的职业年金部分。当然，全部的养老保险关系是需要转移的，待遇的发放由退休前最后工作地的经办机构负责。原来在机关工作时由国家财政提供的基本养老保险与企业职工基本养老保险合并计算养老金，在机关工作的年限计算为视同缴费年限。相反，如果从企业职工转换为公务员，基本养老保险部分也可不转移，个人账户部分全部转移。[①]

第六节　公务员养老保险制度改革中的退休年龄问题[②]

我国的养老保险制度将退休作为领取养老金待遇的条件之一，在其他资格条件符合的情况下，一般是退休即领取待遇，因此，退休年龄与

---

① 龙玉其：《公务员养老保险制度国际比较研究》，社会科学文献出版社，2012。
② 本节中的部分内容发表在《理论导刊》2013年第2期。

公务员养老保险制度改革息息相关。近些年来，关于延长退休年龄问题，引起了社会的广泛关注与重视，也引发了诸多方面的争议。到目前为止，退休年龄的延长还处于学术界研究和论证阶段，政府并没有出台正式的方案。十八届三中全会通过的《中共中央关于全面深化改革若干重大问题的决定》提出，要"研究制定渐进式延迟退休年龄政策"。在我国进行公务员养老保险制度改革的过程中，应该对退休年龄进行重点关注，并探索退休年龄与待遇领取年龄的改革措施。因此，这里结合公务员养老保险制度改革，将公务员退休年龄纳入我国退休年龄政策和退休制度进行整体考虑，探寻退休年龄的调整办法。

一 公务员退休年龄存在的问题

目前的退休年龄规定与人口预期寿命的快速变动不相适应。我国的退休年龄规定基本沿袭新中国成立初期的做法，而现在，我国人口预期寿命大大延长，已经接近80岁，根据学者的研究，我国目前的实际退休年龄平均约为53岁，[①] 与人口预期寿命严重不协调，没有考虑到整体上人口预期寿命快速延长的现实。

现实中有较多公务员（主要是基层公务员）选择提前退休。从问卷调查的提前退休情况来看，62%的被调查对象认为周围存在提前退休的现象，可见，提前退休现象较为普遍（见图6-2）。在对提前退休现象的调查，只有12.8%的人认为全部合理，84.8%的人认为部分合理，认为全不合理的有2.4%。从被调查对象是否准备提前退休的情况来看，有相当一部分公务员打算提前退休，所占比例为40.3%。

退休年龄成为公务员领取养老金的重要条件，在其他条件具备的情况下，只要达到退休年龄就可以（而且必须）退休领取养老金。所以，退休年龄的规定对公务员养老保险制度产生重要影响，如果退休年龄规定过低，将对养老保险制度产生压力，不利于公务员养老保险制度的可持续发展。

---

① 梁玉成：《市场转型过程中的国家与市场——一项基于劳动力退休年龄的考察》，《中国社会科学》2007年第5期。

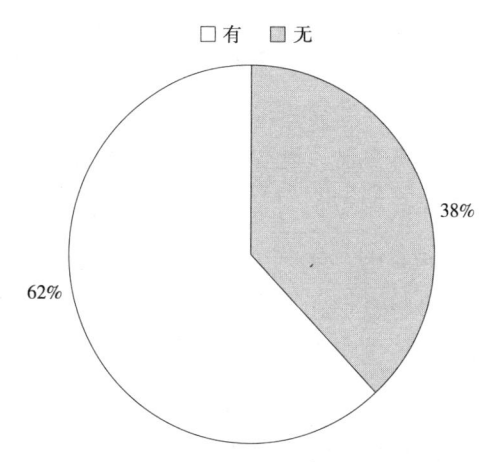

图 6-2　周围公务员是否有提前退休现象

二　完善和延长公务员退休年龄的必要性

退休年龄是我国退休制度的核心要素之一，也是我国公务员养老保险制度的重要参数之一，在改革公务员养老保险制度过程中，应该完善退休年龄规定。改革开放以后，我国劳动者的受教育程度不断提高，实现了高等教育的大众化发展。根据本研究的调查数据，公务员的文化程度较高，初中及以下的为 14 人，仅占 1.2%；高中或中专文化程度的为 70 人，仅占 5.8%；大专学历的为 204 人，占 16.8%；本科学历的为 712 人，占 58.6%；研究生学历的为 216 人，占 17.8%；大学以上文化程度的占 93.2%。可见，公务员的文化程度较高。随着公务员受教育程度的提高，其人力资本不断提升，如果较早地退休，将造成人力资本的浪费，影响人力资本的充分利用。

规范和延长退休年龄有利于更好地实现公务员的养老保险权益，通过延长退休年龄、提高缴费年限，提高公务员的养老金水平。OECD 国家养老金替代率与领取年龄呈相关关系，开始领取养老金的年龄越大，养老金的替代率越高；反之，开始领取养老金的年龄越小，养老金的替代率越低。55 岁开始领取养老金的替代率平均为 45.47%，60 岁开始领取养老金的替代率为 51.64%，65 岁开始领取养老金的替代率为 60%，70 岁开始领取养老金的替代率为 71.6%，75 岁开始领取养老金的替代率为 87.44%。① 可见，如果在现有的基础上延长公务员的退休年龄，将会使公务员的养老金水平更高，甚至超越目前的退休待遇水平。

在人口老龄化加快和老年抚养比提高的背景下，我国养老保险制度将面临巨大的压力。如何实现"老有所养"，需要进一步改革和完善养老保险制度，实现养老保险制度的可持续发展。尽管不能认为规范和延长公务员退休年龄的主要目的是解决养老保险制度的财务压力。但是，规范和延长公务员退休年龄有助于减轻养老保险制度的压力。以中国 2030 年的情况为例，如果延长实际退休年龄，可以把每百名 20 岁以上的工作人口需要供养的老年人口，从 55 岁退休情形下的 74.5 人降低到 60 岁情形下的 49.1 人，65 岁情形下的 30.4 人。② 在我国，退休制度与养老保险制度是融合在一起的，退休年龄的规定既是退休制度的内容，也是养老保险制度的重要参数。退休年龄对养老保险制度的影响体现在资金筹集与待遇支付等方面，有利于养老保险的开源节流。一方面，可以延长缴费年限，充实养老保险基金；另一方面，可以减少或延迟养老金支付，减轻养老保险制度压力。③

从问卷调查中赞同延长退休年龄最主要的理由来看，所占比重最大的选项为"受教育程度提高"，占 44.4%；其次是"养老保险支付压力过大"，占 22.2%；然后是"人口预期寿命延长""充实老年人生活"。

三 规范和完善公务员退休年龄的具体建议

基于目前公务员养老保险制度中的退休年龄规定问题和完善退休年龄的必要性，未来可以从以下几个方面完善公务员的退休年龄规定，促进公务员养老保险制度的完善。

一是严格规范和控制公务员提前退休行为。目前我国在退休年龄总体偏低的同时，还存在许多提前退休的行为，其中既有政策允许的提前退休，也有违规的提前退休。未来对退休年龄进行延长的一个重要前提

---

① OECD Pension Models. Annuity Rates Calculated from Mortality Data by Age from the United Nations Population Division Database, World Population Prospects, The 2008 Revision.
② 蔡昉：《未富先老与中国经济增长的可持续性》，《新华文摘》2012 年第 10 期。
③ 林宝：《提高退休年龄对中国养老金隐性债务的影响》，《中国人口科学》2003 年第 6 期。

就是要对目前的退休行为进行整顿,严格规范和控制提前退休行为。尤其是要针对一些不合理的违规提前退休行为严格控制,坚决防止一部分单位和个人利用提前退休的政策谋取利益,防止出现大量违规退休或退而不休的现象。对一些利用虚假证明违规提前退休的行为,主管部门要加强监管,加大惩罚力度。对一些特殊情况下的提前退休行为要进行严格规范,对提前退休的政策进行重新清理。

二是适时适度逐步延长男女退休年龄。首先应该延长女性公务员的退休年龄,以使男女性退休年龄一致。延长女性公务员的退休年龄既符合女性人均预期寿命高于男性的特点,也有利于实现女性的职业发展。在认为男女退休年龄应该一致的被调查对象中,绝大多数人主要考虑男女平等,占60.6%;之后依次是维护女性就业权利(17.6%)、维护女性养老权益(10.9%)、延长退休年龄(8.5%)、其他(2.4%)。因此,在近期内,应该尽快将男女性公务员的退休年龄统一设定为60岁,并在此基础上进一步采取其他的延长措施。延长男女退休年龄需要选择合适的时机,稳妥推进,不宜步伐过快,比较理想的时间应该是2020年左右;到时女性延长退休年龄已经完成,并为社会普遍接受;也是我国劳动力供给逐步减少、人口红利逐步消失的时候。延长退休年龄需要在长时期内分步实施。可以"匀速推进",从2020年开始,每5年延长1岁,到2045年左右延长到65岁退休。或者采取"先慢后快"的做法,即开始时每延长一岁的时间应该拉得更长一点,后面再逐步缩短,比如,2020~2035年,延长至62岁(每年延长1.5个月);2036~2041年延长至63岁(每年延长2个月);2042~2049年,延长至65岁(每年延长3个月)。最终的退休年龄应该体现一定的性别差异,比如,当女性延长至63岁之后不再延长,而男性延长至65岁退休。延长公务员的退休年龄问题应该纳入不同群体退休年龄的整体考虑和规划中。在延长其他群体退休年龄的时机未完全成熟之前,可以尝试先在公务员群体内进行延长,为整体延长退休年龄提供实践经验。

三是激励与约束相结合,建立弹性退休制度。调查数据显示,绝大多数人不同意目前延长退休年龄,所占比例为79.1%,因而不能盲目强制延长退休年龄,而应该体现适度灵活性。应该根据经济社会发展的需要,建立与之相适应的弹性退休制度。在规定公务员基本退休年龄的基础上改强制退休为自愿选择退休。在一些国家,劳动者实际退出劳动力市场的年龄与正常退休年龄是不同的,部分国家实际退出劳动力市场的年龄要高于正常退休年龄,部分国家实际退出劳动力市场的年龄低于正常退休年龄,而且,男女的退休年龄不同,男性略高于女性(见表6-6)。许多国家的公共养老金制度都规定了正常退休年龄和提前退休年龄,提前退休需要进行相应的待遇减扣(见表6-7)。当然,弹性退休不等于任意退休,而是需要有相应的激励与约束机制,否则会有利于高教育程度、高职位、高收入者,而不利于低教育程度、低职位、低收入者。应该通过弹性退休的做法达到"抑高扶低"的目的。对一些低收入者,在其达到法定的基本退休年龄后鼓励其推迟退休,在获得劳动收入的同时,停止缴纳养老保险费,并开始领取养老金;而对于高收入者,则在达到法定退休年龄后可以推迟退休,但需要缴纳养老保险费,而且不能领取养老金。同时,应该规定最晚的退休年龄,比如,67岁。

表6-6 部分国家/组织实际退出劳动力市场的平均年龄和正常退休的平均年龄

单位:岁

国家/组织	男性		女性		国家/组织	男性		女性	
	实际退出年龄	法定退休年龄	实际退出年龄	法定退休年龄		实际退出年龄	法定退休年龄	实际退出年龄	法定退休年龄
墨西哥	72.3	65	68.7	65	荷 兰	63.6	65	62.3	65
韩 国	71.1	60	69.8	60	丹 麦	63.4	65	61.9	65
智 利	69.4	65	70.4	60	捷 克	63.1	62	59.8	61
日 本	69.1	65	66.7	65	斯洛文尼亚	62.9	63	60.6	61
葡萄牙	68.4	65	66.4	65	土 耳 其	62.8	60	63.6	58
冰 岛	68.2	67	67.2	67	西 班 牙	62.3	65	63.2	65
以色列	66.9	67	65.1	62	波 兰	62.3	65	60.2	60
新西兰	66.7	65	66.3	65	德 国	62.1	65	61.6	65
瑞 士	66.1	65	63.9	64	希 腊	61.9	65	60.3	64
瑞 典	66.1	65	64.2	65	奥地利	61.9	65	59.4	60
美 国	65.0	66	65.0	66	芬 兰	61.8	65	61.9	65
澳大利亚	64.9	65	62.9	65	意大利	61.1	66	60.5	62
挪 威	64.8	67	64.3	67	斯洛伐克	60.9	62	58.7	60
爱尔兰	64.6	66	62.6	66	匈牙利	60.9	64	59.6	64

续表

国家/组织	男性		女性		国家/组织	男性		女性	
	实际退出年龄	法定退休年龄	实际退出年龄	法定退休年龄		实际退出年龄	法定退休年龄	实际退出年龄	法定退休年龄
OECD	64.2	65	63.1	63.5	法 国	59.7	65	60.0	65
加拿大	63.8	65	62.5	65	比利时	59.6	65	58.7	65
英 国	63.7	65	63.2	61	卢森堡	57.6	65	59.6	65
爱沙尼亚	63.6	63	62.6	61					

资料来源：OECD, Pensions at a Glance 2013: Retirement - Income Systems in OECD and G20 Countries, 2013。

表6-7 部分国家的提前退休及待遇减少情况

单位：岁，%

国家	类型	提前退休年龄	减少	国家	类型	提前退休年龄	减少
澳大利亚	T	n.a.		意大利	NDC	62	—
	DC	60	—	日 本	Basic/DB	60	6.0
奥地利	DB	62	5.1	韩 国	DB	60	6.0
比利时	DB	62	0	卢森堡	DB	57/60	0
加拿大	Basic/T	n.a.		波 兰	NDC/DC		n.a.
	DB	60	7.2	葡萄牙	DB	55	6.0
捷 克	DB	64	3.6~5.6	挪 威	Min		n.a.
爱沙尼亚	Points	62	4.8		NDC/DC	62	—
	DC	62	—	斯洛文尼亚	DB	60	3.6
芬 兰	Min	63	4.8	西班牙	DB	65	6.0~8.0
	DB	63		斯洛伐克	Points	65	6.5
法 国	DB	62	5.0		DC	65	
	DB (Occ)	60	4.0~7.0	瑞 士	DB	63M/62F	6.8
冰 岛	Basic/T	n.a.			DB (Occ)	58	6.35~7.1
	DB (Occ)	65	7.0		Min	n.a.	
德 国	Points	63	3.6	瑞 典	NDC	61	4.1~4.7
希 腊	DB	62	0/6.0		DC	55/61	—
匈牙利	DB	n.a.		美 国	DB	62	5.0/6.7

注："Min"表示Minimum benefit；"Occ"表示Occupational；"T"表示Targeted。

资料来源：OECD, Pensions at a Glance 2013: Retirement - Income Systems in OECD and G20 Countries, 2013。

四是建立退休年龄与人口预期寿命的动态关联机制。人口预期寿命的明显提高是延长退休年龄的重要动因，随着人口预期寿命的提高，目前的退休年龄显得比较低，形成了退休年龄较低与人口预期寿命较高之间的矛盾，并由此给养老保险制度和劳动力供给带来压力。对退休年龄的延长，需要有科学的机制，应该考虑人口老龄化、预期寿命、劳动力供求状况等因素，通过研究设计出退休年龄延长与人口预期寿命提高的动态关联机制，而不是随意延长退休年龄。具体而言，当人口预期寿命提高一定的时间时，退休年龄也应该进行相应的延长，比如，人口预期寿命为75岁时，退休年龄平均为60岁，当人口预期寿命达到80岁时，退休年龄应该往后推迟。①

---

① 龙玉其：《对我国退休制度改革的反思与前瞻》，《理论导刊》2013年第2期。

第七章 国外职业年金制度比较分析与借鉴[*]

职业年金又称为补充养老保险,是以国家基本养老保险制度为基础,在相应法律法规的指导和约束下,为完善养老保险结构、提升养老保险待遇、加强人员激励而建立的职业关联型养老保险制度。一些国家为公务员建立了职业年金制度,体现出多层次的公务员养老保险体系特征。在未来我国公务员养老保险制度改革过程中,需要建立公务员职业年金制度。总结和研究国外职业年金制度的发展历程、制度模式、制度设计、运行机制、税收政策、监管体制,有利于为我国公务员职业年金制度的建立提供参考。

第一节 国外职业年金制度的建立与发展

国外职业年金制度的建立是与工业化进程相伴随的,经历了从互助保险的萌芽到政府介入并逐步健全完善的过程。职业年金制度的建立和发展为养老保险制度的建立和完善发挥了重要作用。

一 国外职业年金制度的萌芽

追根溯源,国外职业年金制度具有较长的发展历史,甚至在现代社会保险制度建立之前,已经有了萌芽。职业年金制度是伴随着经济

---

[*] 本章部分内容已发表在《中国行政管理》2015年第9期。

发展而逐步建立起来的。17世纪以后，伴随着世界工业化进程的逐步推进，物质产品不断丰富，经济基础不断增强；同时，工业化进程的推进也促进了劳动力的流动，带来了更多的经济社会风险。

在人口寿命不断提高、家庭养老功能不断削弱的背景下，养老问题逐渐成为一个重要的经济社会问题。为解决人们的养老问题、减少人们的后顾之忧，一些行业互助团体通过互助行为为其成员提供养老保障，在中世纪的兄弟会、互助会、友谊社等类团体中，就出现了养老保险的萌芽。

早在18世纪以前，德国一些行业就以工人互助会形式分担会员可能遇到的风险，1854年，德国颁布了有关矿工、冶金工人和盐场工人联合会的法律，从法律上肯定了这种行业互助体制。① 到19世纪80年代，英国友谊社已有450万名成员。行业互助，为保障团体成员的老年风险发挥了一定作用。但是，这种养老行为还只是行业内自发的、局部的养老行为，难以应对工业化进程中劳动者和国民的养老需求。因此，随着工业化进程的推进，政府开始介入国民的养老问题，通过建立相应的制度为国民提供保障。

二 国外职业年金制度的建立

职业年金制度的建立是政府介入国民养老问题的重要体现。职业年金制度首先在公共部门建立，逐步扩展到私人部门。后来许多国家的私人部门广泛建立了职业年金制度。美国公共养老金体系的建立只有60年左右的历史，但是私人养老金计划的历史却有120多年。在英国，企业年金制度的历史可以追溯到19世纪末期。②

在正式的养老保险制度建立之前，一些国家已为其公共部门劳动者建立了职业年金制度。公共部门的职业年金制度首先是在航海员、军人、公务员、公共企业劳动者等职业的部门建立。1869年，法国在其《年金法典》中明确规定，对于不能继续从事海上工作的老年海员发给养老金。

---

① 宋国斌：《德国、美国社会保险基金管理模式比较及启示》，《经济研究参考》2009年第64期。
② 王大波：《国际企业年金的历史发展和制度演进》，《浙江金融》2004年第1期。

奥地利、比利时分别在1854年和1868年实施了矿山劳动者养老金制度。

私人部门的职业年金制度最先是以雇员福利的形式出现的，一些规模较大、实力较强的私人企业，为加强员工激励，提高员工的忠诚度与积极性，自愿为其员工建立雇员福利制度。私人部门的职业年金制度又可以称为企业年金制度。企业年金制度产生于100多年前，首先在英美等发达国家建立，逐步扩展到其他西方国家。美国运通公司于1875年创建的养老金计划是迄今为止最早的企业年金计划。第二个企业年金计划由巴尔的摩和俄亥俄铁路公司于1880年设立。在随后的半个世纪中，大约出现了400个退休金计划。这些早期退休金计划一般出现在铁路、银行和公用事业领域。[①]

第二次世界大战以后，职业年金制度稳步发展，逐步发展成为私人部门、公共部门人力资源管理体系的重要内容和国家基本养老保险制度的重要补充。尤其是在20世纪70年代以后，随着西方各国经济社会发展环境的变化，一些国家陷入"滞胀"局面，原有的养老保险制度出现了危机。随着老龄化问题的日益严重，各国开始改革其养老保险制度，将发展补充养老保险制度和私人养老金制度作为一个重要的改革方向，一些国家甚至强制实施职业年金制度和私人养老金制度。

三　国外职业年金制度的发展

20世纪70年代后，各国职业年金制度得到了较快发展。随着各国职业年金制度的不断建立与完善，职业年金的覆盖人数逐步增长，基金规模不断扩大，职业年金制度在整个养老保险体系中的重要性日益增强。在一些国家的工作年龄人口中，越来越多的人被纳入职业年金的覆盖范围，特别是在英国、美国、法国、德国、韩国、比利时、加拿大、爱尔兰等国家中，职业养老金的覆盖范围更加广泛（见表7-1）。以英国为例，职业年金的在职成员总数有了明显增长，从1953年的620万人增加到2011年的820万人，特别值得一提的是，公共部门职业养老金计划的在职成员数增长速度更快，从1991年的420万人上升到2011

---

① 杨燕绥：《国外企业年金的历史沿革与经验》，《劳动保障通讯》2004年第3期。

年的 530 万人（尽管自 2000 年重新分类后，一些大型的公共部门计划被归入私人部门）。① 目前，经合组织的国家有 1/3 的职工被覆盖在内。活跃在西方资本市场的养老金基金也以职业年金为主，且规模相当大。荷兰、英国、美国、丹麦的职业年金基金占国内生产总值的比重分别达 76%、73%、66%、60%。②

表 7-1　2010 年部分国家私人养老金计划的覆盖率（占工作年龄人口的比重）

单位:%

国　家	强制性或半强制性私人养老金	自愿性私人养老金		
		职业养老金	个人养老金	合计
澳大利亚	68.5	n.a.	19.9	19.9
奥地利	n.a.	12.3	25.7	—
比利时	n.a.	42.3	—	—
加拿大	n.a.	33.5	33.1	—
智　利	73.7	n.a.	—	—
捷　克	n.a.	n.a.	61.2	61.2
爱沙尼亚	67.1	n.a.	—	—
芬　兰	75.5	7.4	21.3	28.7
法　国	n.a.	17.3	5.3	—
德　国	n.a.	22.5	36.9	—
希　腊	n.a.	0.3	—	—
匈牙利	45.4	n.a.	18.9	18.9
冰　岛	85.5	n.a.	42.0	42.0
爱尔兰	n.a.	31.0	12.0	43.0
以色列	75.9	—	—	—
意大利	n.a.	7.6	6.2	13.8
韩　国	n.a.	14.6	36.5	—
卢森堡	n.a.	3.3	—	—
墨西哥	57.7	1.6	n.a.	1.6

---

① Occupational Pension Schemes Survey，2005 年的数据不包括公共部门。
② 世界银行：《防止老龄危机：保护老年人及促进增长的政策》，中国财政经济出版社，1995，第 106~109 页。

续表

国家	强制性或半强制性私人养老金	自愿性私人养老金		
		职业养老金	个人养老金	合计
荷兰	88.0	n.a.	28.3	28.3
新西兰	n.a.	8.2	55.5	—
挪威	65.8	—	22.0	—
波兰	54.8	1.3	—	—
葡萄牙	n.a.	3.1	5.6	—
斯洛伐克	n.a.	n.a.	43.9	43.9
斯洛文尼亚	n.a.	—	—	38.3
西班牙	n.a.	3.3	15.7	18.6
英国	n.a.	30.0	11.1	43.3
美国	n.a.	41.6	22.0	47.1

注：n.a. 表示不适用。

资料来源：OECD Global Pension Statistics。

职业年金已成为许多国家老年人收入来源的重要渠道，为国家基本养老保险制度提供了有益的补充。以美国为例，相当一部分退休人员的退休收入主要来源于职业年金计划，基本养老金只占其中很小的份额。从一些国家的养老金替代率来看，许多国家的职业养老金替代率已经超过了国家基本养老金替代率，通过国家基本养老金和职业养老金的组合，劳动者的替代率水平明显提高。[①] 从英国养老金领取者的收入构成来看，职业养老金已成为老年人收入的重要来源（见表7-2）。

表7-2 2010~2011年度英国养老金领取者的平均周收入来源

单位：%

收入类型	夫妇	男性	女性
国家福利收入	34	50	63
职业养老金收入	27	29	22
个人养老金收入	4	4	2
投资收入	8	8	5
工资收入和其他	27	9	9

资料来源：The Pensioners' Incomes Series 2010/2011。

---

① OECD, Pensions at a Glance 2011: Retirement-income Systems in OECD and G20 Countries, OECD Publishing, 2011, Paris.

第二节　国外职业年金制度的运行机制

由于职业年金制度在养老保险体系和人力资源管理中的重要性日益提高，因此，有必要对国外职业年金的制度模式和运行机制进行具体分析，总结国外职业年金制度的运行经验，为我国职业年金制度的建立和完善提供参考。

一　国外职业年金制度的主要类型

依据不同的标准，国外职业年金制度的类型有不同的划分。

（1）根据政府介入职业年金的程度划分，包括强制性职业年金和自愿性职业年金两类。自愿性职业年金制度是在政府相关法律政策的指导与支持下，由职业年金的举办主体（公共部门或私人部门的雇主）根据各自的实际和需求而自愿设立的职业年金制度，政府不强制设立，完全出于雇主的自愿和需要。强制性职业年金制度则是通过国家立法强制雇主和雇员参加的职业年金制度，强制性职业年金制度是法定养老保险体系的重要构成部分。政府在这两类职业年金中发挥的作用是不同的，在自愿性职业年金中，政府一般负责法制建设和政策支持，加强职业年金制度运行的监管；在强制性职业年金中，政府的介入程度往往更深，政府的责任也更大。在职业年金制度建立与发展的初期，除公共部门外，私人部门一般以自愿的形式设立职业年金。但是，随着养老保险制度的改革和调整，许多国家将建立职业年金制度作为完善养老保险体系的重要手段，因而强制雇主设立、雇员参加职业年金制度，实施强制性职业年金制度的国家越来越多。

（2）根据资金筹集与管理的方式划分，包括现收现付制与基金积累制两类。现收现付制职业年金是指职业年金的资金筹集保持与年度支出平衡，不追求资金的过多节余与积累。基金积累制职业年金是指通过建立个人账户进行资金积累，并对个人账户资金进行投资，实现保值增值。一般而言，现收现付制职业养老金相对较少，绝大多数国家的职业年金实行基金积累制，尤其是在私人部门，职业年金制度往往以基金积累的形式出现。基金积累制职业年金制度的一个重要任务就是通过不同的途径对基金进行投资，寻求一定的投资收益。因此，基金积累制职业年金制度运行的好坏与经济发展形势及资本市场的完善程度密切关联，在近些年世界经济不景气的背景下，职业年金制度的发展面临着难题。

（3）根据待遇确定方式划分，包括给付确定制或缴费确定制两类。给付确定制的职业年金制度是指职业年金制度的待遇水平是固定的，与个人缴费多少没有必然联系，个人在达到相应的资格（比如年龄、工作年限）即可获得相应的职业年金待遇，当然，待遇确定制职业年金不是指每个成员的待遇完全相同，往往与个人收入相联系；而缴费确定制职业年金制度的待遇与个人缴费多少、投资收益密切关联，个人在职期间的缴费越多、投资取得的收益越多，退休后获得的职业年金也就越多。从世界各国职业年金的待遇确定模式来看，缴费确定制的职业年金占绝大多数，这一模式有利于加强对雇员的缴费激励。

（4）根据职业年金的部门划分，包括公共部门的职业年金与私人部门的职业年金两类。公共部门与私人部门在运行机制上具有本质的差异，因而其职业年金制度的设立也会体现出差异。其中最明显的是，公共部门与私人部门的雇主性质不同，前者代表公共利益，承担公共责任，而后者主要从事私人活动，追求经济效率。因而在公共部门职业年金制度中，政府或雇主的责任更大。

二　国外职业年金制度的资金筹集与待遇给付

资金筹集是职业年金制度运行的基础，与国家基本养老保险制度不同的是，职业年金制度的筹资主要由雇主和雇员缴费构成，而国家基本养老保险制度更加强调政府的责任。

如前所述，根据筹资方式，职业年金制度主要包括现收现付制与基金积累制两种类型。在不同的筹资模式下，各国职业年金的筹资方式和筹资机制也有所不同。总体而言，职业年金的筹资方式包括三类：由雇主和雇员缴费构成、完全由雇员缴费构成、完全由雇主缴费构成。大多数国家的职业年金实行的是由雇主和雇员共同缴费筹集资金。比如，丹麦的职业年金实行完全基金积累制，保费由雇主分担2/3，雇员分担1/3，雇主和雇员的缴费共同记入雇员的个人账户，由封闭式养老基金和保险公司来专门负责基金的投资运作与管理。也有一些国家的职业年金制度按照完全由雇主缴费的原则，雇员不需要缴费。比如，西班牙的完全基金制职业年金计划规定，缴费通常完全由雇主负担，雇主缴费可以作为企业成本从利润中扣除，享受国家提供的职业年金免税政策。相对而言，私人部门职业年金计划的雇员缴费比例要高于公共部门，公共部门雇员一般只需要缴纳较少的费用即可按规定领取职业养老金。

从国外职业年金的待遇给付来看，主要存在给付确定制（DB型）与缴费确定制（DC型）两类。近年来，缴费确定制计划在各国迅速取代给付确定制计划模式，主要是由于它更简单，透明度更高，更具灵活性和多样性，并且管理成本相对更低廉。[①] 一般而言，职业年金的待遇与个人缴费水平相联系。DB型待遇确定方式一般以雇主缴费为主，或者不需要个人缴费，待遇水平与个人缴费没有直接的联系。而DC型待遇确定方式的待遇计算与个人缴费、基金投资收益密切关联。OECD国家职业年金的待遇给付分为三种类型：芬兰、日本、荷兰、希腊、韩国等国属于DB模式；法国、德国、匈牙利、加拿大、捷克、波兰等国属于DC模式；在二者结合的待遇确定模式中，DC型成分多于DB型成分的国家有澳大利亚、丹麦、冰岛、爱尔兰、意大利、墨西哥、美国、奥地利、比利时、新西兰、瑞士、英国，DB型成分多于DC型成分的国家有卢森堡、挪威、瑞典、葡萄牙、西班牙等国。[②]

职业年金的领取资格一般包括一定的缴费年限、工作年限和年龄条件，一般与法定（基本）养老保险制度的退休年龄一致。一些国家的男女领取职业年金的年龄并不一致，男性的年龄一般高于女性，不过在职业年金和养老保险制度的改革中，有男女退休年龄一致的趋势。一些国家并不规定完全固定的领取年龄，而是可以在一定的年龄范围内浮动，

---

① 刘琳：《国外职业年金的运作模式研究》，《经济与管理》2009年第2期。
② Occupational Private Pension Systems and Comparative Tables on Private Pension Schemes, http://www.oecd.org/department.

对劳动者领取待遇的年龄进行激励和约束,在达到基本的年龄规定时可以领取全额的待遇,若未达到规定的年龄(在一定的范围内),则可以获得差额的待遇。部分 OECD 国家职业年金待遇领取在参加者年龄、缴费年限等方面的规定如表 7-3 所示。此外,一些国家的职业养老金待遇还包括遗属待遇和伤残待遇。具体的待遇数额则根据缴费情况、工作年限、投资收益、退休年龄、个人收入等因素进行计算。在待遇的发放形式上,一些国家允许领取一定数额的一次性待遇,但大多数是以年金的形式按月发放。职业年金待遇调整一般根据消费者价格指数或者零售价格指数进行。

表 7-3 部分 OECD 国家职业年金待遇领取条件

国　家	领取条件	国　家	领取条件
澳大利亚	最低 55 岁,缴费年限不固定	荷　兰	年满 65 岁,缴费 40 年
比利时	年满 65 岁,缴费 25 年	挪　威	年满 67 岁,缴费 30 年
捷　克	年满 60 岁,缴费 3~5 年	葡萄牙	年满 65 岁,缴费 40 年
芬　兰	领取年龄为 58~65 岁,缴费年限根据收入确定	西班牙	年满 65 岁,缴费 按劳资双方约定
德　国	一般为 65 岁,最少缴费 3 年	瑞　典	年满 65 岁,缴费 30 年
爱尔兰	最低 50 岁,最高 70 岁,缴费 5 年	瑞　士	男 65 岁,女 62 岁,17 岁开始缴费
意大利	男 65 岁,女 60 岁,最少缴费 15 年	英　国	不早于 50 岁,不迟于 75 岁,一般男 65 岁,女 60 岁
韩　国	年满 60 岁,缴费 20 年	美　国	男年满 65 岁,缴费年限不固定
墨西哥	年满 65 岁,缴费 10 年		

资料来源:Occupational Private Pension Systems and Comparative Tables on Private Pension Schemes,http://www.oecd.org.department。

三　国外职业年金基金的投资运营

由于国外职业年金制度绝大多数属于基金积累模式,基金的投资运营是职业年金制度运行的重要环节,通过投资运营取得良好的收益也是职业年金制度发展的必然要求。一般来说,与国家基本养老保险基金的投资相比，职业年金基金的投资相对宽松，限制因素相对较少。与公共部门的职业年金相比，国外私人部门的职业年金投资相对更加自由，投资的工具和渠道更加多样化。国外职业年金基金投资运营的共同目标是追求基金的保值增值，通过科学的投资提高基金收益，进而提高职业年金的待遇水平。

国外职业年金投资的工具最初以安全性目标为主，投资渠道包括银行存款、国债、信用良好的企业债券等。随着职业年金制度的发展和成熟，投资渠道逐步扩大，职业年金基金的投资更加多样化，具体包括银行存款、债券、股票、金融衍生工具、直接贷款或委托贷款、不动产投资等金融工具和实物工具。银行存款的投资风险小，收益相对固定，可以满足流动性需求，但收益率比较低，甚至很容易导致贬值。国债以政府信用担保，安全性最高，是国外职业年金基金投资的一般选择，其收益比较稳定，但仍然较低，并对利率风险很敏感，容易导致交易价格的波动。信用良好的企业债券是职业年金投资的重要渠道，可以取得较好的收益。一些国家对养老金投资的企业债券的信用级别有规定，一般仅限于投资信用良好的企业债券，因此，在缺乏公正、权威的评级机构的国家，投资企业债券的风险较大。股票的风险较高，收益也相对较高，若控制风险，股票是许多国家职业年金基金投资的常用工具。国外职业年金投资于股票的比例和规模主要取决于其资本市场的成熟度和政府监管水平，同时受文化、历史、法律、会计政策等方面因素的影响，在英、美等发达的市场经济国家，资本市场相对比较成熟，一般按照审慎原则来选择投资工具，对股票投资的限制较少。但是，在其他国家，尤其是一些发展中国家，由于资本市场的不完善和投资经验的缺乏，对职业年金投资股票的比例有严格的限制，随着资本市场的不断成熟而逐步放开限制。比如，智利在改革初期投资于银行存款、国债等收益相对稳定的比例较大，后来逐渐降低，而包括股票在内的风险类投资比例逐步增加。一些国家为分散国内投资风险，允许职业年金进行海外投资。不过，海外投资也因国际经济政治形势的变化而具有较大的不确定性与风险。一些国家还允许职业年金投资于实业，例如，可投资于房地产、基础设施等。

四 国外职业年金制度的税收优惠政策

税收优惠是各国政府支持职业年金发展的重要体现。各国政府对职业年金的发展往往给予不同程度的税收支持。对职业年金的税收支持体现在资金筹集、基金投资和待遇给付环节。具体而言，职业年金的免税税种在不同的环节有所不同，在缴费环节，主要是企业所得税和个人所得税；在投资环节，是印花税、所得税、营业税和利息税等；在给付环节，是个人所得税、遗产税和赠予税等税种。当然，并不是所有的国家都对这三个环节免税，也并不是对这三个环节都征税，往往是对这三个环节中的一个或两个环节征税或免税（见表7-4）。

表7-4 职业年金的税收优惠模式

环节	EET	TEE	TTE	ETT	EEE	TTT	TET	ETE
缴费	E	T	T	E	E	T	T	E
投资	E	E	T	T	E	T	E	T
给付	T	E	E	T	E	T	T	E

注：E为免税，T为征税。

不同的税收优惠模式产生的效果是不同的。总体来说，EEE模式由于在缴费、投资和给付的各个环节均免税，因而对个人而言是最受欢迎的，但是国家的税收损失较大。其次是ETE模式，因为这一模式均不对个人直接纳税，而只对投资环节征税。从世界各国企业年金的税收优惠模式看，EET模式占多数，即大多数国家实行的是缴费和投资环节免税，而待遇给付时征税（见表7-5）。英国、比利时、德国、希腊、西班牙、法国、爱尔兰、荷兰、奥地利、葡萄牙、芬兰、美国、加拿大、瑞士、日本等OECD国家选择了EET模式。

表7-5 部分国家的企业年金税收优惠模式

国家	税收模式	国家	税收模式	国家	税收模式
美国	EET	葡萄牙	EET	法国	EET
英国	EET	芬兰	EET	丹麦	EET
爱尔兰	EET	加拿大	EET	意大利	EET

续表

国　家	税收模式	国家	税收模式	国家	税收模式
比利时	EET	德国	EET	瑞典	EET
荷　兰	EET	希腊	EET	澳大利亚	EET
奥地利	EET	西班牙	EET	卢森堡	TTE

资料来源：王东进《中国企业年金财税政策与运行》，中国劳动社会保障出版社，2004，第24~27页。

五　国外职业年金的管理模式

科学的管理模式是职业年金制度高效运行的重要前提。管理模式是包括筹资管理、投资管理、支付管理等在内的一系列比较固定的管理行为和方法的总称，其中最核心的内容是基金的管理与投资。

目前，世界上最常见的职业年金管理模式是法人受托模式和理事会管理模式。法人受托模式是指职业年金计划的委托人（单位和职工）将职业年金基金运营与管理的全部事务委托给符合国家法律规定的法人受托机构，由委托的机构全权行使对职业年金基金进行管理和投资的全部职责，法人受托模式是一种典型的委托外部专业机构进行管理的模式。理事会管理模式是指在举办职业年金计划的单位内部设立专门的部门或机构来管理职工的职业年金，一般为单位内部的年金理事会。由内部机构管理职业年金，体现出职业年金制度的自治性特点，是职业年金的自我管理模式。[①] 这两种模式各有利弊，具体选择哪种模式取决于各国的国情，包括经济发展模式、发展状况、文化传统等。

在国外职业年金中，法人受托模式比较常见。近年来，许多以前采用理事会模式的企业也陆续选择法人受托管理模式。[②] 与理事会管理模式相比，法人受托模式具有更强的管理独立性与专业性，具有更加成熟的管理与投资经验，更能专心地对职业年金进行运营和管理，专业化的职

---

① 陈涉君：《事业单位职业年金运行模式探析》，《中国人力资源社会保障》2010年第8期。
② 杨帆：《法人受托模式是实现企业年金专业化管理的有效方式》，《中国金融》2007年第12期。

业年金管理与运营更能提高管理与服务效率，提高职业年金的收益水平。法人受托机构内，具有包括精算师、会计师、投资经理、律师、技术人员等在内的专业性强的人才队伍，为良好的职业年金管理奠定了基础。但是，单位和职工在法人受托模式中的参与性较差，对管理运营的过程缺乏足够的了解，具体结果完全取决于机构的能力和声誉。而理事会模式则完全吸收职工进行自我管理，有利于更好地了解职业年金的相关信息，掌控职业年金的管理与运营过程，并且可以运用企业的相关管理与投资资源。但是，理事会管理模式容易分散单位或企业的经营管理精力，缺乏基金管理与投资的经验，管理的专业性不足。总体来看，法人受托模式更具有优势，目前国际上采用法人受托模式的国家较多；而理事会模式则主要是在一些发展中国家实施。随着各国经济的发展和职业年金管理经验的日益成熟，越来越多的国家趋向于法人受托模式。

六　国外职业年金的监管模式

加强监管是政府在职业年金发展过程中的重要职责，职业年金的监管对于职业年金的安全和健康发展至关重要，各国均强调加强对职业年金的监管。从国外职业年金的监管模式来看，主要有两种，即审慎型监管模式和严格限量型监管模式。审慎型监管模式是根据审慎性原则对职业年金进行监管。审慎性原则是指职业年金的受托人或投资管理人应该审慎地对待职业年金的管理和投资，注重基金安全，分散基金风险。职业年金基金的投资管理人会自觉地对基金资产和所有者权益负责，选择合适的投资组合。在这一模式下，政府对职业年金的监管相对宽松，强调受托人的资格准入，实施多样化投资，加强信息披露，一般而言，都有相应的监管法律依据。英国、美国、澳大利亚、加拿大等发达国家采用的是审慎型监管模式。

严格限量型监管模式遵循"严格限量"原则对职业年金基金进行监管，在这一模式下，政府对职业年金的监管更为严格和具体，对基金的投资行为和方向、数量做出严格的限制和规定。严格限量型监管实际上是一种全过程、全方位的监管模式。现场监管与非现场监管相结合，定期监管与非定期监管相结合。通过建立专业化的、独立的职业年金监管机构进行全面的监管,包括市场准入资格的严格限制、投资渠道的限制、投资渠道组合的比例规定、投资过程中的行为限制、投资绩效的规定、严格的信息披露规定、投资成本限制等方面,整个职业年金运作的全过程都有相应的严格规定与限制。严格限量型监管模式主要适用于一些资本市场欠发达、职业年金制度不成熟的发展中国家,如智利、菲律宾、马来西亚等。在智利,养老保险基金监管局负责对基金管理公司及其活动进行监管。作为独立的监管机构,养老保险基金监管局的职责主要包括:制定有关法律、法规和实施细则,批准管理公司的建立和注册,对基金管理公司的日常活动进行监督,对管理公司进行事先不通知的现场检查,对违规行为进行处罚等。[①]

这两种监管模式各有优劣。审慎型监管模式的优点在于强调结果,重视立法管理,有利于发挥受托人的积极性和独立性,中介机构的评估有利于提高监管的效率与公平性,但是缺乏对过程的全部掌握,完全依赖于受托人的自觉和责任,容易产生风险,不利于风险的预防。严格限量型监管模式有利于严格监管,更好地防范和化解风险,更好地规范和约束受托人的行为,更好地实现基金的安全;但是,过于严格的监管,不利于受托人的独立性与自主性,难以根据市场需要及时调整投资行为,不利于投资收益的最大化,不利于培养、造就高素质和高水平的职业年金专业人才。[②] 不同监管模式下职业年金的投资绩效是不同的。在审慎型监管模式下,投资管理人在投资组合上拥有更大的选择权与决策权,股票、房地产及其他高风险、高收益的投资偏高;而采用严格限量型监管模式的国家,对风险资产的投资比例做了严格限定,投资于股票、房地产及其他资产等的比例较低,收益率也相对较低。

第三节 英国和美国的职业年金制度

这里主要选择具有代表性的美国和英国的职业年金制度进行具体分

---

① 郑功成:《智利模式养老保险私有化改革述评》,《经济学动态》2001年第2期。
② 刘革、邓庆彪:《国外企业年金基金监管模式比较及启示》,《财经理论与实践》2005年第3期。

析，结合公共部门与私人部门职业年金进行比较分析，便于更加全面、深入地了解国外职业年金制度，为我国公务员职业年金制度的设计和实施提供参考。

一　美国的职业年金制度

（一）公共部门职业年金制度：以联邦节俭储蓄计划为例

美国公共部门职业年金没有统一的制度，联邦和地方的职业年金制度差异较大。由于资料的限制，这里仅对比较典型的公共部门职业年金制度——联邦节俭储蓄计划进行分析。节俭储蓄计划是由1986年的联邦雇员退休制度法案规定建立的，提供与401K计划相同的税收优惠，属于DC型计划，待遇取决于个人和雇主的缴费以及投资收益。联邦节俭储蓄计划是美国联邦公务员的职业年金计划，是联邦公务员养老保险体系的重要组成部分。

1. 参与资格

大多数美国政府雇员可以加入节俭储蓄计划，具体包括：1984年1月后的联邦雇员退休制度（FERS）雇员；1984年1月前的公务员退休制度（CSRS）雇员；军人（现役或准备服役）；其他政府服务人员。如果是一个中断工作的FERS雇员或CSRS雇员，加入节俭储蓄计划由两个方面决定：中断服务的时间长度、中断前是不是节俭储蓄计划成员。如果中断31天以上，无论之前是否加入这一计划，将自动加入这一计划，个人可以在重新雇用后的任何时间停止缴费。如果属于联邦雇员退休制度的雇员，则有雇主自动缴费（1%）和匹配缴费（如果个人缴费）。2010年7月31日以后被雇用的成员，将自动注册加入节俭储蓄计划，个人缴费将从工资中扣除。如果中断服务不足31天的，或者以前曾经向节俭储蓄计划缴费的，在重新雇用时，个人缴费和雇主缴费将重新恢复。如果之前没有加入节俭储蓄计划的，重新雇用后个人可以加入该计划并缴费。

2. 资金筹集

有两种类型的雇员缴费：基本的雇员缴费（包括自动注册缴费）和补充的雇员缴费（50岁以上的雇员）。雇员可以在任何时候开始基本的缴费，在每个缴费期，雇主将按照要求和个人意愿扣除雇员缴费。50岁以后可以开始补充缴费，进行补充缴费需要个人达到固定缴费的最高数额。

联邦节俭储蓄计划由个人缴费、政府自动缴费和政府匹配缴费共同构成。联邦雇员退休计划的雇员可以在个人缴费的同时获得雇主匹配缴费。个人缴费3%以下的按1∶1匹配，个人缴费3%以上的，雇主按增加的50%匹配。个人缴费5%以上的，不再增加雇主匹配缴费（见表7-6）。联邦雇员对个人账户进行缴费积累，政府规定最高储蓄比例不得超过工资总额的10%，在这个限度内可自由选择储蓄比例；同时，为了鼓励公务员向节俭储蓄计划缴费积累，联邦政府按规定为公务员投入一定比例的储蓄，联邦雇员建立节俭储蓄账户时，政府自动缴费1%，这1%的缴费需要工作3年以后才能归个人所有。

表7-6 联邦节俭储蓄账户的政府与个人的匹配比例

单位:%

个人缴费	雇主自动缴费	雇主匹配缴费	总缴费比例
0	1	0	1
1	1	1	3
2	1	2	5
3	1	3	7
4	1	3.5	8.5
5	1	4	10
5 以上	1	4	10 以上

资料来源：联邦节俭储蓄投资委员会。

公务员退休后，可以提取节俭储蓄账户中积累的存款，用于提高退休后的养老待遇水平，账户的提取免缴所得税。缴费的税收优惠有两种办法：传统办法——缴费不用纳税，而领取待遇时需要纳税；Roth办法——缴费需要纳税，领取待遇时不需要纳税。

3. 节俭储蓄基金的投资

(1) 节俭储蓄基金投资的类型

节俭储蓄基金的类型包括G基金、F基金、C基金、S基金、I基金和L基金等类型。G基金为政府证券投资基金、F基金为固定收益指数投资基金、C基金为普通股票指数投资基金、S基金为小盘股指数投资基金、I基金为国际股票指数投资基金、L基金为生命周期基金。其中，G

基金是由节俭储蓄投资委员会内部管理的基金。G 基金主要购买由美国政府担保的国债,意味着 G 基金不会亏损。联邦退休节俭投资委员会与贝莱德公司签署协议管理 F 基金、C 基金、S 基金和 I 基金资产。F 基金和 C 基金建立独立的资产账户,S 基金和 I 基金资产投资于共同基金(或以节约投资成本)。F 基金、C 基金、S 基金和 I 基金是指数化基金。L 基金是通过专业化的资产配置投资于前述五个基金的节俭储蓄基金。不同节俭储蓄基金的比较如表 7-7 所示。

表 7-7 不同节俭储蓄基金的比较

项 目	G 基金	F 基金*	C 基金*	S 基金*	I 基金*	L 基金**
投资描述	政府特别证券	政府、企业与抵押证券	大中型企业股票	中小企业股票	国际股票	投资于 G 基金、F 基金、C 基金、S 基金和 I 基金
基金目标	无风险的利息收入	与 Barclays 综合债券指数绩效接近	达到标准普尔 500 指数的绩效	达到道琼斯 TSM 指数的绩效	达到摩根斯坦国际指数的绩效	在不同时候指代 G 基金、F 基金、C 基金、S 基金和 I 基金的多元投资组合
风险	通货膨胀风险	市场风险,信用风险,预付风险,通胀风险	市场风险,通胀风险	市场风险,通胀风险	市场风险,货币风险,通胀风险	通过多样化分散风险
波动性	低	中低	中等	中高	中高	多元组合减少波动
收入类型	利息	随市场价格变动的利率	随市场价格变动的利率;股息	随市场价格变动的利率;股息	随市场价格变动的利率;股息	综合的收入
2012 年管理费(%)	0.027	0.027	0.027	0.027	0.027	0.027
开始日期	1987 年 4 月 1 日	1988 年 1 月 29 日	1988 年 1 月 29 日	2001 年 5 月 1 日	2001 年 5 月 1 日	2005 年 8 月 1 日

注:* F 基金、C 基金、S 基金和 I 基金还拥有证券借贷收入和 G 基金中短期投资证券基金收入,但收入数额较小。** 每一个 L 基金投资于单独的 TSP 基金(G 基金,F 基金,C 基金,S 基金和 I 基金)。

资料来源:联邦节俭储蓄投资委员会。

L基金是为那些没有时间、经验和兴趣管理个人储蓄账户的计划参加者设计的，是一组投资组合，根据不同的情况分为L2040、L2030、L2020、L2010、L Income 五类组合设计，L2040 是为那些在 2035 年或以后的时间提取的人设计的，L2030 是为那些在 2025～2035 年需要提取的人设计的，L2020 是为那些在 2015～2024 年需要提取的人设计的，L2010 是为那些从现在起到 2014 年需要提取的人设计的，L Income 是为那些已经按月提取的人设计的。不同的基金组合设计实际上是为了风险与回报的组合，距提取的时间越长，越偏向于选择风险更大的投资，获取更大的投资回报（比如，C基金、S基金和I基金）；距提取的时间越短，越偏向于选择风险小和收益小的投资（比如，G基金和F基金）（见表 7-8）。

表 7-8　2010 年 7 月的 L 基金组合

单位:%

基金类型	L2040	L2030	L2020	L2010	L Income
G 基金	10.5	21.5	35	74	74
F 基金	9.5	8.5	7.5	6	6
C 基金	40	36	30.5	12	12
S 基金	17	14	10	3	3
I 基金	23	20	17	5	5

资料来源：联邦节俭储蓄投资委员会。

(2) 节俭储蓄计划的投资收益

节俭储蓄计划的投资收益总体上较好，除个别年份外，各节俭储蓄基金保持着较高的收益率。当然，不同基金的投资收益是不同的。通过前面对不同类型基金的比较也可以看出，G基金和F基金的投资收益比较稳定，但与其他基金相比，收益率相对较低。收益率较高的是S基金和I基金，但是年度波动较大。从最近 10 年的平均年度回报率来看，G基金和F基金的分别为 3.61% 和 5.25%，S基金和I基金分别为 10.79%、8.39%，部分年份甚至达到或超过 30%（见表 7-9）。

表 7-9 2003~2012 年各基金的年度回报率

单位：%

年 份	G 基金	F 基金	C 基金	S 基金	I 基金
2003	4.11	4.11	28.54	42.92	37.94
2004	4.30	4.30	10.82	18.03	20.00
2005	4.49	2.40	4.96	10.45	13.63
2006	4.93	4.40	15.79	15.30	26.32
2007	4.87	7.09	5.54	5.49	11.43
2008	3.75	5.45	-36.99	-38.32	-42.43
2009	2.97	5.99	26.68	34.85	30.04
2010	2.81	6.71	15.06	29.06	7.94
2011	2.45	7.89	2.11	-3.38	-11.81
2012	1.47	4.29	16.07	18.57	18.62
10 年平均	3.61	5.25	7.12	10.79	8.39

资料来源：联邦节俭储蓄投资委员会。

L 基金的年度回报率视类型（投资的时间长短）不同而不同，提取时间越近（投资时间越短）的 L 基金的年度回报率越低，反之回报率越高。总体来看，L 基金保持着较高的回报率（见表 7-10）。

表 7-10 L 基金的年度回报率

年 份	L Income	L2010	L2020	L2030	L2040	L2050
2005*	2.15	2.99	3.40	3.59	3.92	—
2006	7.59	11.09	13.72	15.00	16.53	—
2007	5.56	6.40	6.87	7.14	7.36	—
2008	-5.09	-10.53	-22.77	-27.50	-31.53	—
2009	8.57	10.03	19.14	22.48	25.19	—
2010	5.74	5.65	10.59	12.48	13.89	—
2011	2.23	—	0.41	-0.31	-0.96	—
2012	4.77	—	10.42	12.61	14.27	15.85

注：*2005 年从 8 月 1 日起计算。
资料来源：联邦节俭储蓄投资委员会。

(3) 节俭储蓄基金的管理与投资成本

节俭储蓄计划的费用是节俭储蓄的管理成本,包括:投资基金的管理费,提供参与者服务的成本,打印、邮寄、出版成本,运行和维持 TSP 记录的成本。费用由雇员由于服务时间较短离开联邦服务后的违约金[联邦雇员退休制度的雇主自动缴费(1%)]和其他违约金支付,其余不足部分由参与者分担。2012 年的费用率为 2.7‱,意味着每投资 1000 美元的成本为 27 美元。不同类型基金的管理费用不同(见表 7-11)。

表 7-11 净管理支出

单位:‰

年 份	G 基金	F 基金	C 基金	S 基金	I 基金	L 基金***
2000	0.05	0.07	0.06	—	—	—
2001	0.06	0.06	0.06	0.05*	0.05	—
2002	0.06	0.06	0.07	0.07	0.07	—
2003**	0.10	0.10	0.10	0.10	0.10	—
2004	0.06	0.05	0.06	0.06	0.06	—
2005	0.04	0.04	0.05	0.05	0.05	****
2006	0.03	0.03	0.03	0.03	0.05	0.03
2007	0.015	0.015	0.015	0.015	0.015	0.015
2008	0.018	0.018	0.019	0.019	0.019	0.019
2009	0.028	0.028	0.028	0.028	0.028	0.028
2010	0.025	0.025	0.025	0.025	0.025	0.025
2011	0.025	0.024	0.025	0.025	0.025	0.025
2012	0.027	0.027	0.027	0.027	0.027	0.027

注:*2001 年 S 基金的管理费是从 2001 年 5 月 1 日起计算的。**2003 年的管理费率包括与美国管理系统公司终止合同的诉讼费用。***基于 G 基金、F 基金、C 基金、S 基金和 I 基金的管理费支出按比例分配。****L 基金于 2005 年 8 月才引入,所以没有计算管理费比例。

(4) 节俭储蓄计划的待遇

联邦节俭储蓄计划的个人账户储蓄额属于个人缴费积累的部分,完全归个人所有;政府按规定匹配的缴费积累部分,需要达到一定的条件才能归个人享有,即只有工龄在三年以上的业务类公务员才有资格享有。当公务员达到相应的退休条件并且实际退休时,可以将储蓄账户中的积累额一次性提取完毕,也可以分次提取,或按照年金的方式提取。节俭储蓄计划的最低退休年龄视联邦雇员的出生年份而不同，1948年以前出生的为55岁，1953～1964年出生的为56岁，1970年以后出生的为57岁。公务员也可以将节俭储蓄账户转移到新的雇用单位或者金融机构，账户转移时不需要支付任何费用。在职期间，公务员因为购买住房、教育、医疗或者经济困难等，可以从储蓄账户中借用个人缴费部分，但账户中政府匹配部分不能借用。提前支取的部分不能再补充缴费。如果在59.5岁以前因经济困难提取，需要支付10%的税收作为罚款。提前支取的人在提取的六个月内不能继续向账户缴费，也得不到雇主的任何匹配缴费。

(5) 节俭储蓄计划的管理

联邦节俭储蓄计划由联邦退休金节俭投资委员会（FRTIB）负责管理。联邦退休金节俭投资委员会于1986年在联邦雇员退休金制度的规定下成立，由5名总统任命的兼职人员和1名专职的执行主管组成。联邦各部门协助处理有关事项，比如向雇员（公务员）提供有关节俭储蓄计划的有关信息，将雇主和雇员的缴费汇入储蓄账户等。联邦节俭储蓄基金的投资方向主要包括三个方面：一是投资于由政府担保并提供优惠利息的特别保险基金；二是投资于保障投资公司、储蓄银行证券或其他个人保险；三是购买不同类型的股票。随着节俭储蓄计划的不断迅速发展，积累的基金越来越多，基金的投资和管理成为一个重要的话题，也是影响未来金融市场的一支重要力量。

（二）私人部门职业年金制度：以"401K计划"为例

"401K计划"是经美国联邦政府批准，通过企业和雇员根据税前薪金的一定比例缴费建立起来的养老金计划。与联邦节俭储蓄计划的地位类似，"401K计划"是私人部门职业年金的典型制度，是美国私人部门养老保险体系的重要组成部分，在美国各类企业中广泛实施。对"401K计划"的分析有利于深入了解美国的私人部门职业年金制度。

1. "401K计划"的总体情况

经过若干年的发展，美国"401K计划"迅速发展，"401K计划"的数目迅速增加，从1984年的17303个增加到2011年的513496个；参与"401K计划"的人数从1984年的752.6万人增加到2011年的6137.1万人;"401K 计划"的资产总额从 1984 年的 917.5 亿美元增加到 2011 年的 31468.5 亿美元;筹资总额与待遇支付也迅速增长,年度筹资总额从 1984 年的 162.9 亿美元增加到 2011 年的 2856.8 亿美元,年度待遇给付从 1984 年的 106.2 亿美元增加到 2011 年的 2526.9 亿美元(见表 7-12)。可见,美国"401K 计划"的发展态势较好,为企业雇员的养老保障发挥了重要作用。

表 7-12 1984~2011 年美国"401K 计划"的发展状况

年份	计划数目（个）	在职参与者（千人）	总资产（百万美元）	总缴费（百万美元）	总给付（百万美元）
1984	17303	7526	91754	16291	10617
1985	29869	10315	143939	24322	16399
1986	37420	11528	182784	29226	22098
1987	45054	13091	215477	33185	22215
1988	68121	15151	276995	39412	25235
1989	83301	17271	357015	46081	30875
1990	97614	19466	384854	48998	32028
1991	111394	19039	440259	51533	32734
1992	139704	22293	552959	64345	43166
1993	154527	20015	616316	69322	44206
1994	174945	25062	674681	75878	50659
1995	200813	27759	863918	87416	62163
1996	230808	30643	1061493	103973	78481
1997	265251	33633	1264168	115673	93070
1998	300593	36846	1540975	134659	120693
1999	335121	38619	1790256	151966	145979
2000	348053	39847	1724549	169238	172211
2001	366568	41962	1682218	174389	147645
2002	388204	43158	1573083	181735	146999
2003	403638	43624	1922021	186740	141443
2004	418553	44407	2188733	203867	166731
2005	436207	54623	2395792	223533	189822
2006	465653	58351	2768242	251233	229217

续表

年 份	计划数目（个）	在职参与者（千人）	总资产（百万美元）	总缴费（百万美元）	总给付（百万美元）
2007	490917	59566	2981522	273235	262108
2008	511583	59976	2230188	285773	233452
2009	512464	60285	2734064	258357	208467
2010	518675	60510	3142141	267584	245474
2011	513496	61371	3146851	285679	252692

资料来源：美国劳工部。

2. "401K 计划"的管理

美国联邦政府中有多个部门负责对"401K 计划"的管理，其中主要涉及两个部门：联邦税务局、联邦劳工部（下属养老金和福利待遇管理署）。联邦税务局是"401K 计划"的核心管理部门，因为这一计划的核心就是通过联邦税收政策来实施的，该计划的建立与税收减免有着直接联系，而因税务局是"401K 计划"的核心管理部门之一。联邦税务局的重要职责是对"401K 计划"是否符合《税收法》中的相关要求和"401K 计划"减免或延缓进行监督、监控，尤其是对其税收减免的资格和数额进行审核与监督。联邦劳工部所属的养老金和福利待遇管理署主要负责监督"401K 计划"是否符合《雇员退休收入保障法》中所规定的相关要求，具体包括对受托人的职责、被禁止交易的要求与规定进行监督。[①] 由于"401K 计划"受美国国内税法及员工退休收入安全法的约束和限制，企业设立和运作一个"401K 计划"，需要开展大量的管理工作。雇主（企业）一般需要建立一个委员会来管理"401K 计划"，成员由人力资源部门和财务部门的人员共同构成。可见，"401K 计划"的具体执行事务主要由企业负责和经办。

3. "401K 计划"的筹资

"401K 计划"的资金主要由雇员和雇主缴费构成，其中，雇员个人缴费占主要部分，雇员个人向 401K 账户进行缴费积累，并进行投资。一般而言，雇主会根据雇员缴费情况给予相应的匹配缴费，将其作为员工

---

① 林羿：《美国的私有退休金体制》，北京大学出版社，2002。

福利的重要组成部分，对员工进行激励，有利于吸引和留住优秀人才。在"401K计划"中，雇主可以按雇员缴费的一定比例为其在个人账户中建立一笔基金，使雇员从中受益。但并非所有的雇主都会提供这种匹配缴费计划，而且匹配缴费的水平也因雇主不同而有所差异，一般为25%~50%。雇主给予雇员的匹配缴费一般需要具备一定的条件，只有达到相应的条件，雇员才能获得匹配缴费及其所有权。比如，已为雇主服务5~7年，并且得到公司授权的情况下，才能对这部分基金拥有所有权。对于这种授权，一些公司采用阶梯递增的方式：服务期满2年，个人被授权拥有这部分基金25%的权益，满3年拥有50%，满5年拥有100%。在"401K计划"中，雇主通过这种方式，可以对雇员有更大的制约力。①

4."401K计划"的税收优惠

美国"401K计划"的税收优惠模式属于EET模式，即在缴费筹资和基金投资环节免税，在领取待遇时征税，通过税收优惠激励雇员加入企业年金计划，并积极缴费。美国国内税法规定，企业员工向401K账户的缴款在规定限额内可在税前扣除，401K账户中的投资收益可以累计投资，在最终提取之前不征收资本利得税，只有当员工因退休或其他原因提取401K账户时，才需要就上述缴款及收益缴纳相应的资本利得税和个人所得税。由于高薪雇员比低薪雇员更希望向"401K计划"进行税前供款，美国《税收法》对"401K计划"的税收优惠政策有具体细致的规定，在满足其他养老金计划的税收优惠条件和禁止对高薪职员进行优惠的规定外，还有专门针对"401K计划"的税收优惠条款，包括对缴费数额的限制和年度测试的要求。《税收法》对参与"401K计划"的税前和税后供款总额有特别规定和限制，要求每个参与者税前缴额不能超过一定数额，具体数额根据物价水平进行调整。

5."401K计划"的投资

"401K计划"可以提供多种投资选择，而且参与者可以自主选择投资方向。"401K计划"参与者的投资决定主要是受主办者提供的投资选择的影响。大多数"401K计划"会为雇员个人提供多种可供选择的投资

---

① 杨凡：《美国的401（K）计划》，《保险研究》2000年第4期。

方式，个人有权决定采用何种投资组合方式，"401K 计划"的管理者会明确告知各种投资工具的潜在风险和预测的投资回报水平。个人既可以任意选择一种投资方式，也可以在不同风险程度的投资方式中进行组合投资。允许参与者定期改变其投资选择，最常见的是一年四次。雇员还可以对其雇主为其进行的匹配缴费进行投资选择。一般情况下，在对雇主缴费进行投资选择时的可选择项要少于在对自己缴费进行投资选择时的可选择项。最主要的投资工具包括：①保证利率投资合约，通常由个人直接与保险公司签订固定利率回报合同，风险相对较低，但是利率相对较低，并存在通胀风险；②公司股票，即通过购买所在公司的股票，成为自己公司的股东，风险程度相对较高，在个人投资选择中所占比例较小；③共同基金和变额年金，可以集中大量的个人资金，投资于债券、股票及各种金融衍生产品，最大限度地降低投资风险。此外，还包括短期贷款、债券等投资方式。

20 世纪 70 年代之前，一般都选择传统型资产类别，如股票、债券、共同基金、现金及其等价物。20 世纪 70 年代之后，包括私营养老金在内的美国养老基金就已经开始涉足另类投资，如不动产投资。1985～2007 年，另类投资比例逐年下降，但仍有一定比例的资产配置属于另类投资。2000～2001 年，由于美国股市大跌，包括共同基金资产在内的 DC 型养老基金资产出现了一定程度的缩水；2003 年以后，DC 型养老基金资产积累一直保持增长的势头；2005～2007 年，共同基金的投资一度超过其他类型投资；至 2008 年，次货危机引发的金融海啸席卷美国，DC 型养老基金中的共同基金资产再次减少。总体上来看，美国的"401K 计划"投资运营比较成功，以计划参与者大于等于 100 人的 DC 型计划为例，1987～2006 年的大部分年份里，计划的总收益率为正数，其中超过一半的年份里取得了高达两位数的收益率，而负收益率的情况仅出现在 2000～2002 年股市危机时期和最近一次的金融危机期间（见表 7-13）。可见，只要国家经济不衰退、没有经济震荡或经济危机，"401K 计划"投资可以取得较好的收益，有利于"401K 计划"的待遇支付和成员的权益。①

---

① 陈星：《美国 DC 型企业年金计划投资运营与借鉴》，《财会月刊》2011 年第 11 期。

表7-13 1997~2011年有100人以上成员的"401K计划"的回报率

单位:%

年 份	回报率	年 份	回报率	年 份	回报率
1997	19.4	2002	-11.4	2007	7.5
1998	12.0	2003	18.5	2008	-24.9
1999	12.8	2004	10.3	2009	18.8
2000	-3.8	2005	6.3	2010	12.0
2001	-6.4	2006	12.4	2011	2.8

资料来源:美国劳工部。

6."401K计划"的便携性

当雇员更换工作时,可以选择不同的方式来处理自己的401K账户权益,主要有三种方式,一是将401K账户继续保留在原来的公司,但是无法继续再向该账户缴款,更不能获得雇主的匹配缴费,如果个人账户余额较少,离任前的雇主一般不会接受这种做法,而是采取一次性提取账户款项的办法。二是将401K账户转移到新的公司,并加入该公司提供的"401K计划";相比前一种方式而言,这种方式可以更好地避税,至少可以延缓纳税,但是取决于新公司是否愿意接受这一方式。三是将401K账户转入个人退休计划,在个人退休计划中另外设立一个独立账户,直接转移至该账户,避免纳税和支付罚金。

7. 401K账户的提取

员工退休时,可以选择一次性领取、分期领取和转为存款等方式使用401K账户。加入"401K计划"的企业雇员只有符合以下条件才能从个人账户中领取养老金:年龄在59.5岁及以上;永久丧失工作能力;年度医疗费用超过收入的7.5%;55岁以后离职、下岗、被解雇或提前退休。如果在达到符合领取的条件之前提取个人账户,将征收较大比例的所得税(20%)和惩罚性罚款(10%)。"401K计划"允许借款,但需要偿还本金和利息,不过利息是支付到自己的个人账户中而不是银行或其他商业贷款人。"401K计划"对借款有数量限制,而且借款行为会影响账户资金的增值能力,并且要接受双重纳税。如果平时遇到医疗、教育、住房等大额支出而资金紧张时,在支付所得税和罚金的前提下,可以向401K账户取款,但一年内不能向该计划账户缴费。参加"401K计划"的雇员在年龄达到 70.5 岁时，必须开始从个人账户中取款，否则政府将对应取款额征税 50%。① 雇员去世以后，401K 账户中余额将全部记入其受益人名下；如果受益人为配偶，可以直接继承各类投资权益，或者将全部款项转入个人退休计划中；若受益人不是配偶，则只能一次性提走这笔款项，或在不超过平均余命的年度内分次提取。②

二 英国的职业年金制度③

英国的养老保险制度体系包括国家基本养老保险制度、职业养老保险制度和个人自愿养老储蓄制度等，职业年金是英国养老保险体系的重要构成部分。这里所指的职业年金包括公共部门与私人部门在内。总体来看，所有公共部门职业养老金计划是 DB 型的，而所有 DC 型职业养老金计划都在私人部门，当然，私人部门也有 DB 型职业养老金计划。

（一）英国职业年金的缴费

英国职业年金的融资方式包括基金积累制和非基金积累制两类。基金积累制计划的资金积累由缴费和投资收益构成。非基金积累制通常是在公共部门，主要包括公务员、军人、国民健康服务人员、警察、消防员等职业的部门。

1. 私人部门职业年金的缴费

2011 年，DB 型私人部门职业养老金计划的缴费率高于 DC 型计划。从不同类型和状态的私人部门职业养老金的缴费水平来看，2011 年处于开放状态④的 DB 型私人部门职业养老金平均总缴费率为 19.2%。处于封闭状态的 DB 型私人部门职业养老金计划缴费率平均为 19.4%。开放的 DB 型私人部门职业养老金计划平均的成员（雇员）缴费率为 5.1%，处

---

① 李琼、翟大伟：《美国 401（K）计划及其对中国的启示》，《理论月刊》2006 年第 10 期。
② 杨凡：《美国的 401（K）计划》，《保险研究》2000 年第 4 期。
③ 该部分内容和相关数据资料主要参考英国历年的职业年金调查。
④ 职业年金的状态包括开放状态（继续接收新的成员）、封闭状态（不接收新成员，但继续接收目前成员的缴费）、冻结状态（不接收新成员的缴费，继续支付给现有成员的收益，不接收新成员；雇员不缴费，但雇主可能或者必须缴费）和正在清算状态（正处于计划终结的过程中，可给受益人购买年金，或向另一计划转移资产）。

于封闭状态的 DB 型私人部门职业养老金计划平均的成员（雇员）缴费率为 4.9%；开放的 DB 型私人部门职业养老金计划平均的雇主缴费率为 14.1%，封闭的 DB 型私人部门职业养老金计划平均的雇主缴费率为 14.5%。从 2011 年的 DC 型计划来看，开放的 DC 型私人部门职业养老金计划的平均缴费率为 9.2%，封闭的 DC 型职业养老金计划的平均缴费率为 11.4%；开放的 DC 型私人部门职业养老金计划平均的雇员缴费率为 2.8%，封闭的 DC 型私人部门职业养老金计划平均的雇员缴费率为 2.9%；开放的 DC 型私人部门职业养老金计划平均的雇主缴费率为 6.5%，封闭的 DC 型私人部门职业养老金计划平均的雇员缴费率为 8.5%（见表 7-14）。

表 7-14 2004~2011 年私人部门职业养老金计划的平均缴费率

单位：%

类型	年份	雇员		雇主		合计	
		开放	封闭	开放	封闭	开放	封闭
DB	2004	4.6	3.9	12.1	17.1	16.8	21.0
	2005	4.9	3.6	13.9	18.8	18.8	22.4
	2006	4.9	4.5	14.8	15.1	19.7	19.7
	2007	5.5	4.3	15.0	16.1	20.5	20.5
	2008	5.1	4.8	14.6	18.1	19.7	22.9
	2009	5.4	5.1	14.9	18.0	20.3	23.1
	2010	5.3	4.8	15.2	16.3	20.5	21.1
	2011	5.1	4.9	14.1	14.5	19.2	19.4
DC	2004	2.9	3.1	6.2	4.2	9.1	7.3
	2005	2.7	2.6	6.3	8.0	9.0	10.6
	2006	3.0	2.5	5.9	5.4	8.9	7.8
	2007	2.6	3.2	6.4	7.0	9.0	10.2
	2008	3.0	3.4	6.0	7.0	9.0	10.4
	2009	3.0	2.3	6.4	6.5	9.3	8.8
	2010	2.7	1.6	6.2	6.5	9.0	8.1
	2011	2.8	2.9	6.5	8.5	9.2	11.4

资料来源：Occupational Pension Schemes Survey。

2. 公共部门职业年金缴费

大多数的英国公共部门职业养老金计划是非基金制的。近些年来，英国对不同职业年金制度进行了改革和调整，缴费率也发生了变化。从 2012 年 4 月起，公共部门职业养老金计划的缴费率有所提高。总体来看，公共部门的职业年金的缴费主要由雇主负责，雇员只需要缴纳少量费用或者不用缴费（见表 7-15）。

表 7-15　2011 年主要公共部门职业养老金计划的缴费率

类别	缴费率
军队	个人无须缴费，养老金根据个人报酬水平计算
公务员	经典计划成员缴费率为 1.5%，经典加计划、优质计划和 Nuvos 计划的个人缴费率为 3.5%
地方政府	根据报酬高低分为多个层次，英格兰和威尔士为 5.5%~7.5%；苏格兰为 5.5%~12%，英格兰和威尔士的体力劳动者常以 5% 的保护缴费，从 2008 年 4 月至 2011 年 4 月逐步取消
国民健康服务系统	根据报酬高低分为多个层次，为 5.0%~8.5%。2008 年至 2009 年底，体力劳动者继续保持 5% 的缴费率
警察	原来计划的缴费率为 11%，2006 年 4 月关闭，新计划的成员缴费率为 9.5%
消防员	原来的计划为 11%，2006 年 4 月关闭，新计划为 8.5%
教师	所有成员为 6.4%

注：以上为 2011 年情况，2012 年后有所变化。
资料来源：Research by ONS Analysts。

（二）英国职业年金的待遇给付

英国职业年金的待遇类型包括 DB 型计划和 DC 型计划两类。DB 型计划的待遇和个人收入与工作年限有关，DB 型计划是指退休收益比率明确的计划。大多数 DB 型计划的待遇计算以最后工资为基数，也有基于退休前最后几年中最高收入为基数的，或者以最后一年或最好几年的收入平均数为基数。然而，使用终生平均收入为基数已经变得越来越普通。DC 型计划与个人缴费和投资收益有关，待遇根据缴费和投资收益计算。

1. DB 型职业养老金计划的待遇

（1）正常情况下的待遇

大多数 DB 型计划基于个人退休前的个人收入、成员资格年限计算，乘以一个积累率。比如，一个以最后工资为基数的计划，可能每年的积累率为 1/80，一个有 40 年工作经历的人退休后可以获得最后工资 50%

(40/80) 的养老金。在私人部门，法律要求某一计划的积累率是固定的。2011 年，成员最多的私人部门职业养老金计划的积累率主要为 1/60（占在职成员的 38%）。

公共部门成员最多的职业养老金计划的积累率为 1/80，再加上一个额外的一次性积累率约 3/80（占在职成员的 48%）。但是，基金制和非基金制之间存在较大的差异。在非基金制公共部门职业养老金计划，70% 的在职成员积累率为 1/80，再加上 3/80 的一次性积累率。2011 年基金制公共部门职业养老金计划通常的积累率为 1/60，64% 的在职成员为 1/60 再加上 24% 的退休时一次性收益。

2004 年以前 DB 型私人部门职业养老金计划的积累率有两种类型，即 1/60，1/80 加上附加 3/80 的一次性积累。积累率为 1/60 的在职成员数从 2004 年的 220 万人下降到 2011 年的 70 万人。2004~2007 年，这一类的成员占总在职成员的比例基本保持稳定（超过 60%），但是 2010 年下降到 48%，2011 年为 38%。

一些 DB 型计划允许退休成员转换积累率，即通过一定的积累率换取一次性收益，称为交换。交换的比率称为交换率，比如交换率为 12，即每年放弃养老金 1 英镑，可以获得一次性收益 12 英镑。总体来看，DB 型私人部门职业养老金计划的在职成员中女性的交换率略高于男性。在一个正常领取养老金年龄为 65 岁的计划中，2011 年女性的交换率为 14 以上的占总在职成员的 43%，男性交换率为 14 以上的占总在职成员的 35%。

DB 型私人部门职业养老金通常使用的方法是以领取养老金的收入计算退休收益，计算基数包括最后工资、最后几年工作时间内最好年份的收入、最后几年内最好几年的平均收入等形式。不过，以终生平均收入计算而不是最后收入计算已越来越普遍。在按照终生平均收入计算的计划中，养老金权利每年根据通货膨胀或收入增长情况调整。

（2）特殊情况下的待遇

提前退休养老金：在 2004 年金融法案（2006 年生效）下，最低退休年龄从 50 岁提高到 55 岁。一些受低退休年龄保护的职业养老金计划成员仍可以在 55 岁前退休，不过需要受一定的约束。低退休年龄保护在公共部门更为常见，在一定的环境下，大多数在职成员仍然有权 50 岁时选择退休。最低养老金退休年龄的主要例外是军队职业养老金计划，直到2005年，指挥官在16年服务年限后，其他人员在达到22年服务年限后可以退休领取养老金。2005年后，一个新的军人职业养老金计划取代了这种规定，在18年以上服务年限后，40岁时可以退休领取养老金，这一规定适用于所有级别的人员。在新的计划下，全额养老金支付给正常退休年龄的人员（65岁）。另一个例外是消防员和警官。2006年引入了新的消防员和警官职业养老金计划。2006年前消防员可以在50岁或者25年的服务年限后退休领取养老金。2006年以后，领取养老金的最低年龄为55岁，正常退休年龄为60岁。2006年前的计划中，警察可以在达到30年的服务年限后退休领取全额养老金。2006年后，领取全额养老金的最低服务年限提高到35年（正常领取养老金的年龄为55岁）。

工作期间死亡的养老金待遇：大多数职业养老金计划提供为遗属死亡养老金待遇。2011年，为遗属（配偶）提供养老金的职业养老金计划的成员占其在职成员的87%。接近3/4的在职成员所在的计划为遗属（子女）提供养老金。2011年有62%的DB型私人部门职业养老金计划的在职成员属于为遗属提供一次性养老金的计划。一次性养老金的计算按照死亡时收入的一定比例计算。

职业养老金待遇每年根据生活成本进行增长。1995年的养老金法案引入的要求是，自1997年4月以后，养老金必须每年增长，根据价格指数、零售价格指数RPI（自2011年4月改为消费者价格指数CPI）进行调整，最高增长率为5%。2004年的养老金法案降低了最高增长率至2.5%（自2005年起）。公共部门养老金随着CPI增长，2011年之前根据RPI调整。

2. DC型职业养老金计划待遇

自2011年4月6日起，DC型职业养老金成员不再要求到75岁才购买年金。自55岁以后的任何时候，他们都可以选择购买年金或提取。DC型职业养老金计划的养老金水平是由投资绩效和年金市场结果决定的。

正常领取年龄的待遇：2011年，几乎所有DC型计划成员在正常领取养老金年龄后可以获得一次性待遇。领取一次性待遇需要放弃一定的养老金。根据税法相关规定，允许最多为基金25%的一次性待遇是免税的。一些职业年金计划的成员不是在退休时购买年金，而是允许成员退休基金投资，从中提取收入。

因病退休待遇：2011年，大多数DC型计划提供因病退休养老金，只有10%不提供，比2010年（12%）有所下降；有50万在职成员有资格获得因病退休养老金待遇（仅以货币购买计划账户值为基数），20万成员有资格获得以成员账户为基数的因病退休养老待遇加上附加待遇。20万在职成员的因病退休待遇来自永久健康保险计划。

提前退休待遇：2011年，91%的在职成员属于提供提前退休待遇的计划。这些计划中有94%的在职成员可以提前退休，领取养老金的年龄为55岁。2009年时可以提前退休领取养老金的最低年龄为50岁。可见，可以提前退休的年龄在提高（在2004年的金融法案框架下，自2010年4月起从50岁提高到55岁）。

死亡养老金：2011年，几乎所有DC型计划的在职成员属于提供退休前死亡待遇的计划。退休前死亡可获得一次性待遇，一次性待遇计算的常见方式是收入的倍数。2011年，有70%的在职成员的一次性待遇为收入4倍及以上，而2004年仅为1/4。

3. 英国职业养老金领取者人数

领取职业养老金的总人数从1953年的90万人增加到2004年的900万人，2006年下降到820万人（主要是由于私人部门职业养老金领取人数从2004年的560万人下降到2006年的460万人）。2006~2011年，领取职业养老金的总人数从820万人增长到920万人。私人部门职业养老金领取人数增长到2011年的500万人。公共部门职业养老金领取者人数从2006年的350万人增加到2011年的420万人（见表7-16）。同以前年份相同，2011年几乎所有的领取者来自DB型计划，只有1%来自DC型计划，主要有两个方面的原因：绝大多数的DC型计划成员在退休时转移出计划购买年金；DC型计划的建立时间相对较晚，达到退休年龄的成员较少。

表7-16 历年领取养老金的人数

单位：百万人

年份	私人部门	公共部门	合计	年份	私人部门	公共部门	合计
1953	0.2	0.7	0.9	1995	5.0	3.5	8.5
1956	0.3	0.8	1.1	2000	5.2	3.0	8.2

续表

年份	私人部门	公共部门	合计	年份	私人部门	公共部门	合计
1963	0.7	1.1	1.8	2004	5.6	3.4	9.0
1967	1.0	1.3	2.3	2006	4.6	3.5	8.2
1971	1.3	1.6	2.9	2007	4.8	3.7	8.5
1975	1.3	2.1	3.4	2008	5.0	3.9	8.8
1979	1.4	2.3	3.7	2009	5.1	3.9	9.0
1983	2.1	2.9	5.0	2010	5.0	4.0	9.0
1987	2.9	3.1	6.0	2011	5.0	4.2	9.2
1991	3.8	3.2	7.0				

资料来源：英国国家统计局。

4. 正常领取养老金的年龄

领取私人部门职业养老金的正常年龄为60岁或65岁，但是有少部分计划选择其他的年龄规定。2011年，有接近3/4的私人部门职业养老金计划领取养老金的正常年龄为65岁（2004年大约只有一半）。到2011年，有44%的公共部门职业养老金计划在职成员领取养老金的正常年龄为65岁。英格兰和威尔士针对新成员的"85规则"[①] 2006年被废除，并规定了65岁为领取养老金的年龄。2006年10月以后，"85规则"的成员受过渡方案的保护，直到2008年4月1日。

一些公共部门的正常领取养老金年龄取决于服务年限，尽管这些部门仍然有正常领取养老金年龄的规定。军队2005年建立新的职业养老金计划，取代了1975年的DB型职业养老金计划，新计划规定领取全额养老金的年龄为65岁，而原计划规定了55岁以及固定的服务年限（军官16年，其他级别为22年）。2006年，很多公共部门职业养老金计划的正常领取养老金年龄发生了变化。警察和消防员职业养老金计划的正常领取养老金年龄增加了5岁。2007年1月1日后，教师、公务员职业养老金计划的正常领取养老金年龄也从60岁增加到65岁。2008年4月1日起，国民健康服务系统也提高了正常领取养老金的年龄，从60岁增加到

---

① "85规则"允许地方政府养老金计划成员的服务年限和年龄之和超过85的人在60岁时退休无须减少养老金。

65 岁。不过目前的计划成员依照原来的年龄规定（60 岁）。

三 英国职业年金的投资

英国非常注重对职业年金的投资，尤其是私人部门的 DC 型职业养老金计划，更强调基金的投资，而且投资的渠道比较广泛，包括投资于各类基金，比如，生活方式基金、现金基金、公平基金、海外基金、Gilt Fund、企业债券基金、管理型或平衡型基金、产权基金、道德基金、利润基金、其他类型基金。[①] 职业养老金成员可以选择其中一只或多只基金进行投资，其中大多数的在职成员可以选择 5 只以上的基金。只有极少数的职业养老金计划成员不能选择投资基金（见表 7-17）。而且，大多数的职业养老金计划允许成员自由选择投资基金的类型，一些职业养老金则规定了一年内可以选择投资基金的次数（见表 7-18）。

表 7-17　根据投资基金数的 DC 型私人部门职业养老金计划在职成员比例

单位：%

基金数	2008 年	2009 年	2010 年	2011 年
不能选择	4	4	3	5
1 只基金	3	8	2	5
2~4 只基金	15	11	15	13
5~9 只基金	43	31	34	33
10 只基金	35	46	46	45

资料来源：Occupational Pension Schemes Survey。

表 7-18　允许选择投资基金类型的 DC 型私人部门职业养老金计划在职成员比例

单位：%

基金选择	2007 年	2008 年	2009 年	2010 年	2011 年
无限制	52	51	64	63	68
一年一次	26	28	19	17	16
一年两次	14	11	6	8	4
一年两次以上	7	10	12	13	12

资料来源：Occupational Pension Schemes Survey。

---

① Occupational Pension Schemes Survey.

四 英国职业年金的成员数

英国职业养老金计划总成员包括在职成员、领取养老金的成员和保留养老金权利的成员。自 1983 年以后，英国职业养老金计划的成员数在增长，1983 年为 1890 万人，2011 年为 2720 万人。2004 年人数最多，为 2810 万人，后来一直保持在 2700 万人左右。2011 年职业养老金计划总成员数约 2720 万人，与 2010 年相同，其中私人部门职业养老金计划成员数从 2010 年的 1470 万人下降到 2011 年的 1420 万人，公共部门职业养老金计划从 2010 年的 1250 万人增加到 2011 年的 1300 万人。成员的类别分布比较平均，在职成员占 30%，领取养老金的成员占 34%，保留养老金权利的成员占 36%。个人可能拥有不止一类成员身份，比如，一个人可能是前雇主的职业养老金计划待遇领取者，但仍然在工作时向职业养老金计划缴费，既是养老金领取者，也是在职成员。因此，职业养老金计划的成员数不是人数。2011 年总成员包括 820 万在职成员、920 万领取养老金的成员、980 万保留养老金权利的成员。

1. 根据部门划分的在职成员数

自 1991 年起，在职成员数一直在减少，2011 年约为 820 万职业养老金计划在职成员，而 1967 年为 1220 万人。在职成员数的下降部分是由于向团体个人养老金缴费人数的增长。在职成员数的下降在私人部门比较明显。2011 年私人部门在职成员数为 290 万人，1991 年为 650 万人，1967 年达到最高峰为 810 万人。私人部门有 DB 型与 DC 型两种类型的计划，而公共部门所有的计划是 DB 型的。公共部门在职成员数在增长，虽然一些大型的公共部门职业养老金计划由于在 2000 年重新分类被归入私人部门，比如，邮政、BBC。2011 年，大约有 530 万在职成员，1991 年为 420 万人，1979 年为 550 万人。

2. 根据待遇类型划分的在职成员数

过去 10 年私人部门职业养老金在职成员数下降主要反映在 DB 型计划在职成员数的下降，从 2000 年的 460 万人下降到 2011 年的 190 万人。而 DC 型私人部门职业养老金计划成员数一直保持在 100 万人左右，2011 年为 90 万人。

3. 根据状态划分的在职成员数

开放的 DB 型私人部门职业养老金在职成员数从 2006 年的 140 万人下降到 2011 年的 90 万人，而开放的 DC 型私人部门职业养老金在职成员数从 2006 年的 90 万人下降到 2011 年的 80 万人。在 DB 型私人部门职业养老金计划中，只有 45% 的成员在开放计划中，而 DC 型计划中有 90% 的在开放状态的计划中。在 2011 年私人部门职业养老金计划的 1420 万成员中，有 1210 万人（85%）是 DB 型计划，210 万人是 DC 型计划（见表 7-19）。

表 7-19 1991~2011 年职业养老金计划的成员类型和部门

单位：百万人

类型与部门	1991年	1995年	2000年	2004年	2006年	2007年	2008年	2009年	2010年	2011年
在职成员	10.7	10.3	10.1	9.8	9.2	8.8	9.0	8.7	8.3	8.2
私人部门	6.5	6.2	5.7	4.8	4.0	3.6	3.6	3.3	3.0	2.9
公共部门	4.2	4.1	4.4	5.0	5.1	5.2	5.4	5.4	5.3	5.3
领取养老金成员	7.0	8.5	8.2	9.0	8.2	8.5	8.8	9.0	9.0	9.2
私人部门	3.8	5.0	5.2	5.6	4.6	4.8	5.0	5.1	5.0	5.0
公共部门	3.2	3.5	3.0	3.4	3.5	3.7	3.8	3.9	4.0	4.2
保留养老金权利的成员	4.5	7.0	6.7	9.3	9.4	9.4	9.9	10.1	9.8	9.8
私人部门	3.3	5.2	5.2	7.1	6.5	6.3	6.7	6.6	6.6	6.3
公共部门	1.2	1.8	1.5	2.2	2.9	3.1	3.2	3.5	3.2	3.4
合计	22.2	25.8	25.0	28.1	26.7	26.7	27.7	27.7	27.2	27.2
私人部门	13.6	16.4	16.1	17.5	15.2	14.7	15.3	15.0	14.7	14.2
公共部门	8.6	9.4	8.9	10.6	11.5	12.0	12.4	12.7	12.5	13.0

资料来源：Occupational Pension Schemes Survey。

第四节 国外职业年金制度的经验总结

通过以上对国外职业年金制度的分析，尤其是通过对美国、英国职业年金制度的剖析和总结可以发现，国外职业年金制度的设计和发展存在许多有益的经验，可供我国学习、借鉴和参考。

一 职业年金制度是许多国家养老保险体系的重要组成部分

从国外的经验来看,养老保险体系包含了多个组成部分,包括基本养老保险、补充养老保险、个人储蓄养老等不同的养老制度层次,其中,职业年金是国外许多国家补充养老保险的重要制度安排。通过职业年金制度设计较好地满足了不同收入群体和职业群体差异化的养老需求,在通过基本养老保险实现养老保险促进公平的同时,通过职业年金制度来提高养老保险的效率。职业年金制度的设计和良性运营有效地促进了这些国家养老保险体系的健康发展。比如,美国的养老保险体系包括了基本养老保险制度、职业年金制度、个人自愿养老储蓄制度等,在公共部门和私人部门都设有职业年金制度;英国在设立国家基本养老保险制度的同时,引入了收入关联养老保险制度和"协议退出"的职业年金制度、个人自愿养老储蓄制度;日本则在普惠的国民年金制度的基础上对公务员、农业渔业团体、船员、教师等不同职业群体设立年金制度。职业年金制度在这些国家的养老保险制度中发挥着重要作用,并为许多国家所效仿。

二 公务员与私人部门雇员职业年金制度有着明显的差异

由于不同职业群体的差异,职业年金制度的设计也考虑了不同群体的职业性质。特别是在公共部门与私人部门之间,甚至不同的公共部门与私人部门内部,其职业年金也存在明显差异,这也正体现了职业年金的"职业"特点。特别是在公务员与私人部门雇员之间,其职业年金制度的差异更为明显。公务员与私人部门雇员的职业年金制度差异主要体现在管理体制和筹资机制方面。最为明显的差异是,政府在公务员职业年金中的职责更为重要。作为政府的"雇员",政府需要为其承担"雇主"责任,给予职业年金的缴费投入;另外,公务员也是普通国民的一员,政府需要承担为国民养老提供保障的责任,同样也适用于公务员。政府不仅是公务员职业年金筹资的重要主体,也是公务员职业年金制度的管理与经办主体。比如,美国联邦政府需要为公务员的节俭储蓄计划提供匹配缴费,并由节俭储蓄投资委员会进行管理和投资。可见,政府在公务员职业年金中发挥着更为重要的作用，更加体现了公务员职业的公共服务特性，有助于增强公务员的效能感和积极性，提升公共服务水平。

三　注重发挥市场作用

发展和完善职业年金制度是政府完善养老保险制度的重要举措，政府在职业年金发展过程中需要发挥相应的作用，包括管理、监督、政策支持等方面，甚至包括直接的资金支持。但是，除了强调政府的作用外，很多国家还强调市场因素在职业年金发展过程中的作用。市场作用主要是指对职业年金制度管理和投资方面，强调积极发挥市场的力量，提高职业年金制度的运营效率。无论是公务员的职业年金制度，还是私人部门雇员的职业年金制度，都强调发挥市场的作用。从国外的现状来看，几乎没有国家的职业年金能完全脱离市场而由政府自主管理与运营。凡是职业年金制度运营较好的国家，都是因为市场作用发挥较好的国家，市场作用的效果直接影响到职业年金制度的成败。

四　注重职业年金的投资并取得较好的效果

与基本养老保险制度相比，职业年金制度更强调个人账户积累，将逐步积累较大数额的职业年金基金，如何管理和运营这些基金，对于职业年金制度的健康、持续发展至关重要，也直接关系到参保人员的养老权益和待遇水平。各国在发展职业年金的过程中，特别注重对职业年金基金的投资运营，实现基金的安全与保值增值。从前面对部分国家职业年金的运营来看，都提供了多种职业年金的投资渠道，在参保人和有关机构的合作下决定投资方向，甚至完全由参保人自主选择投资渠道。一般来说，都实行多样化的投资组合，兼顾安全性与收益性。总体来看，国外对职业年金的投资运营比较成功，除去少数年份由于经济不景气而出现投资不理想的情况外，大多数年份的投资收益比较好，符合职业年金的发展要求。国外对职业年金的投资运营非常注重投资的专业化和独立性，有利于增强职业年金投资的效果，规避投资风险。

五 注重对职业年金发展的税收政策支持

税收政策支持是职业年金发展的必然要求,也是国外发展职业年金的普遍做法。在设计和实施职业年金的过程中,必须有完善、科学的税收政策支持,通过税收支持,增强职业年金的发展动力和雇员缴费的积极性,也增强雇主举办职业年金的积极性。税收政策的完善程度直接关系到职业年金发展的效果。凡是职业年金制度运营较好的国家,都设计了一套成熟的税收支持政策。当然,不同国家的税收政策模式和重点有所不同。一些国家对职业年金缴费环节、投资环节和给付环节等均给予税收优惠,一些国家则是在其中的一个或两个环节给予税收优惠,不同的税收优惠政策的效果是不同的,具体采用哪种税收优惠模式,取决于各国的国情和法制。总体来看,实现 EET 税收优惠模式的较为普遍,即在筹资和投资环节免税,在领取待遇时征税。当然,国外对职业年金的税收支持不是随意的、无限制的,而是有一定的最高数额限制,避免扭曲税收政策的意图,导致大量逃税行为的出现。

六 职业年金制度设计的灵活性较强

国外对职业年金制度的设计不是僵硬的制度安排,而是具有较强的灵活性和可选择性。一方面,许多国家的职业年金制度设计是基于不同职业的特性而设计不同的职业年金;另一方面,在同一职业年金的制度框架内,对一些具体参数的规定比较灵活,以人为本,因人而异,为雇主和雇员提供自主选择的空间。比如,在筹资水平的设计上,一般规定最低缴费水平和最高免税额,在其区间范围内可由个人自愿选择;在待遇获取方面,待遇提取的方式也是多样的,可以采取一次性领取、按月领取、购买年金等方式;在投资决策方面,强调雇员的参与和认可,由雇员自主选择投资渠道,或者更改投资方向。职业年金制度设计的灵活性有助于雇员根据自身情况做出相应的参与决策,避免由于制度设计过于固定和僵硬而忽视了对部分人群的现实考虑,也更加有利于制度的调整和完善。

七 注重加强政府对职业年金的监管

国外在发展职业年金过程中,在引入和重视市场作用的同时,注重加强对职业年金运营的监管,通过科学、合理的监管模式和措施来预防和降低职业年金的运营风险,提高职业年金的运营效益。英国、美国等职业年金较为发达的国家,其监管体制也较为成熟。[①] 虽然各国对职业年金运营的监管模式和具体监管措施不同,但是,都建立了比较健全的监管机制,注重对职业年金的风险防控,确保职业年金的安全与保值,并取得良好的投资收益。在加强职业年金监管的过程中,一些国家成立了专门的监管机构,或者引入中介机构、社会监督和个人参与,并制定了相应的监管法律法规,实现监管的法制化。在对职业年金进行监管的过程中,监管模式的选择取决于各国的经济发展模式、资本市场的成熟度、职业年金运营机制的完善程度等因素。一般来说,发达的市场经济国家采取审慎型监管模式,注重职业年金运营结果的监控;而大多数发展中国家和新兴市场经济国家一般采取严格限量型监管模式,监管比较严格、具体,既监管运营过程,也监管运营结果,是一种全过程、全方位的即时监管模式。无论采取哪种模式,都强调职业年金运营的信息披露,让政府、雇主、雇员及时全面了解职业年金的运营动态,及时预防和控制风险。

八 建立了比较科学的职业年金治理机制

科学、高效的治理机制是职业年金正常运行的重要保障。主要存在法人受托模式和理事会管理模式,这两种模式各有利弊,适用于不同发展状况的国家。总体来看,法人受托模式更加科学、有效,成为国外职业年金治理机制的发展趋势。通过科学的治理机制对职业年金的资金筹集、基金管理、基金投资等环节进行科学管理。法人受托模式最突出的特点是成立专门的专业性法人机构,在引入专门机构的过程中,注重实

---

① 郑秉文、齐传君:《美国企业年金"三驾马车"监管体制的运行与协调》,《辽宁大学学报》(哲学社会科学版) 2008 年第 2 期;郑秉文、孙守纪:《英国职业养老金监管体制的发展历程》,《欧洲研究》2008 年第 2 期。

行竞争原则,加强对受托机构的资格审查,实行严格准入原则,通过中介机构进行实力和信用评估,选择有竞争力、讲信用的机构来管理运营职业年金。在职业年金治理机制中,通过合理的制度设计,促进不同机构、不同环节的相互制约、相互促进,实现职业年金运营的独立性、专业化和效率性。

第五节 中国建立公务员职业年金制度的思考

公务员职业年金制度是国外公务员养老保险制度的主要内容之一,对处理公务员与其他群体的关系、实现公平与效率的结合、完善养老保险制度发挥着重要作用。建立公务员职业年金制度,既是国外公务员养老保险制度的经验借鉴,也是我国公务员养老保险制度改革的现实选择。这里,在对国外职业年金制度经验借鉴的基础上,结合我国国情,对如何建立和完善我国的公务员职业年金制度进行一些思考。

一 我国建立公务员职业年金制度的必要性

在我国公务员养老保险制度改革的过程中,建立公务员职业年金制度十分必要,主要体现在以下几个方面。

第一,职业年金制度的建立有利于完善公务员的养老待遇结构。养老待遇是公务员养老权益的直接体现,养老待遇问题也是公务员养老保险制度改革的核心议题之一。确定科学、合理的待遇水平、待遇结构和计发机制直接关系到公务员养老保险制度改革的顺利与否乃至成败与否。公务员养老保险制度改革需要破除目前单一的、完全由财政负担的待遇形式,通过不同的待遇结构组合来体现公务员的职业特点、实现养老保险制度的公平与效率。特别需要注意的是,在改革过程中,不宜过多降低公务员的待遇水平。在改革后公务员的基本养老保险待遇相对较低的情况下,需要通过职业年金制度和其他形式的制度来提高公务员的待遇水平,从而推动改革的进行。

第二,职业年金制度的建立有利于体现公务员的职业特点。公务员与其他群体存在明显的职业差异。公务员养老保险制度改革的重要目标是通过科学的制度安排加强公务员的激励，提高公务员工作的积极性，进而提高公共服务能力。完全用一个统一的制度来对待不同的职业群体，既不公平，也缺乏效率。在公务员养老保险制度改革的过程中，应该突出和体现公务员的职业差异，体现公务员的公共服务本质。职业年金制度的建立则有利于在体现公平的基础上体现公务员的职业特点，增强公务员养老保险制度的激励性和效率性。

第三，职业年金制度的建立有利于多层次的养老保险制度建设。建立和完善多层次的养老保险制度是世界上许多国家养老保险制度改革的重要趋势，通过不同的制度层次来实现不同的目标，最终推动养老保险制度整体目标的实现。在我国养老保险制度建立和完善的过程中，也一直强调要发展补充养老保险制度，实现养老保险制度的多层次发展。但是，在实践中，不仅基本养老保险制度还很不完善，而且其他层次的养老保险制度发展更为缓慢，不利于养老保险体系的完善。虽然我国建立了企业年金制度，并经历了10年左右的发展，但仍然不足，覆盖范围较窄，效果不理想。公务员职业年金制度的建立有助于实现公务员养老保险制度的多层次性，并推动我国养老保险的多层次体系建设。

第四，职业年金制度的建立有利于促进不同职业人员的顺畅流动。在我国完善社会主义市场经济体制的过程中，需要保持合理的人员流动，完善劳动力市场，优化人力资源配置。目前我国还存在诸多阻碍人员自由流动的因素，养老保险制度的不完善是其中之一。科学的职业年金制度设计有利于明确不同职业人员的养老权益，实现养老保险的顺畅转移，促进人员的自由流动。因为职业年金制度可以通过相应的设计使得账户权益完全归个人所有，在转换工作时随之转移即可，相对比较简单方便。

第五，职业年金制度的建立有利于推动我国资本市场的完善，职业年金与资本市场相互促进。建立职业年金制度的必然要求是通过合理的渠道和策略对基金进行保值增值，而资本市场是职业年金投资的重要途径。完善的资本市场有利于实现基金的保值增值，降低基金的投资风险。目前我国的资本市场还处于发展的初级阶段，还很不成熟，存在法制缺位、人才缺少、机制缺乏等问题，可以通过职业年金制度的投资运营推动我国资本市场的完善。

二 我国公务员职业年金制度的定位与目标模式

建立公务员职业年金制度,首先需要明确该制度的基本定位,确定制度的基本模式,才能在此基础上开展具体的制度设计。

(一) 我国公务员职业年金制度的基本定位

这里的定位主要是指要明确公务员职业年金制度在整个公务员养老保险制度体系中的位置。总体来看,应该将公务员职业年金制度视为公务员养老保险制度的核心层次和重要支柱。公务员职业年金制度是体现公务员职业特点的重要制度安排。

在未来对我国公务员养老保险制度进行改革的过程中,应该将建立和完善公务员职业年金制度作为改革的重要突破口,将其视为推动改革顺利进行的重要手段。公务员职业年金制度设计的科学与否与实施的成败与否,直接关系到我国公务员养老保险制度改革推进的顺利与否和成败与否。

之所以将公务员职业年金制度摆在重要位置,与公务员的职业特点、公务员职业年金制度特点、公务员养老保险制度改革的目标和事业单位养老保险制度改革试点的启示等因素有关。公务员职业年金制度的"职业性",可以充分体现公务员的职业特点,符合我国公务员的心理诉求和身份认同,有利于与目前公务员养老保险制度中的公务员养老利益相衔接,不造成过多的待遇降低和利益断裂,有利于改革的顺利推进。从近些年来我国事业单位养老保险制度改革的试点情况来看,之所以不能顺利推进,与没有充分考虑事业单位的分类特点、事业单位人员的特点及相关利益有关,没有设计科学的事业单位人员职业年金制度。因此,未来我国公务员养老保险制度改革应该从中吸取教训,将公务员职业年金制度的设计作为公务员养老保险制度改革设计的核心环节,将公务员职业年金制度作为公务员养老保险制度的重要支柱。

(二) 我国公务员职业年金制度的目标模式

由于公务员职业年金制度在公务员养老保险制度中处于重要位置,因而需要借鉴国际经验,结合我国国情选择科学的制度模式,才能正确、有效地开展具体的制度设计和实施。

考虑到我国养老保险制度的模式、企业年金的发展状况和国外职业年金的发展经验，应该将缴费确定型、基金积累型、责任共担型、个人账户制作为未来我国公务员职业年金制度的目标模式。这一模式实际上规定了公务员职业年金制度的资金筹集、资金管理、待遇确定等核心问题。也就是说，公务员职业年金制度应该采取完全的个人账户模式，并且通过责任共担的筹资方式进行账户积累，待遇与缴费、投资密切关联，账户权益完全归个人所有。

目前我国养老保险制度的主体模式是社会统筹与个人账户相结合的模式，在基本养老保险制度设计基础上的职业年金制度的个人账户模式有利于与我国的养老保险模式相衔接，有利于与个人账户的衔接，而不是使公务员养老保险制度改革完全"另起炉灶"或"空中楼阁"。作为我国目前企业职工职业年金制度的企业年金制度也基本采用这一模式，为公务员职业年金制度的设计和实施奠定了制度基础与实践基础。这一模式的选择也综合了国外职业年金制度发展的经验，符合职业年金制度的发展趋势。

在实施这一模式的过程中，需要注意强制性与灵活性的有效结合。应该强制实施公务员职业年金制度，在相关法律法规的指导下增强制度的强制性和约束力。① 同时，应该避免制度的僵硬，注重制度的灵活性，在筹资、管理、投资、监管等方面为参与者留下空间，增强制度的灵活性和激励性。

三 我国建立公务员职业年金制度的具体思路

在上述关于公务员职业年金制度的定位与制度模式的基础上，需要针对制度的具体内容展开科学的设计，确保制度目标的实现。

（一）资金筹集：个人缴费、国家匹配

筹资机制的设计是公务员职业年金制度设计的前提与重要内容。公

---

① 值得指出的是，目前企业年金采取自愿参加模式符合现阶段我国国情，不宜与公务员一样采用强制实施的方式，但未来可以朝着强制实施的方向努力。

务员职业年金制度的筹资应该坚持"个人缴费、国家匹配"原则，充分体现公务员的职业特点和政府的雇主责任。同时，避免公务员的"福利陷阱"，也在一定程度上减轻政府财政压力，应该通过科学的机制设计引导公务员个人缴费，增强个人缴费的激励性与约束性，增强公务员的责任感与积极性。

可以借鉴美国联邦公务员的节俭储蓄计划，通过个人缴费与单位匹配相结合的方式筹集资金。个人缴费越多，单位匹配缴费也越多，并设定单位匹配和个人缴费的上限，防止财政压力与逃税行为，防止不同群体养老金收入差距过大。

对于单位的匹配缴费，一方面，需要个人缴费才能获得；另一方面，需要个人在单位或公务员岗位工作一定年限才能获得完全的权益。[①] 即先将单位匹配缴费记入个人账户，但若没有达到相应的服务年限而退出公务员岗位，则不能获得单位匹配缴费。而且，还可以在此基础上进一步创新，在单位最高匹配缴费的基础上，根据部分公务员的工作贡献给予适当的增加匹配缴费。这种做法有利于政府吸引和留住人才，增强公务员工作的积极性，加强公务员队伍建设。

关于筹资水平和责任分担比例，需要通过精算具体确定。公务员职业年金的筹资水平应该在公务员养老保险制度整体筹资水平的框架内统一考虑，并与事业单位、企业职业养老保险筹资水平接近。考虑到目前我国养老保险的缴费率已达到28%，处于世界较高水平，公务员的养老保险筹资水平也不宜过高，保持在25%~30%。未来需要适度降低我国养老保险的缴费率，并且调整筹资结构，增加社会统筹比例，降低个人账户比例。考虑到公务员的特殊性，其职业年金总缴费水平应该保持在平均8%左右，在4%~12%的区间范围内由公务员自主选择，建立个人缴费激励机制。从具体的分担比例来看，由于公务员的基本养老保险完全由财政负担，因而总体上体现了筹资的"国家为主"原则和政府责任。政府匹配从1%起步，个人最低缴费为3%，即职业年金的最低筹资水平

[①] 不过，如果属于国家因公安排离开公务员岗位的情况除外，主要是指个人自愿退出行为，这种情况在我国目前阶段较少，但不排除未来公务员制度改革后可能出现。

为4%；个人缴费在7%时，政府最高匹配为5%，个人还可以增加缴费，最高至10%，个人缴费7%以上的部分，政府不再给予匹配，避免造成税收的扭曲（见表7-20）。

表7-20 公务员职业年金的筹资结构

单位：%

个人缴费	3	4	5	6	7
政府匹配	1	2	3	4	5
合 计	4	6	8	10	12

注：政府还可以对部分做出突出贡献的公务员给予额外的匹配缴费进行激励，保持在2%~3%。

应该规定公务员对职业年金账户的最低缴费年限，考虑到公务员的职业稳定性和退休年龄，最低缴费年限应该保持在25年左右。个人缴费和政府匹配以个人上年度月平均工资为基数进行计算，政府匹配缴费也可以尝试根据当地上年度社会平均工资为基数计算，有利于促进公平。需要规范基数，防止变相压低或抬高缴费。

（二）待遇计发：水平适度、缴费关联

公务员职业年金的待遇计算相对比较简单，主要根据退休时职业年金账户余额和计发月数进行计算。账户余额包括个人缴费、政府匹配和投资收益等。计发月数参照城镇职工基本养老保险和公务员退休年龄决定。

职业年金待遇水平不得低于企业职工的个人账户养老金水平，若遇投资不理想或其他因素导致待遇水平不理想，政府应该建立最低待遇担保机制，由财政承担托底责任，保持公务员适度的待遇水平。或者可以考虑成立职业年金担保公司,① 担保各类职业年金业务，确保一定的收益率。

职业年金原则上不能提前支取，但是在一些特殊情况下可以提前支取，具体包括因病提前退休和因病丧失工作能力。在医疗、住房、教育等大额支出需要应急时，也可以从职业年金账户进行借款。但是，提前

---

① 刘昌平、谢婷：《中国企业年金计划担保机制研究》，《保险研究》2009年第8期。

支取和贷款需要缴纳所得税或者支付利息。

若公务员未达到相应的最低缴费年限自愿退出公务员岗位，则一次性退还个人账户缴费。职业年金账户未提取完便死亡的，职业年金账户余额可由直系亲属或指定的人继承。待其他职业年金制度建立后，可建立不同职业年金的转移接续机制。

（三）管理体制：职业年金管理委员会

在公务员职业年金制度设计中，应该充分考虑其管理体制设计，确保公务员职业年金制度的顺利实施。

应该在我国目前的养老保险管理体制框架内进行完善，坚持统一管理、分级负责、科学高效的原则，由人力资源和社会保障部统一管理职业年金事务，可以设立职业年金管理委员会，加强包括公务员职业年金、企业年金等在内的职业年金制度的管理与运行。职业年金制度的管理实行省级统筹，逐步过渡到区域统筹，或者一步到位实行区域统筹，根据不同的经济发展水平、地理位置在全国划分出若干个管理区域，既相对集中，又适度分散。

职业年金管理委员会设在人力资源和社会保障部，吸纳社会保障行政部门、公务员管理部门、统计部门、财政部门、审计部门的相关人员和专家代表、公务员代表、企业职工代表等组成，负责对职业年金的规划、制度建设、监督管理等。

职业年金的具体经办由现有的社会保险经办机构负责，不再设立专门的职业年金经办机构，社会保险经办机构主要负责职业年金的登记管理、资金筹集、资格审查、待遇计发等职能。经办机构实行垂直管理，不受地方政府干预，增强经办的独立性。

在治理机制的选择方面，应该选择法人受托模式对职业年金制度进行运营，通过专业化、独立的机构运营职业年金。在职业年金管理委员会的管理、指导和监督下，委托给专门的机构对职业年金进行管理和投资运营，促进职业年金的安全、高效运营。

（四）投资运营：健全体制、安全高效

科学、有效的投资运营是我国职业年金制度整体发展的必然要求，也是我国公务员职业年金制度发展的必然要求，关系到公务员养老待遇水平，在公务员职业年金发展中至关重要。

加强公务员职业年金投资运营的重要前提是建立一个科学、独立的投资运营体制，实现投资运营的独立性、专业化和有效性。具体来说，应该在法人受托模式下建立适度分散、有序竞争、安全高效的职业年金投资运营机制。

考虑到我国人多地广，经济社会发展的区域差异较大，不宜实行完全集中统一的投资运营模式，不利于分散风险和提高投资效率；而应该实行适度分散、有序竞争的投资运营模式，在全国范围内委托给若干信用较好、实力较强的专业投资机构进行投资运营，既分散风险，又适度竞争，有利于提高投资效率。因此，发展和完善资本市场，培育专业化的投资机构与投资人才对于职业年金制度的发展非常重要。

在具体投资渠道的选择方面，应该遵循安全高效、多元组合的原则，在确保投资安全的前提下尽可能地提高投资效益。应该实现投资渠道的多元有序组合，处理好长期投资与短期投资的关系、安全性与收益性的关系、国内投资与国际投资的关系、公共领域投资与私人领域投资的关系，在不同的投资方向进行科学组合，实现投资效益的最优化。

在我国的行政体制下，尤其需要注意保持职业年金投资运营机制的独立性，避免行政干预。同时，需要充分发挥市场机制的作用，实行竞争性的市场化运营。当然，市场化运营与基金投资的社会化、公共性并不冲突，而应该相互促进。既实现职业年金的保值增值，又促进国家建设。在我国目前阶段，在实现职业年金投资渠道多样化的同时，投资于国内重大公共工程是一项可取的选择。

（五）税收政策：完善法制、加强激励

制定和完善职业年金税收政策，通过税收政策支持、引导、促进职业年金的发展是国外职业年金制度发展的普遍经验，在我国建立和发展公务员职业年金制度的过程中，也应该设计科学的税收政策体系，增强职业年金制度发展的激励性与动力。

应该在《社会保险法》中明确促进职业年金制度发展的内容，实现税收支持的法制化。或者探索制定《职业年金条例》，对包括公务员职业年金制度在内的各类年金制度进行约束和规范，明确职业年金制度发展的税收政策，推动实现养老保险的多层次化发展。

根据国外年金制度的税收优惠经验，我国公务员职业年金制度可以实行 EET 的税收优惠模式，即在个人缴费和基金投资环节免除税收，在领取待遇或提取账户资金时计算所得税。在初期阶段，也可以实行 EEE 的税收优惠模式，即在筹资、投资、领取环节均免除税收，增强公务员和其他职业群体对职业年金制度的支持度与参与度。

当然，对职业年金的税收优惠不是无限制的，而应该规定一定的上限。尤其是在筹资环节，应该规定享受税收优惠的最高缴费比例，否则容易导致故意逃税行为的出现。

（六）年金监管：多主体、全过程监管

严格加强监管是防范公务员职业年金投资运营风险、促进基金保值增值的必然要求。目前我国养老保险基金的投资监管比较严格，投资比较保守，主要投资于银行存款和国债，收益率不太理想。应该在坚持严格监管模式的同时，完善监管模式，调整监管策略，确保基金安全的同时提高收益率。在目前和近期阶段，应该继续坚持严格监管的模式，明确监管的依据、主体、内容和策略，实现严格监管、科学监管和有效监管。

就监管依据而言，应该依据社会保险和职业年金相关的法律法规，以及职业年金制度的内容和发展目标依法监管。并且，可以在此基础上制定职业年金监管办法，实现监管的法制化与科学化。

就监管主体而言，应该实现多个利益主体共同参与，包括养老保险的行政部门、财务部门、审计部门、经办机构的相关人员和参保人员、专家等，有利于从不同角度对职业年金进行客观、公正的监管。应该成立社会保险监督委员会，与职业年金管理委员会的监管相结合，实现监管的专业化。

就监管内容而言，应该在重点加强投资运营监管的同时，对包括筹资、投资、给付等环节在内的全面监管，因为这些环节都涉及参保者的利益，是职业年金健康、持续运行的重要内容。

在加强公务员职业年金监管的过程中，应该建立信息披露制度，让相关部门、受益人、社会公众知晓职业年金投资运营过程中的相关信息，

包括投资方向、投资收益、投资成本等方面。此外，还应该坚持定期监管与不定期监管相结合、现场监管与非现场监管相结合的方式对职业年金制度进行全过程、全面监管。

（七）转移接续：灵活选择、顺畅转移

随着不同职业群体的自由流动，机关事业单位与企业之间的人员交流也日益频繁，因而需要建立职业年金制度的转移接续机制，维护参保人员的权益，促进人员的自由流动。

如果未来我国全面建立不同职业群体的职业年金制度，转移接续将更加简单、顺畅，只要将原有的职业年金账户转入新的就业单位的职业年金账户即可，继续进行缴费积累，退休时根据账户余额计算待遇。个人也可以继续保留原有的职业年金账户，在新单位重新设立职业年金账户，待退休时从两个职业年金账户提取待遇。在城镇职工养老保险制度还未改革之前，如果公务员根据安排流动至企业，则将职业年金账户全部余额转入城镇职工基本养老保险的个人账户中；但是，如果不是根据安排而自愿退出公务员岗位，加入企业就业的，若不符合相关条件（公务员工作年限），则不能将政府匹配缴费转移至企业个人账户，只能转移个人缴费部分。

（八）制度转轨：处理"中人"的权益

在建立职业年金的过程中，需要处理不同年龄公务员的权益，应该遵循"老人老办法、中人中办法、新人新办法"，区别对待改革中不同公务员的养老权益。其中，重点是处理"中人"的权益。对于那些在职业年金制度和公务员养老保险制度改革前已参加工作，但尚未退休的人，需要有具体的转轨办法。

应该对"中人"进一步分类，根据不同类别提出可供选择的转轨方案。主要根据工作年限进行分类，可分为距离退休不足15年的，距离退休15年以上的。对距离退休不足15年的，要求根据新计划缴费，根据原来（目前）的方式计算待遇；对距离退休15年以上的，要求完全按照新计划实施，对于新制度实施前工作时间内的权益处理，其个人账户养老可按照每工作一年发给个人退休前三年平均收入的1%计算；或者通过发行"认可债券"的方式对其间的权益进行一次性认可，待退休时兑现。

四 充分发挥政府在公务员职业年金中的作用

在我国建立公务员职业年金制度，除了加强制度设计外，还应该充分发挥政府的作用，在以下几个方面做出努力。

第一，加强公务员职业年金的政策设计与宣传引导。建立和完善公务员职业年金制度，首先需要有一个科学的制度设计，以上是我们关于建立公务员职业年金制度的一些想法，政府应该在更大范围内吸纳相关公务员、专家代表通过调研和反复研讨，形成正式的公务员职业年金方案，对公务员职业年金制度的筹资、管理、给付、投资、监管、税收等重要问题进行明确。政府应该加强公务员养老保险制度改革过程中建立职业年金制度的宣传引导，让公务员和社会公众认识职业年金制度在改革中的重要性，认识职业年金制度的目标和主要内容，只有这样才能让公务员和社会公众更好地理解、支持公务员职业年金制度的建立和发展。

第二，尽快完善公务员职业年金的税收政策体系。科学的税收激励对于公务员职业年金制度的建立和发展发挥着重要的推动作用。在职业年金制度发展的初期，特别需要宽松的税收政策来激励公务员的参与。应该针对目前我国企业年金发展过程中税收政策不完善的问题，尽快明确税收支持政策，并上升到法律层次，在税收和社保法制建设方面明确规定职业年金发展的税收政策条款，由税务部门、财政部门、社保部门和公务员管理部门共同商定和落实。可以在一般的税收法律法规中对职业年金税收优惠进行专门规定，也可尝试制定《职业年金税收优惠条例》，增强职业年金税收优惠的针对性和力度。

第三，改革和完善公务员基本养老保险制度。公务员职业年金制度的设计与运行必须立足于整个公务员养老保险制度来考虑，甚至从整个养老保险体系的未来发展来进行设计。因此，公务员职业年金制度的建立必须与公务员的基本养老保险制度改革同时进行，否则很难取得实质进展。总体而言，应该坚持部分积累的模式，公务员基本养老保险实行社会统筹和现收现付制，完全由国家财政负担，与其他群体基本养老保险的制度模式和框架保持一致，体现社会公平。公务员基本养老保险完全由财政负担，体现了公务员职业的特殊性。基本养老保险待遇水平的设计需要保持适度的水平，既不能过高，也不能过低，以注重公平和保基本为目标，通过职业年金制度来满足差异化需求、提高效率，保持公务员养老的整体待遇水平。

第四，加强公务员职业年金的监管与法制建设。未来我国公务员职业年金制度的发展，应该充分发挥市场的作用，高效运转，提高效益。与此同时，应该加强政府对职业年金制度的全面、全过程监管，防范职业年金风险的发生，确保职业年金的安全与保值增值。政府是公务员职业年金最重要的监管主体，应该遵循严格监管模式，并保持适度的灵活性，不对职业年金运营造成过多约束，不影响职业年金正常、合理的运营。建立和发展公务员职业年金制度，加强公务员职业年金的监管，需要加强法制建设。通过法制建设，加强公务员职业年金制度的规范和指导，增强职业年金监管的权威性，可以制定《职业年金条例》《职业年金监管办法》。

第五，加强公务员职业年金的资金投入。考虑到公务员职业的特殊性和目前公务员养老模式，政府是公务员养老保险最重要的资金投入者，公务员养老保险仍然以财政负担为主，个人适当缴费。公务员的基本养老保险完全由国家财政负责，公务员职业年金也需要政府通过给予匹配缴费予以激励。应该建立公务员养老保险的财政预算，对包括基本养老保险和职业年金的财政需求进行年度预算。此外，还应该根据制度转型的需要和未来公务员的老龄化，建立专门的公务员养老储备基金。或者直接将公务员养老储备基金纳入全国社会保障基金的范围进行统一管理和运营，政府每年适度给予全国社会保障基金增加财政投入。

第六，推动资本市场的完善。资本市场是未来我国社会保障基金投资的重要方向，也是公务员职业年金的主要投资渠道。应该针对目前我国资本市场发展中存在的问题，在完善市场经济体制的过程中，通过深化改革加大资本市场完善的力度。加强资本市场发展的法制建设和政策支持，规范资本市场的秩序，加强资本市场的监管，培育促进资本市场发展的专业化人才，包括管理人才、投资人才、技术人才等。建立资本市场的风险防控机制，防范资本市场中的各类人为与非人为风险。

第七，大力加强职业年金人才培养。我国职业年金发展的整体落后，与专业人才匮乏有着密切联系，未来公务员职业年金的发展需要大力培养专业化的人才。具体包括公务员职业年金政策研究人才、基金管理人才、基金投资人才、经办服务人才等，通过专业人才的培养，实现公务员职业年金管理运营的科学化、专业化、高效化，提高职业年金的运营收益。

第八，培育和发展中介机构和专业投资机构。除了职业年金人才的培养，还应该培育和发展一批专业化的机构。政府应该通过加强规划和政策支持，鼓励目前的专业机构发展壮大，健全这些机构的管理运营机制，尤其是要培育一大批具备较强实力和良好信誉的基金管理机构和投资机构，并开展充分竞争，通过竞争促进机构自主提升实力和发展水平。此外，还应该培养一大批与职业年金发展相关的中介机构，比如，审计机构、律师事务所、信用评级机构等，发挥中介机构对职业年金的监管作用。

第八章 研究结论与政策建议[*]

公务员养老保险制度改革是社会的期盼,是未来我国社会保障体系改革的重要内容。推进我国公务员养老保险制度改革,迫切需要加强理论研究与政策设计,回应改革中的重点与难点问题。本研究基于当前的现实需要,运用理论分析与调查研究相结合的方法,借鉴国外经验,对我国公务员养老保险制度改革中的若干问题进行了系统研究。基于前面的研究,这里梳理出一些主要的研究结论与政策建议。

第一节 研究结论

1. 当前我国公务员养老保险制度存在若干需要解决的问题

这是改革的起因与动力,目前我国公务员养老保险制度存在的问题主要包括以下几点。

(1) 目前的公务员养老保险制度模式不符合我国养老保险社会化改革的趋势。随着我国社会主义市场经济体制的建立与完善,社会保障逐步从传统的国家保障、单位保障走向社会化保障,建立了责任共担机制;但是,包括公务员在内的机关事业单位养老保险制度依然保持着原有的国家保障模式,与我国养老保险社会化改革的总体趋势不相符合。

(2) 公务员养老待遇水平明显高于其他群体不利于社会公平。由于独立和特殊的制度设计,公务员退休后可以获得稳定、优厚的退休金,明显高于其他群体,机关事业单位的平均离退休金水平大大超过了企业

---

[*] 本章内容主要是基于前述章节内容的总结、归纳和提炼。

职工。过大的待遇差距容易导致相互攀比，不利于社会公平正义。

（3）公务员养老保险制度的独立与封闭不利于人员自由流动。公务员养老保险制度与企业职工养老保险制度相互独立，由于制度差异和待遇差距，阻碍政府与企业之间养老保险的顺畅转移，从而阻碍了政府机关与企业之间的人员流动。

（4）筹资机制的不合理不利于减轻国家财政负担和提高行政效率。由于公务员不用缴纳养老保险费，缺乏责任共担机制，养老保险的权利和义务关系体现不明显，不利于培养和形成公务员的责任意识、竞争意识，不利于行政体制改革的推进、政府行政效率的提高和服务型政府的建设。我国公务员养老保险制度之所以存在上述诸多方面的问题，主要有以下几个方面的原因：受计划经济思想的影响较大，社会保障制度改革的渐进性，经济社会发展环境的变化，公务员养老保险制度改革的准备不充分。

2. 各地公务员养老保险制度改革探索尚未取得实质性进展

20世纪90年代以后，在国家有关文件和政策的指导下，一些地方纷纷开展了机关事业单位养老保险制度改革试点探索。由于多方面的原因，改革探索没有取得实质性进展，存在以下几方面的问题。

（1）机关事业单位不同身份人员的制度设计差异较大。尽管各地在形式上将"机关事业单位人员"统一纳入改革的范围，但是，在制度设计中却"因人而异"，同一单位内不同身份人员的制度差别较大，公务员基本沿袭传统的养老办法。

（2）与城镇企业职工基本养老保险制度衔接不够。在各地的公务员养老保险制度设计中，与城镇企业职工基本养老保险制度衔接不够，"双轨制"问题没有得到根本解决；不仅公务员与企业职工养老保险制度相互独立，而且没有具体的转移接续办法。

（3）公务员养老保险的筹资机制不合理。各地公务员养老保险缴费率相对较高，远远超出了企业职工基本养老保险的缴费率，由于公务员主要由财政负担，增加了政府财政压力；对公务员缴费的激励性不足，一些省市实行完全的社会统筹，没有个人账户。

（4）公务员养老保险待遇计发机制不科学。主要体现在：待遇水平设计得比较慷慨，计发项目完备、计发基数较高，不利于解决待遇差距问题；待遇支付具体办法规定较模糊；待遇计发办法比较复杂；待遇水平与个人缴费的关联度不大，不利于提高公务员缴费的积极性；待遇调整机制不科学，基本上实行与工资增长挂钩的做法，容易扩大不同群体之间的收入差距。

（5）制度转轨方案设计与成本分担机制不明确。绝大多数没有对制度转轨做出安排，如何从旧制度过渡到新制度的转轨方案不明确。

（6）公务员养老保险基金管理运营不规范。对于制度改革后如何实现基金的保值增值并没有明确的规定。一些设立个人账户的省市，对于个人账户积累的资金如何进行管理和投资，没有具体的措施。此外，统筹层次较低，经办服务不规范，一些省市通过提取一定比例养老保险基金作为管理费的做法值得商榷。

3. 推进公务员养老保险制度改革十分必要，而且具有可行性

随着我国经济体制改革的逐步深入和经济社会发展环境的变化，公务员养老保险制度改革已经十分必要。主要体现在以下几个方面：公务员养老保险制度改革有助于增强公务员的责任意识、竞争意识与服务意识，推进服务型政府建设；有助于劳动力的自由流动，促进劳动力市场的完善；是完善我国社会保障制度的需要；有助于从整体上完善我国的公务员养老保险制度，公平考虑不同老年人的需求；有利于消除不稳定、不和谐的因素，促进不同群体之间的和谐共处；是促进居民收入合理再分配的需要；是完善社会主义市场经济体制的需要。公务员养老保险制度改革不仅十分必要，而且具备较强的可行性，主要体现在以下几个方面：城镇职工养老保险制度改革为公务员养老保险制度改革提供了经验，部分地方的机关事业单位养老保险制度改革试点探索为公务员养老保险制度改革奠定了实践基础，社会各界的高度关注与期盼为公务员养老保险制度改革奠定了舆论基础，《公务员法》等相关法律法规的完善和政策的出台为公务员养老保险制度改革奠定了法制基础，经济的快速发展和财政能力的增强为公务员养老保险制度改革奠定了经济基础，国外公务员养老保险制度的实践为我国公务员养老保险制度改革提供了启示。

4. 应该充分、理性认识我国的公务员养老保险制度改革

在推进和实施改革之前，务必充分、理性地认识这一问题。目前社

会各界对公务员养老保险制度改革寄予了极大的期盼,但也难免有一些误解和认识偏差。不同主体往往基于自身利益或表象考虑,而难以从经济社会发展的整体进行考虑,过分夸大了公务员养老保险制度改革的功效。因此,无论是政府、公务员,还是专家学者或普通民众,都应该对此有一个全面、理性的认识。在积极、稳妥推进公务员养老保险制度改革的同时,充分考虑不同群体的利益诉求。不宜将公务员养老保险制度改革作为解决当前养老保险体系问题的唯一举措,而应该积极推进相关配套改革。不宜将降低财政负担和公务员的养老待遇水平作为改革的直接出发点。需要理性认识机关事业单位与企业职工的养老待遇差距,在改革公务员养老筹资机制和待遇计发机制的同时,确保公务员的养老待遇水平不能有明显的降低。缩小不同群体的待遇差距,应该通过其他多种办法进行,比如,完善待遇调整机制,提高其他群体待遇水平。公务员养老保险制度改革务必纳入整个养老保险体系改革和社会保障体制改革的整体规划和顶层设计中,否则,治标不治本,难以解决根本问题。

5. 正确认识公务员养老保险制度改革的公平与效率问题

追求公平与效率的结合是我国公务员养老保险制度改革的目标。对公平的理解,至今没有一个完全统一的认识。公务员养老保险制度的公平应该体现在为社会成员创造起点公平、维护过程公平、促进结果公平方面发挥重要作用,具体体现在制度模式、资金筹集、管理运营、经办服务、制度转轨等环节。公务员养老保险制度不仅要坚持公平优先的原则,同时还应该提高公务员养老保险制度设计和运行效率。在制度设计和运行的每一个环节都应该考虑效率因素,包括公务员养老保险制度模式、资金筹集与管理、待遇享受与计发机制、管理体制、经办服务等方面。公务员养老保险制度的公平与效率可能存在并列、替代、互补三种关系和高公平与高效率、高公平与低效率、低公平与高效率、低公平与低效率四种状态。由于不同的制度模式、筹资机制、管理体制、待遇享受机制,不同类型公务员养老保险制度的公平性与效率性存在明显差异。公平与效率的衡量需要综合考虑各类因素,需要针对不同国家的经济、政治、文化等因素综合判断,不能一味绝对地、静止地判断一个国家的公务员养老保险制度的公平性与效率性。推进我国公务员养老保险制度改革，实际上就是要通过各种有效举措提升公务员养老保险制度的公平性与效率性，需要改革和完善我国公务员养老保险的制度模式，建立以政府负责为主、个人适度分责的筹资机制，建立与缴费适度关联的待遇确定机制，缩小公务员与其他群体之间的养老待遇差距，完善公务员养老保险的管理与经办服务，建立多层次的公务员养老保险制度。我国公务员养老保险制度改革不仅要实现形式上的公平与效率，更重要的是要实现实质上的公平与效率；不是追求完全绝对的公平与效率，而是追求相对公平与效率。

6. 正确认识和解决公务员养老保险制度改革中可能存在若干难点与障碍

由于公务员群体的职业特殊性，与其他群体养老保险制度相比，公务员养老保险制度改革需要考虑更多的因素，改革设计更加复杂。我国公务员养老保险制度存在若干难点包括制度模式的选择、筹资机制的建立、待遇水平的设定、转轨方案的设计、基金投资体制的完善等方面，未来公务员养老保险制度改革尤其应该重点考虑这些内容，寻求有效的解决办法。除去加强制度模式的改革和制度方案的设计外，我国的公务员养老保险制度改革还应该从这些制约因素方面寻求突破，包括：认识方面的制约（对公务员养老保险制度改革的认识不到位）、制度方面的制约（缺乏科学的公务员养老保险制度设计）、管理方面的制约（目前养老保险制度管理的不完善）、路径依赖的制约（受传统制度与其他养老保险制度的影响）、配套改革的制约（公务员养老保险制度的相关配套改革落后）。推进公务员养老保险制度改革，尤其需要正确处理政府的职责与角色。政府在我国公务员养老保险制度改革中扮演着多重角色，容易导致角色混乱甚至冲突。政府的角色困境体现在多个方面：改革设计者与被改革者之间的困境，政策的制定者与执行者之间的困境，资金的提供者与受益者之间的困境，监管者与被监管者之间的困境，宣传者与被宣传者之间的困境。未来在推进公务员养老保险制度改革的过程中，务必处理好政府的角色困境，明确政府的职责定位，可以考虑将公务员养老保险制度改革的决策权与执行权分开，完善公务员养老保险管理体制，提高公务员对其养老保险制度改革的认识，充分发挥公民参与在公务员养老保险制度改革中的作用。

7. 明确我国公务员养老保险制度改革的理念、目标与基本原则

明确科学的价值理念是正确开展公务员养老保险制度改革的根本前提。未来我国公务员养老保险制度改革应该明确以下几个方面的价值理念：促进劳动力市场的完善、促进服务型政府的建设、促进养老保险制度的完善、促进社会公平正义与和谐。在公务员养老保险制度的价值理念方面，应该避免误区。不宜将降低公务员的养老待遇水平、减轻政府财政负担作为改革的主要价值理念，而应该通过合理、系统、逐步的改革来缩小不同群体之间的待遇差距，实现整个养老保险制度的可持续发展。未来公务员养老保险制度的改革应该朝着以下几个方面的目标去努力：实现制度模式的整体转型、实现与其他养老保险制度的融合、建立责任共担的筹资机制、建立科学的待遇计发与调整机制、设计科学的制度转轨方案。此外，还要考虑管理体制问题、资金管理问题、基金保值增值问题、经办服务问题、监督机制问题等。结合我国社会保障制度的发展现状、经济社会发展状况和公务员养老保险制度的特殊性，未来我国公务员养老保险制度改革应该遵循以下基本原则：公平与效率相结合、权利与义务相结合、符合我国现实国情、体现公务员职业特点、与经济发展相适应、协调性与多样化结合。

8. 我国公务员养老保险制度模式选择需要充分考虑各类影响因素

公务员养老保险目标模式的选择、具体制度的设计、关键问题的解决都需要综合考虑各类因素，将公务员养老保险制度改革纳入深化改革的系统工程中，实现公务员养老保险制度改革与相关要素的相互促进。公务员养老保险制度模式选择应该重点考虑以下影响因素。

（1）政治与行政因素，包括政党制度、政治体制与行政体制。要求公务员养老保险制度要有稳定性、连续性，增强改革的科学性；应该充分考虑我国公务员的职业特殊性，增强对公务员服务国家和社会的激励性；应该为实现政府职能转型、加强服务型政府建设发挥作用。

（2）经济因素，包括经济发展模式、发展水平与发展趋势。公务员养老保险制度模式应该适应社会主义市场经济模式，促进劳动力的自由流动和合理配置，促进经济效率的提升；与经济发展水平相适应是公务员养老保险制度模式选择应该坚持的基本原则；我国正在转变经济发展

方式，逐步改善经济发展的质量，公务员养老保险制度改革应该为提升国家竞争力服务。

（3）文化因素，包括互助文化、和谐文化与多元文化。公务员养老保险制度应该坚持互助本质，通过合理的制度设计体现出互助共济的特点；必须体现不同公务员群体、不同职业群体、不同地区之间的和谐共处；必须考虑不同群体的差异性，近期不宜用一个完全统一的模式适用于所有国民。

（4）社会因素，包括社会舆论、社会公平与社会发展。公务员养老保险制度模式的选择与改革应该合理回应民众的期盼；应该体现社会公平，或者为未来缩小收入差距、促进社会公平创造条件；应该为促进社会发展服务。

（5）制度因素，即需要处理好与其他养老保险和社会保险制度模式的关系。公务员养老保险制度改革目标模式的选择必须考虑当前我国养老保险与社会保险的制度模式，建立与之协调、融合的制度模式。

9. 公务员养老保险制度改革需要解决若干关键问题

在明确改革总体思路和改革中存在的难点与障碍的同时，需要研究和解决公务员养老保险制度改革设计与实施中的若干关键问题，主要包括资金筹集、待遇计发、管理服务、基金管理与投资、制度转轨设计、退休年龄等。在资金筹集方面，基于我国的现实国情和养老保险制度筹资状况，未来公务员养老保险的筹资模式应该是基于责任共担的部分积累模式；应该坚持以政府为主、责任共担，收支平衡、水平适度，强制性与灵活性结合的原则；充分考虑各类因素，从筹资水平、筹资来源及分担比例、筹资标准、筹资方式等方面进行设计。在待遇给付方面，应该加强与其他群体待遇确定模式的衔接，采取缴费确定制与给付确定制相结合的办法，不同制度层次采取不同的待遇计发办法，在此基础上设计公务员养老保险的待遇水平、待遇计发办法和待遇调整机制。在管理服务方面，科学、高效的管理与服务是公务员养老保险制度改革顺利进行的重要保障，具体包括行政管理、监督管理、经办管理、基金管理等方面。在基金管理与投资方面，良好的基金管理与运营对于顺利推进公务员养老保险制度改革与可持续发展具有重要意义，甚至决定公务员养老保险制度改革的成败，应该引起高度重视。在制度转轨方面，应该通过科学的制度设计实现公务员养老保险制度的顺利转轨，需要明确制度转轨的具体方案。在退休年龄方面，应该这里结合公务员养老保险制度改革，将公务员退休年龄纳入我国退休年龄政策和退休制度进行整体考虑，探寻退休年龄的调整办法。

10. 建立和完善职业年金制度是国外养老保险制度改革的重要举措

国外职业年金制度的以下经验可供我国学习、借鉴和参考。

（1）职业年金制度是许多国家养老保险制度的重要组成部分。通过职业年金制度较好地满足了不同收入群体和职业群体的差异化养老需求，在实现基本养老保险促进公平的同时，通过职业年金制度来提高养老保险的效率。

（2）公务员与私人部门雇员职业年金制度有着明显的差异。政府在公务员职业年金中的职责更为重要，作为政府"雇员"，政府需要为其承担"雇主"责任，给予职业年金的缴费投入。

（3）在职业年金的发展过程中注重发挥市场作用。市场作用主要是指对职业年金制度管理和投资方面，强调积极发挥市场的力量，提高职业年金制度的运营效率，几乎没有国家的职业年金能完全脱离市场而由政府自主管理与运营。

（4）注重职业年金的投资并取得较好的效果。特别注重对职业年金基金的投资运营，实现基金的安全与保值增值，注重投资的专业化和独立性，有利于增强职业年金投资的效率与效果，规避投资风险。

（5）注重对职业年金发展的税收政策支持。凡是职业年金制度运营较好的国家，都设计了一套成熟的税收支持政策。不同国家的税收政策模式和重点有所不同，实行 EET 的税收优惠模式较为普遍。

（6）职业年金制度设计的灵活性较强。许多国家基于不同职业的特性而设计不同的职业年金；在同一职业年金的制度框架内，对一些具体参数的规定体现灵活性，为雇主和雇员提供自主选择的空间。

（7）注重加强政府对职业年金的监管。国外在发展职业年金过程中，在引入和重视市场作用的同时，注重加强对职业年金运营的监管，通过科学、合理的监管模式和措施来预防和降低职业年金的运营风险，提高职业年金的运营效益。

(8) 建立了比较科学的职业年金治理机制。主要存在法人受托模式和理事会管理模式，这两种模式各有利弊，适用于不同发展状况的国家，法人受托模式更加科学、有效，成为国外职业年金治理机制的发展趋势。

11. 需要充分借鉴国外公务员养老保险制度及其改革的经验

国外公务员养老保险制度改革的措施主要包括以下几点。

(1) 引入积累制因素。一些国家开始强调个人缴费积累，减轻政府财政负担，提高制度财务的可持续性。

(2) 从给付确定制走向缴费确定制。一些国家建立了缴费与待遇之间的联系，既分担了政府财政负担，也调动了公务员个人缴费的积极性。

(3) 改革养老金计发办法。一些国家通过改革计发办法来控制养老金支出，对计发办法的调整主要从退休年龄、缴费年限、服务年限、计算基数、积累率等方面进行。

(4) 控制提前退休，延长退休年龄。一方面，各国都通过各种措施严格限制公务员的提前退休，甚至对一些病残和特殊职业也做了严格限制；另一方面，通过实现男女退休年龄一致、延长退休年龄来延缓慢和减少公务员的养老金支出。

(5) 完善多层次的养老保险制度。不仅建立了公务员的基本养老金制度，而且建立了补充性的职业养老金制度和个人储蓄养老制度。

国外公务员养老保险制度改革体现出一些基本规律和趋势。

(1) 从政府包办走向责任共担。大多数国家在进行公务员养老保险制度改革的过程中，改革资金筹集模式，实行责任共担原则，引入个人责任。

(2) 从单一制度走向多层次制度。很多国家的公务员养老保险制度开始体现出与普通国民养老保险制度相同的特点，由国家基本养老保险、补充养老保险（职业年金）、个人储蓄积累三支柱或多支柱等组成。

(3) 立法先行是改革的重要特征。与其他养老保险制度一样，国外在进行公务员养老保险制度改革的过程中，往往制定新的公务员养老保险法律法规或者对原有的相关法律法规进行修改和完善。

(4) 改革注重公平与效率的结合。既注重不同群体之间的公平性，体现政府责任；也体现不同群体的职业特点，注重发挥市场作用，提高制度运营效率。

（5）走向制度融合是改革的总体趋势。只是在走向融合的过程中，不同国家的融合程度不同、融合的速度有所差别。

第二节 政策建议

本研究基于我国国情和养老保险制度的实际，在开展充分的调查研究、理论研究和国际经验借鉴的基础上，提出以下 10 个方面的政策建议。

1. 将社会化养老作为公务员养老保险制度改革的根本方向

社会化是在市场经济体制建立和完善背景下我国社会保障改革的目标和方向，公务员养老保险制度也应该明确社会化的改革方向。公务员养老保险制度的社会化改革是实现从国家保障向社会化保障的重要举措，无论未来选择什么样的制度模式与改革方式，都应该坚持社会化的改革方向，这是我国社会保障制度改革和市场经济发展的必然要求。随着一些地方机关事业单位养老保险制度改革探索的推进，部分公务员已经开始缴纳社会养老保险费，传统的公务员养老实行国家保障的模式有所松动。虽然目前公务员养老仍然主要依赖政府，但是，随着我国市场经济的不断完善和社会保障体制改革的不断深入，公务员的养老观念有所松动，社会化养老意识增强，支持公务员养老保险制度改革。公务员养老保险制度的社会化要求将公务员的养老保险由相应的经办机构来办理，而不是由单位包办。公务员养老保险制度的社会化改革要求建立合理的责任共担的筹资机制、科学的资金管理与投资体制、社会化的待遇支付机制。

2. 明确多层次、部分积累、部分融合的公务员养老保险制度目标模式

目标模式是正确开展制度设计的前提和依据，科学的制度模式在很大程度上决定着制度设计的成功与否。我们认为，近期我国公务员养老保险制度改革的目标模式可以概括为：多层次、部分积累、部分融合的公职人员养老保险制度。

（1）多层次。应该建立多层次的制度体系，发挥不同层次制度的作用，满足不同人员的差异化需求。可以设立三个层次：第一层次是公职人员（包括事业单位人员）基本养老保险制度；第二层次是公职人员职业年金；第三层次是适用于任何职业群体的自愿性养老储蓄制度。

（2）部分积累。公务员养老保险制度总体上应该实行现收现付与基金积累相结合、符合当前我国社会保险的主要模式。

（3）部分融合。就是要通过建立与其他群体养老保险制度相一致或比较接近的基本养老保险制度作为制度融合的基础，在此基础上建立公务员或者公职人员职业年金制度来体现职业特点和激励原则。在目标模式的选择中，还应该明确社会化方向、责任共担原则、强制与自愿相结合的原则。之所以选择上述公务员养老保险制度模式，是基于前述几个方面的影响因素和未来中国养老保险制度改革的整体考虑而设计的，符合我国经济社会发展的现实国情，有利于实现公平与效率相结合的目标，有利于促进不同职业人员的自由流动，有利于公务员养老保险改革顺利推进，符合我国社会保险的主体模式。

3. 将建立职业年金制度作为公务员养老保险制度改革的重点内容之一

公务员职业年金制度的定位准确与否、具体制度设计的科学与否直接关系到未来公务员养老保险制度改革的成败。基于我国养老保险制度模式、企业年金发展状况和国外职业年金发展经验，应该将缴费确定型、基金积累型、责任共担型、个人账户制作为公务员职业年金制度的目标模式。制度具体设想如下几点。

（1）资金筹集：个人缴费、国家匹配。坚持个人缴费、国家匹配原则，个人缴费越多，匹配缴费也越多，设定国家匹配和个人缴费的上限，防止财政压力与逃税行为，防止不同群体养老金收入差距过大。公务员职业年金的总缴费水平应该保持在平均8%左右，在4%~12%的范围内由公务员自主选择，政府匹配从1%起步，个人最低缴费为3%，即最低筹资水平为4%，个人缴费在7%时，政府最高匹配为5%。

（2）待遇计发：水平适度、缴费关联。公务员职业年金的待遇计算相对比较简单，主要根据退休时职业年金账户余额和计发月数进行计算。

（3）管理体制：建立职业年金管理委员会。设立职业年金管理委员会,加强职业年金制度的管理与运行。在职业年金管理委员会的管理、指导和监督下,委托给专门的机构对职业年金进行管理和投资运营,促进职业年金的安全、高效运营。

(4) 投资运营:健全体制、安全高效。应该在法人受托模式下实行适度分散、有序竞争的投资运营模式,在全国范围内委托给若干信用较好、实力较强的专业投资机构进行投资运营。

(5) 税收政策:完善法制、加强激励。可以实行 EET 的税收优惠模式,即在个人缴费和基金投资环节免除税收,在领取待遇或提取账户资金时计算所得税。初期也可以实行 EEE 的税收优惠模式,即在筹资、投资、领取环节均免除税收。

(6) 年金监管:多主体、全过程监管。应该在坚持严格监管模式的同时,调整监管策略,确保基金安全的同时提高收益率。继续坚持严格监管的模式,明确监管的依据、主体、内容和策略,实现严格监管、科学监管和有效监管。

4. 建立责任共担与激励性相结合的公务员养老保险筹资机制

未来公务员养老保险的筹资模式应该是基于责任共担的部分积累模式,不同制度层次采用不同的筹资模式。其中,公务员基本养老保险制度采用完全现收现付制,完全由国家财政负担,主要体现公平和国家责任;公务员职业年金的筹资采用完全账户积累制,建立个人账户,体现职业特点,由国家和个人共同缴费积累,并投资运营取得收益。充分考虑各类因素,从筹资水平、筹资来源及分担比例、筹资标准、筹资方式等方面进行设计。

(1) 筹资水平。需要考虑目前公务员养老的筹资水平和养老待遇水平、企业职工养老保险的筹资水平、公务员养老保险制度的层次性等因素。应该适度降低公务员养老保险缴费率,带动和影响城镇职工基本养老保险制度的筹资改革。第一层次和第二层次的总体平均缴费水平应该低于目前城镇职工基本养老保险缴费水平,维持在25%左右。

(2) 筹资来源与责任分担。第一层次的基本养老保险完全由中央财政缴拨,地方财政和个人无须缴费,设定为全国公务员平均工资的20%。第二层次的公务员职业年金则以个人缴费为主,政府予以缴费匹配。个人缴费和政府匹配均有上限和下限规定。个人的最低缴费标准为个人上年度月平均工资的3%，政府的最低匹配为1%，即公务员职业年金最低缴费率为4%。公务员个人缴费率维持在3%~7%，政府匹配维持在1%~5%，职业年金总体缴费率维持在4%~12%。第一、第二层次的总缴费率维持在24%~32%，最低缴费率为24%，符合总体的筹资水平设定（25%左右）。

(3) 缴费基数与缴费年限。第一层次可以以上年度全国公务员的平均工资为基数进行缴费，职业年金以公务员本人上年度平均工资为缴费基数，体现公务员的职业特点和收入差异。公务员的最低缴费年限应该高于15年，可以设定为20年，多缴多得。完善公务员养老保险筹资机制需要同步推进公务员薪酬与福利制度改革、规范并提高公务员的工资水平、规范公务员养老保险个人缴费基数。

5. 完善公务员养老保险制度的待遇计发机制

公务员养老保险制度改革的主要目的不是削减公务员的养老待遇。需要进一步调整公务员养老金的计发办法，具体设计包括以下几点。

(1) 待遇确定模式。应该采取缴费确定制与给付确定制相结合，第一层次采用给付确定制，第二层次采用完全的缴费确定制。

(2) 待遇水平。未来公务员养老保险制度改革应该保持与目前公务员退休金水平绝对值基本一致，不能有明显的直接降低，替代率可以逐步调整和规范，与其他群体的养老金替代率水平保持接近。目前公务员的养老金替代率维持在60%左右，替代率已基本趋于合理水平，未来改革也应该维持这一替代率水平。

(3) 待遇确定资格。主要考虑缴费年限、工作年限、退休年龄等因素。可以规定公务员养老保险的最低缴费年限为20年以上，以后适当延长最低缴费年限。应该设定在公务员岗位的最低累积工作年限，比如15年。公务员在达到规定的退休年龄即可领取养老金，建立和完善弹性退休机制，控制提前退休（减扣待遇），逐步延长退休年龄。

(4) 待遇计发办法。第一层次：应该兼顾当地社会平均工资水平、当地公务员的平均工资水平和个人缴费工资水平，公务员每缴费一年（包括视同缴费年限），发给1%的基本养老金。职业年金主要根据个人账户余额（包括个人缴费总额与政府匹配积累额、投资总收益）和平均预期寿命进行计算。

（5）待遇调整。建议对公务员的养老金采用根据物价上涨情况进行调整的办法，也可以根据物价上涨情况与在职公务员的工资增长相结合的办法，比如50%根据物价调整，加上50%根据在岗人员的平均工资增长进行调整。对不同年龄群体采用差异化的调整方案。

6. 完善公务员养老保险制度的管理与服务

在公务员养老保险制度改革实施的过程中，必须在设计科学的制度方案的基础上，建立科学、高效、严密的管理与服务体系。需要坚持统一管理、独立性、法制化、协调性、科学化原则。

（1）行政管理。明确公务员养老保险行政管理的具体内容，包括加强规划和顶层设计、制定具体政策和制度、加强行政监督等方面。根据多层次发展方向，将来可以考虑成立国家养老保险总局或老年总局，设立养老保险一司（主要负责基本养老保险管理）、养老保险二司（主要负责职业年金管理）、养老保险三司（负责其他养老保险的管理）。

（2）监督管理。应该根据基本养老保险全国统筹和经办机构垂直、独立管理的特点，应该建立集中监督与分散监督相结合、日常监督与定期监督相结合的严密的监督机制。形成以中央社会保障行政部门为核心，财政部门、审计部门、监察部门、立法部门、司法部门等参与的监督系统。还有一个重要的监督渠道就是社会监督，要吸收公务员、社会公众、新闻媒体参与监督。监督应该贯穿公务员养老保险制度设计、资金筹集、资格审查、待遇计发、基金投资等多个方面。

（3）经办管理。公务员养老保险的经办服务包括资金筹集、待遇资格审查、待遇发放、基金管理等内容。需要实现公务员养老保险制度的社会化管理，实现管办分离，加强公务员养老保险经办服务的独立性和能力建设，提高经办服务水平，进而提高制度的运行效率。统一经办是公务员养老保险制度经办服务的发展方向。根据公务员养老保险制度的融合性发展方向，未来公务员养老保险应该与其他群体养老保险的经办逐步实现整合，即不同类型养老保险制度统一由一个经办系统负责经办。在理顺经办体制的同时，应该从硬件与软件两方面加强经办机构的能力建设。

7. 加强公务员养老保险基金的管理与投资

良好的基金管理与运营对于顺利推进公务员养老保险制度改革与可持续发展具有重要意义,甚至决定公务员养老保险制度改革的成败。

(1) 基金管理。应该进一步完善基金管理模式与管理体制,在切实做到钱账分开、独立建账的基础上建立专门的、专业化的基金管理机构,采用信托模式,由专业的基金管理机构进行管理,可以考虑建立养老保险基金管理公司,增强基金管理的独立性。

(2) 基金投资。建立一个高效的市场化投资体制对于公务员职业年金的运营十分重要。逐步发展一批专业化的投资机构,在这些机构之间开展充分竞争。防止政府对公务员养老保险基金投资的过度干预而导致基金投资风险的出现。应该拓宽投资渠道,采取多样化的投资战略,分散投资风险,提高投资收益。对于银行存款、债券、股票等组合的比例应该合理分配,尤其是要进一步降低银行存款的比例。投资于一些经济效益和社会效益均比较好的重大公共工程是可取的选择。

(3) 基金监督。未来应该在坚持严格监管方向的前提下,适度放松监管,规范基金管理与投资行为,而不能一味强调基金的安全性而忽视了基金投资的收益性。应该建立全面基金监督体系,做到事前监督、事中监督与事后监督相结合,行政监督与社会监督相结合,专门监督与一般监督相结合。建立公务员养老保险基金管理与投资的信息披露机制,强制规定基金管理与投资(绩效)的相关信息公开,定期向行政部门汇报,定期向公务员个人汇报,并向社会公开。建立公务员养老保险基金管理委员会、投资委员会、监督委员会,充分吸纳公务员参与基金管理与投资决策,规范基金管理与投资行为。

8. 完善公务员养老保险制度改革的转轨设计

科学的转轨设计有利于维护不同年龄公务员的养老权益、有利于增强公务员养老保险制度改革方案的科学性、有利于明确不同主体在公务员养老保险制度中的责任。公务员养老保险制度转轨应该坚持"老人老办法、中人中办法、新人新办法"的总体思路,在坚持科学的改革目标的前提下明确制度转轨的具体措施,针对不同人群实施差异化的改革举措。

(1) "老人老办法"。由于"老人"过去长期处于"低工资、高福利"状态，相对优厚的退休金水平是对其工作期间贡献和报酬的补偿，改革不能触犯"老人"的利益。对于新制度实施前已经退休的"老人"，应该适用目前的养老制度安排，并在此基础上做适当的调整和完善。

(2) "中人中办法"。对"中人"养老权益的处理是制度转轨的核心问题，也是制度转轨的难点问题，主要是如何承认和处理"中人"在新制度实施以前的养老权益问题。对于"中人"权益的处理，应该根据"中人"的年龄、收入等因素采取可选择的适度灵活办法。对于距离退休年龄15年（45岁）以上的，必须选择新制度；对于距离退休年龄不足15年（45岁）的，可以自愿选择新制度还是旧制度。如果符合条件的"中人"加入旧制度，那么，则按老办法对待。如果"中人"选择新制度，则需要有相应的过渡办法（具体见相关专题报告）。

(3) "新人新办法"。对于新制度实施后参加工作的"新人"，理所当然地应该完全按照新制度参加改革后的公务员养老保险，按规定进行职业年金账户的缴费积累，退休后完全按新制度的计发办法领取养老金。除去了进一步明确和细化公务员养老保险制度转轨的设计外，还应该做好制度转轨的宣传、明确制度转轨的成本、加强制度转轨的资金筹集。

9. 应该系统、协同推进公务员养老保险制度配套改革

公务员养老保险制度改革是养老保险体系改革和社会保障制度改革的重要组成部分，是一项复杂的系统工程。不仅要围绕公务员的养老利益和社会期盼开展科学的制度设计，而且应该协同推进相关配套改革，主要包括以下几点。

(1) 加强收入分配制度改革。初次分配和再分配都要坚持公平原则，再分配要更加强调公平。应该完善公共财政职能，减少政府直接投资支出和行政支出，加强公共服务支出。建立民生财政的理念，加强对民生事业的财政投入力度，明确投入的针对性，偏向于落后地区、农村、农民和城乡中低收入群体。

(2) 推进机关人事制度改革。目前的公务员人事制度存在铁饭碗、终身制、人员流动不顺畅、人员选拔和任用机制不合理、缺乏科学的考

评机制等问题。需要在市场经济的大背景下，建立健全政府机关的选人、育人、用人、留人机制，可以继续探索和完善公务员雇员制。

（3）改革和完善公务员薪酬福利制度。工资、福利、保险三者是公务员总报酬的共同组成部分，三者发挥着不同的作用，不可相互替代。工资始终应该成为报酬的主体部分，福利是报酬的补充，保险是需要个人履行缴费义务的退休保障机制。应该实现福利的货币化（比如住房福利、保健福利），消除福利的隐性化，实现福利的透明化。通过改革增加工资在公务员总报酬中的比例，降低福利比例。在推进公务员养老保险制度改革的同时，需要进一步提升公务员的工资水平。

（4）推进资本市场的建设与完善。加强养老保险基金的投资，促进基金的保值增值，需要有一个完善的资本市场。我国资本市场的发展虽已起步，但还很不完善，制约着养老基金的发展和养老保险制度的改革。应该积极稳妥地推进资本市场的创新，培养资本市场发展的专业化的人才队伍，营造诚信的市场氛围，促进资本市场的国际化发展。

10. 我国公务员养老保险制度改革的其他相关建议

包括规范和延长公务员退休年龄、加强多层次公务员养老保险体系建设、推进公务员养老保险法制建设、统筹推进机关事业单位养老保险制度改革。

（1）规范、延长公务员退休年龄。在现实中，有较多公务员选择提前退休，退休年龄规定过低将对养老保险制度产生压力。应该严格规范和控制提前退休行为，防止违规退休或退而不休。应该尽快将男、女性公务员的退休年龄统一设定为60岁，在此基础上再进一步延长男女公务员退休年龄，最终的退休年龄可以体现适当的男女差别。建立弹性退休制度，改强制退休为自愿选择退休，提前退休需要进行相应的待遇减扣。规定最低和最迟退休年龄。弹性退休不等于任意退休，需要有相应的激励与约束机制，防范逆向分配。应该建立退休年龄与人口预期寿命的动态关联机制。

（2）加强多层次公务员养老保险体系建设。建立和完善多层次的养老保险制度是一些国家实现公务员养老保险制度的公平与效率、走向融合型制度的重要路径。多层次是我国公务员养老保险制度改革的方向，这三个层次是并行不悖的，应该处理好三个层次之间的关系，明确各个层次的定位。既需要改革和完善基本养老保险层次，更加需要大力发展第二、第三层次。

（3）推进公务员养老保险法制建设。公务员养老保险制度的建立和完善需要有健全法制作为保障。必须在明确改革目标的前提下，进一步明确公务员养老保险的制度模式和具体思路，并从资金筹集、管理体制、待遇计发、转移接续、基金管理、经办服务等方面对公务员养老保险制度做出具体科学的谋划。建议对《公务员法》和《社会保险法》进行修改，增加和明确规定公务员养老保险的相关具体内容。

（4）统筹推进机关事业单位养老保险制度改革。机关事业单位的属性较为接近，都是组织和提供公共服务的重要主体，在养老保险制度改革过程中，不应该将公务员与事业单位人员割裂开来，而应该在事业单位分类改革的基础上统筹推进机关事业单位养老保险制度改革。机关事业单位养老保险应该在制度模式、制度设计、筹资水平、待遇水平、管理服务等方面保持相同或基本一致。

参考文献

1. 〔德〕马克斯·韦伯:《经济与社会》(下),商务印书馆,1997。
2. 〔法〕孟德斯鸠:《论法的精神》,商务印书馆,1961。
3. 〔美〕阿瑟·奥肯:《平等与效率》,华夏出版社,1999。
4. 〔美〕布坎南、瓦格纳著《赤字中的民主》,刘延安译,北京经济学院出版社,1988。
5. 〔美〕道格拉斯·诺思:《理解经济变迁过程》,中国人民大学出版社,2008。
6. 〔美〕道格拉斯·诺思:《经济史中的结构与变迁》,上海三联书店,上海人民出版社,1994。
7. 〔美〕弗兰多·古德诺:《政治与行政》,华夏出版社,1987。
8. 〔美〕罗伯特·霍尔茨曼、理查德·欣茨等著《21世纪的老年收入保障》,郑秉文等译,中国劳动保障出版社,2006。
9. 〔美〕罗纳德、格勒/约翰、纳尔班迪著《公共部门人力资源管理:系统与战略》,中国人民大学出版社,2001。
10. 〔美〕马丁·费尔德斯坦:《20世纪80年代美国经济政策》,经济科学出版社,2000。
11. 〔英〕A·C.庇古:《福利经济学》(上、下),商务印书馆,2006。
12. 〔英〕亚当·斯密:《国民财富的性质和原因的研究》(上卷),商务印书馆,1974。
13. 《现代汉语词典》,商务印书馆,1996。
14. A. H. Halsey, *British Social Trends since* 1900, Macmillan, 1988, p. 501.

15. Ai ju shao, "The public pension system inTaiwan: equity issues within and between systems", *International Social Security Review*, Vol. 63, 1/2010.

16. Albrechtl and Hingorani," Effects of Governance Practices and Investment Strategies on State and Local Government Pension Fund Financial Performance", *International Journal of Public Administration*, 2004. Vol. 27, Nos. 8&9, pp. 673 – 700.

17. Altiok, HU、Jenkins, GP, "The fiscal burden of the legacy of the civil service pension systems in northern Cyprus", Journal of Pension Economics and Finance, Vol. 12, No. 1, 2013, pp. 92 – 110.

18. Anke Freibert, "public sector pension in Germany", Paper of Seminar on "*Social Rights and Pensions for Civil Servants in some EU Member States*" Vilnius, 9 November 2006.

19. Blour's Law Dictionary Henry Campbell Bloch, M, A, 5ched. West Publishing Co, 1979, p. 776.

20. Brauer, "State and Local Government pensions: In What Circumstances Can Governments Reduce Pension Benefits". *Benefits Law Journal*, Vol. 20, No. 4, Winter 2007.

21. By Des O'Leary, public service pension in Ireland, "Social Rights and Pensions for Civil Servants in some EU Member States" seminar paper, 2006.

22. Christine Leal, "civil service pension schemes: an overview of EU member states", the paper of seminar on "*social rights and pensions for civil servants in some EU member states*", Vilnius, 9 November, 2006.

23. Clark, Craig and Ahmed (2008), "The Evolution of Public Sector Pension Plans in theUnited States", Pension Research Council Working Paper 2008 (16), The Wharton School, and University of Pennsylvania.

24. David Lindeman (2002), *Issues concerning occupational schemes for civil servants and other public sector workers*, OECD working paper.

25. Des O'Leary, "public service pension in Ireland", "*Social Rights and Pensions for Civil Servants in some EU Member States*" seminar paper, 2006.

26. Edward Whitehouse, *Pensions Panorama: Retirement Income in 53 Countries*, World Bank, Washington, 2007, DC.

27. Eugenio Ramos, "The Portuguese civil service pensions system", the paper of seminar on "*social rights and pensions for civil servants in some EU member states*", Vilnius, 9 November, 2006.

28. Frank, H. Gianakis, G. Neshkova, MI, "Critical Questions for the Transition to Defined Contribution Pension Systems in the Public Sector", American Review of Public Administration, Vol. 42, No. 4, 2012, pp. 375 – 399.

29. Friedberg, L, "Labor market aspects of state and local retirement plans: a review of evidence and a blueprint for future research", *Journal of Pension Economics and Finance*, Vol. 10, No. 2, 2011, pp. 337 – 361.

30. Glomm, G. Jung, J. Lee, C. Tran, C, "Public Sector Pension Policies and Capital Accumulation in an Emerging Economy: The Case of Brazil". *Journal of Macroeconomics*, Vol. 10, No. 1, 2010.

31. Gordon Keenay and Edward Whitehouse, "*The role of the personal tax system in old age support: a survey of 15 Countries*", *Fiscal Studies* (2003) Vol. 24, No. 1, pp. 1 – 21.

32. Jan Hinrik, Meyer – sahling (2009), *Sustainability of civil service reform in central and Eastern Europe five years after EU accession*, World Bank SIGMA paper, No. 44.

33. Johan Janssens, "Pension schemes for civil servants and public sector employees", the paper of seminar on "*social rights and pensions for civil servants in some EU member states*", Vilnius, 9 November, 2006.

34. Junichi Sakamoto, "The current situation of retirement income provisions in Japan: social security pension schemes and corporate pension plans", *Asian Social Work and Policy Review* 3 (2009) pp. 122 – 141.

35. Kees Goudswaard and Koen Caminada, "The redistributive effect of public and private social programmes: a cross – country empirical analysis". *International Social Security Review*, Vol. 63, 1/2010.

36. Ken McDonnell (2008), *Benefit Cost Comparisons Between State and Local Governments and Private Industry Employers*, Pension Research Council Working Paper, PRC WP2008 - 21.

37. Marks. Rosentraub, Tamar Shroitman, 2004, "Public employee pension funds and social investments: recent performance and a policy option for changing", *Journal of urban affairs*, 2004, 3, pp. 325 - 347

38. Maurer, Mitchell and Rogalla, *Reforming German Civil Servant Pensions: Funding Policy, Investment Strategy and Intertemporal Risk Budgeting*, Pension Research Council Working Paper 2008 (9), The Wharton School, University of Pennsylvania.

39. Novy - Marx, R、Rauh, J, "The Revenue Demands of Public Employee Pension Promises", Economic Policy, Vol. 6, No. 1, 2014, pp. 193 - 229.

40. Occupational Private Pension Systems and Comparative Tables On Private Pension Schemes, http://www.oecd.org/department, 2010 - 05 - 07.

41. OECD (2007), "Public Sector Pensions and the Challenge of an Ageing Public Service", OECD Working Papers on Public Governance, 2007/2, OECD Publishing.

42. OECD (2009), Private Pensions Outlook 2008, footnote on p. 23.

43. OECD (2011), Pensions at a Glance 2011: Retirement - income systems in OECD and G20 countries, OECD Publishing, Paris。

44. OECD observer: *OECD in Figures* 2009, p. 89.

45. OECD pension models. Annuity rates calculated from mortality data by age from the United Nations Population Division database, World Population Prospects - The 2008 Revision.

46. OECD (2009), Government at a Glance 2009.

47. OECD, (2009), "Mexico: reform of the federal employees' pension system", 2001 ~ 07, *The political economy of reform*.

48. OECD, "Pensions at glance 2009: retirement income systems in OECD countries", ISBN 978 - 92 - 64 - 0607105, OECD, 2009.

49. OECD, World bank, *Pensions at glance* 2009: *Asia/pacific edition.* OECD website.

50. OECD. 2007, *Public sector pensions and the challenge of an ageing public service*, OECD working papers on public governance 2007/2.

51. Robert Maier, Willibrord de Graaf and Patridia Frericks, "Pension reforms in Europe and life – course politics", *Social Policy and Administration*, Issn 0144 – 5596, Vol. 41, No. 5, octorber 2007, pp. 487 – 504.

52. Robert Palacios and Edward Whitehouse (2006), *Civil – service pension schemes around the world*, World Bank Social Protection Discussion Paper No. 0602, p. 20.

53. Robert Walcott. *English Politics in the Early of Eighteenth Century.* Oxford 1956, pp. 161 – 182.

54. Robort Holzman (2004), *Toward a reformed and coordinated pension system in uropean: rational and potential structure.* World Bank social protection paper, No, 0407.

55. Social security administration, *International social security association*, *Social security program throughout the world: The Americas*, 2009.

56. Social security administration, *International social security association*, *Social security program throughout the world: Africa*, 2009.

57. Social security administration, *International social security association*, *Social security program throughout the world: Asia and the Pacific*, 2008.

58. Social security administration, *International social security association*, *Social security program throughout the world: Europe*, 2008.

59. St John, S, "Reforming Pensions for Civil and Military Servants", *Journal of Pension Economics and Finance*, Vol. 12, No. 4, 2011, pp. 466 – 468.

60. The world bank (1997.9) "Old Age Security: Pension reform in China" Washington DC.

61. Vincenzo Galasso, *Postponing retirement: the political push of aging*, The 5th international research conference onsocial security, Warsaw, pp. 5 – 7, March 2007.

62. 布成良：《渐进式改革的张力——中国改革的特点、风险及前景》，《当代世界与社会主义》2008 年第 5 期。

63. 蔡昉：《未富先老与中国经济增长的可持续性》，《新华文摘》2012 年第 10 期。

64. 曾瑞明：《在保障公平与保障效率之间摇摆——当代西欧福利国家转型论析》，《中共福建省委党校学报》2007 年第 7 期。

65. 陈建辉：《公务员养老保险制度改革研究》，《福州大学学报》（哲学社会科学版）2008 年第 2 期。

66. 陈涉君：《事业单位职业年金运行模式探析》，《中国人力资源社会保障》2010 年第 8 期。

67. 陈天祥：《西方国家政府再造中的人事管理变革》，《中国人民大学学报》2005 年第 5 期。

68. 陈星：《美国 DC 型企业年金计划投资运营与借鉴》，《财会月刊》2011 年第 11 期（下）。

69. 陈尧：《政府雇员制度——公务制度改革的新趋势》，《理论与改革》2004 年第 4 期。

70. 邓小平：《邓小平文选》（第 2 卷）人民出版社，1994。

71. 邓正来：《国家与社会——中国市民社会研究》，四川人民出版社，1998。

72. 董海军、郭云珍：《中国社会福利分层：一个多维结构视角的分析》，《中共天津市委党校学报》2010 年第 1 期。

73. 董黎明：《机关事业单位养老保险机制创新——基于"转型名义账户制"思路的制度设计》，《当代经济管理》2009 年第 1 期。

74. 杜鹏：《推迟退休年龄应对人口老龄化》，《人口与发展》2011 年第 4 期。

75. 段忠桥，《当代国外社会思潮》，中国人民大学出版社，2004。

76. 房海燕：《对我国隐性公共养老金债务的测算》，《统计研究》1998 年第 4 期。

77. 高和荣：《我国事业单位人员养老保险制度改革设计与检验》，2014 年中国社会保障 30 人论坛年会会议论文。

78. 桂世勋：《改革我国的公务员养老保险制度》，《人口学刊》2004年第5期。

79. 桂世勋：《改革我国事业单位职工养老保险制度的思考》，《华东师范大学学报》（哲学社会科学版）2010年第3期。

80. 郭丽：《我国劳动力市场分割的社会成本分析——兼论事业单位养老制度改革》，《开发研究》2012年第4期。

81. 郭阳：《中国企业与行政事业单位养老待遇差距研究》，《甘肃社会科学》2008年第6期。

82. 何平：《中国养老保险基金测算报告》，《社会保障制度》2001年第3期。

83. 胡鞍钢：《中国经济社会结构转型：从二元结构到四元结构：1949~2009》，《清华大学学报》（哲学社会科学版）2012年第1期。

84. 胡锦涛：《坚定不移沿着中国特色社会主义道路前进、为全面建成小康社会而奋斗——在中国共产党第十八次全国代表大会上的报告》。

85. 胡云超：《英国社会养老制度改革研究：历史进程与经济效果》，法律出版社，2005。

86. 华迎放：《建立统一的养老保险制度》，《瞭望新闻周刊》2006年5月28日。

87. 黄安年，《当代美国的社会保障政策（1945~1996）》，中国社会科学出版社，1998。

88. 黄达强：《各国公务员制度比较研究》，中国人民大学出版社，1990。

89. 黄贻芳：《论中国养老社会保险的公平与效率》，《经济评论》2002年第4期。

90. 〔英〕霍布斯：《利维坦》，黎思复、黎廷弼译，商务印书馆，1986。

91. 贾康等：《关于中国养老金隐性债务的研究》，《财贸经济》2007年第9期。

92. 金颖：《社会保障基金管理中的公众参与机制研究》，《山东社会科学》2011年第4期。

93. 邝少明：《论公务员的含义与范围》，《中山大学学报》（社会科学版），2001年第2期。

94. 李汉林、魏钦恭、张彦：《社会变迁过程中的结构紧张》，《中国社会科学》2010 年第 2 期。

95. 李俊清、刘建萍：《中国传统文官制度及其特点》，《国家教育行政学院学报》2007 年第 2 期。

96. 李鸥、苗桂祥、胡明杰：《机关事业单位社会养老保险制度的构建》，《中共天津市委党校学报》2005 年第 4 期。

97. 李琼、翟大伟：《美国 401（K）计划及其对中国的启示》，《理论月刊》2006 年第 10 期。

98. 李绍光：《行政事业单位养老金改革构想》，《中国金融》2007 年第 17 期。

99. 李伟、张占斌：《中国渐进式经济转型经验及其发展道路探索》，《中共党史研究》2008 年第 3 期。

100. 李珍：《论建立基本养老保险个人账户基金市场化运营管理制度》，《中国软科学》2007 年第 5 期。

101. 梁宁森：《科举制：英国文官制度的起源》，《学术交流》2007 年第 5 期。

102. 梁玉成：《市场转型过程中的国家与市场——一项基于劳动力退休年龄的考察》，《中国社会科学》2007 年第 5 期。

103. 廖小平：《论改革开放以来中国社会转型的四大表现》，《浙江社会科学》2013 年第 4 期。

104. 林宝：《提高退休年龄对中国养老金隐性债务的影响》，《中国人口科学》2003 年第 6 期。

105. 林羿：《美国的私有退休金体制》，北京大学出版社，2002。

106. 刘昌平、谢婷：《中国企业年金计划担保机制研究》，《保险研究》2009 年第 8 期。

107. 刘昌平：《中国基本养老保险"统账结合"制度的反思与重构》，《财经理论与实践》2008 年第 5 期。

108. 刘飞、娄宇、李庚：《政府社会保障职能范围的法律界定》，《国家行政学院学报》2010 年第 5 期。

109. 刘革、邓庆彪：《国外企业年金基金监管模式比较及启示》，《财经理论与实践》2005 年第 3 期。

110. 刘泓:《国外公务员养老保险制度及其启示》,《天津师范大学学报》(社会科学版),2008 年第 3 期。

111. 刘军伟:《我国基本养老保险制度公平性研究——基于社会影响评价理论分析框架》,华中科技大学博士学位论文,2012。

112. 刘琳:《国外职业年金的运作模式研究》,《经济与管理》2009 年第 2 期。

113. 刘文俭、郑兆泰:《全面推行公务员养老保险制度的意义与对策》,《红旗文稿》2007 年第 14 期。

114. 刘子兰:《养老金制度和养老基金管理》,经济科学出版社。

115. 龙玉其:《对我国退休制度改革的反思与前瞻》,《理论导刊》2013 年第 2 期。

116. 龙玉其:《我国公务员养老保险制度改革的难点及其突破》,《理论导刊》2014 年第 2 期。

117. 龙玉其:《公平、柔性与增权:延长退休年龄的根本方略》,《湖北行政学院学报》2013 年第 6 期。

118. 龙玉其:《公务员养老保险制度国际比较研究》,社会科学文献出版社,2012。

119. 龙玉其:《国外公务员养老保险制度改革的影响因素》,《南方论丛》2012 年第 2 期。

120. 龙玉其:《国外公务员养老保险制度改革分析》,《中共中央党校学报》2011 年第 2 期。

121. 龙玉其:《我国公务员养老保险制度改革的思考》,《岭南学刊》2011 年第 4 期。

122. 龙玉其:《中国收入分配制度的演变、收入差距与改革思考》,《东南学术》2011 年第 1 期。

123. 龙玉其:《职业年金制度比较与启示》,《中国行政管理》2015 年第 9 期。

124. 龙玉其:《公务员养老保险制度改革的多学科审视》,《桂海论丛》2015 年第 5 期

125. 龙玉其：《公务员养老保险制度改革中的政府角色困境与调适》，《行政管理改革》2015年第10期。
126. 马俊：《中国养老保险制度转轨成本支付模式的研究》，《世界经济情况》2006年第22期。
126. 马雪松：《新中国60年：社会流动与社会活力》，《江西社会科学》2009年第10期。
128. 毛桂荣：《日本公务员制度及人事管理改革》，《中国行政管理》2006年第5期。
129. 孟颖颖：《中国社会保险行政管理体制的历史变迁及改革方向思考》，《贵州社会科学》2011年第9期。
130. 穆怀中：《社会保障国际比较》，中国劳动社会保障出版社，2002。
131. 穆怀中：《养老金调整指数研究》，中国劳动社会保障出版社，2008。
132. 庞凤喜、洪源：《我国社会保障基金管理模式构建研究》，《现代财经》2006年第2期。
133. 彭和平、竹立家等编译《国外公共行政理论精选》，中共中央党校出版社，1997年。
134. 桑玉成等：《当代公务员制度》，兰州大学出版社，1988。
135. 施雪华：《当代各国政治制度：英国》，兰州大学出版社，1998。
136. 世界银行：《防止老龄危机：保护老年人及促进增长的政策》，中国财政经济出版社，1995。
137. 宋国斌：《德国、美国社会保险基金管理模式比较及启示》，《经济研究参考》2009年第64期。
138. 宋晓梧：《完善养老保险确保老有所养》，企业管理出版社，2001。
139. 苏海南、杨燕绥等著《中国公务员福利制度改革：原理、标准、制度、政策》，中国财政经济出版社，2008。
140. 孙爱琳：《完善我国国家公务员养老保险制度的思考》，《江西财经大学学报》2001年第5期。
141. 孙永芳：《扩展政策共识是当前构建和谐社会的重中之重》，《中国特色社会主义研究人》2011年第6期。
142. 孙志筠、汪林平：《部分国家公务员退休养老制度及其启示》，《财政研究》，2008年第11期。

143. 孙中山：《五权宪法》，人民出版社，1956。

144. 谭珊珊、黄健元：《事业单位养老保险改革：个人账户与名义账户的选择》，《华东经济管理》2012年第3期。

145. 退休年龄问题研究课题组：《关于退休年龄问题研究报告（上）》，《中国妇运》2011年第5期。

146. 万春、邱长溶：《中国养老保险领域的政府七大职能分析》，《中央财经大学学报》2005年第10期。

147. 王春福：《公共政策视角下的公平与效率》，《中共中央党校学报》2005年第2期。

148. 王大波：《国际企业年金的历史发展和制度演进》，《浙江金融》2004年第1期。

149. 王铭：《英国文官制度述论》，《辽宁大学学报》（哲学社会科学版）2007年第1期。

150. 王让新：《社会和谐是中国特色社会主义的本质属性》，《马克思主义与现实》2008年第3期。

151. 王晓军、乔扬：《我国企业与机关事业单位职工养老待遇差距分析》，《统计研究》2007年第5期。

152. 王晓军．《中国养老金制度及精算评价》，经济科学出版社，2000。

153. 王晓军：《对我国养老金制度债务水平的估计与预测》，《社会保障制度》2002年第6期。

154. 王学力：《我国公务员工资的现状、问题与对策建议》，《经济研究参考》，2006年第32期。

155. 王亚柯：《中国养老保险基金管理：制度风险与管理风险——基于美国联邦社保基金管理经验的启示》，《华中师范大学学报》（人文社会科学版）2012年第3期。

156. 王延中、龙玉其：《国外公职人员养老保险制度比较分析与改革借鉴》，《国外社会科学》2009年第3期。

157. 王燕等：《中国养老金隐性债务、转轨成本、改革方式及其影响——可计算一般均衡分析》，《经济研究》2001年第5期。

158. 卫兴华:《实现分配过程公平与效率的统一》,《价格理论与实践》2006年第9期。

159. 吴志成:《当代各国政府体制——联邦德国和瑞士》,兰州大学出版社,1998,第208页。

160. 武萍、穆怀中、王一婷:《养老保险基金投资收益率对社会保障水平的影响》,《统计与决策》2012年第2期。

161. 香伶:《关于养老保险体制中再分配累退效应的几个问题》,《福建论坛》(人文社会科学版)2007年和1期。

162. 谢克敏 王计军:《事业单位养老制度改革思考及对策》,《人民论坛》(学术前沿)2011年第1期。

163. 谢振民:《中华民国立法史》(上册),张知本校订,中国政法大学出版社,2000。

164. 熊必俊:《老龄经济学》,中国社会出版社,2009。

165. 熊跃根:《转型经济国家的社会变迁与制度建构:理解中国经验》,《社会科学》2010年第4期。

166. 徐景峰:《我国现行企业年金基金管理模式存在的问题及对策研究》,《财政研究》2011年第2期。

167. 徐颂陶:《国家公务员制度全书》,吉林文史出版社,1994。

168. 徐振寰:《外国公务员制度》,中国人事出版社,1995。

169. 许安成、王家新:《论公平与效率的非分离性》,《江汉论坛》2005年第6期。

170. 薛博、王道勇:《职业年金:聘任制度公务员养老保险制度改革的理性选择》,《科学社会主义》2011年第3期。

171. 杨成炬:《汉语"公务员"概念的流变》,《华东政法学院学报》2006年第5期。

172. 杨翠迎、张馥厚、米红:《政府管理作用对养老金投资收益的影响关系研究》,《西北农林科技大学学报》(社会科学版)2008年第6期。

173. 杨帆:《法人受托模式是实现企业年金专业化管理的有效方式》,《中国金融》2007年第12期。

174. 杨凡:《美国的401(K)计划》,《保险研究》2000年第4期。

175. 杨黎源:《从先赋到后致:新中国60年社会流动机制嬗变》,《浙江社会科学》2009年第11期。

176. 杨燕绥:《国外企业年金的历史沿革与经验》,《劳动保障通讯》2004年第3期。

177. 殷俊、赵伟:《社会保障基金管理新论》,武汉大学出版社,2007。

178. 俞可平:《中国公民社会的兴起与治理的变迁》,社会科学文献出版社,2002。

179. 虞崇胜、叶长茂:《改革开放30年中国渐进式政治制度创新的基本特点》,《江汉论坛》2008年第7期。

180. 张柏林:《〈中华人民共和国公务员法〉教程》,中国人事出版社,2005。

181. 张健:《关于做实养老保险个人账户的研究》,《上海经济研究》2007年第6期。

182. 张士斌:《劳动力市场变化与中国的社会养老保险制度改革——基于对养老保险制度的历史考察》,《经济社会体制比较》2010年第2期。

183. 张新民、林雪梅:《养老金管理体制研究》,《西南师范大学学报》(人文社会科学版)2006年第3期。

184. 张永清:《正确认识和解决企业与机关事业单位退休人员待遇差距问题》,《宏观经济管理》2003年第7期。

185. 章萍、严运楼:《政府在养老保险基金监管中的定位》,《财经科学》2008年第6期。

186. 赵宇峰、廖仕梅:《公民参与和政府行为有效性的提升》,《江苏行政学院学报》2011年第2期。

187. 郑秉文、齐传君:《美国企业年金"三驾马车"监管体制的运行与协调》,《辽宁大学学报》(哲学社会科学版)2008年第2期。

188. 郑秉文、孙守纪、齐传君:《公务员参加养老保险统一改革的思路——"混合型"统账结合制度下的测算》,《公共管理学报》2009年第1期。

189. 郑秉文、孙守纪:《英国职业养老金监管体制的发展历程》,《欧洲研究》2008 年第 2 期。

190. 郑秉文：《中国养老金发展报告（2011）》，经济管理出版社，2011。

191. 郑秉文：《加快养老金管理公司建设》，《红旗文稿》2007 年第 22 期。

192. 郑秉文：《金融危机对全球养老资产的冲击及对中国养老资产投资体制的挑战》，《国际经济评论》2009 年第 9 期。

193. 郑秉文：《名义账户制：我国养老保险制度的一个理性选择》，《管理世界》2003 年第 8 期。

194. 郑功成：《社会保障学——理念、制度、实践与思辨》，商务印书馆，2000。

195. 郑功成：《实现全国统筹是基本养老保险制度刻不容缓的既定目标》，《理论前沿》2008 年第 18 期。

196. 郑功成：《智利模式养老保险私有化改革述评》，《经济学动态》2001 年第 2 期。

197. 郑功成主笔《中国社会保障改革与发展战略——理念、目标与行动方案》，人民出版社，2008。

198. 郑军、张海川：《智利养老保险制度早期发展脉络的政治经济学分析》，《拉丁美洲研究》2010 年第 3 期。

199. 中共中央：《中共中央关于全面深化改革若干重大问题的决定》（2013 年 11 月 12 日中国共产党第十八届中央委员会第三次全体会议通过）。

200. 中国证券监督管理委员会：《中国资本市场发展报告》，中国金融出版社，2008。

201. 周渭兵：《对我国隐性公共养老金债务的测算》，《统计与决策》2000 年第 11 期。

202. 周宗顺、徐新原：《浅论我国公务员养老保险模式选择》，《经济体制改革》2006 年第 3 期。

203. 朱富强：《帕累托改进原则能否用于社会改革——实践的可行性与内在的保守性》，《学术月刊》2011 年第 10 期。

204. 竹家立：《公务员薪酬制度改革前瞻》，《人民论坛》2012 年第 4 期。

后 记

机关事业单位养老保险制度改革成为近些年来社会广泛关注的重要问题。2008年国务院准备在全国五个省市实施事业单位工作人员养老保险制度改革试点，没有取得实质进展，其中一个重要原因就是将事业单位人员与公务员分别对待，容易导致公职人员之间的养老待遇差距和心态失衡，加剧养老保险制度的碎片化，不利于增强养老保险制度的公平性。本书重点关注公务员养老保险制度，力求同步推进公务员与事业单位人员养老保险制度改革。出于对该问题的关注，2012年，我成功申请到了国家社会科学基金课题"我国公务员养老保险制度改革研究"，通过两年多的努力，课题按时完成，并顺利通过了结项评审。需要说明的是，本课题在机关事业单位养老保险制度改革方案出台之前已经完成，由于一些原因一直推迟到现在才出版该书。感谢首都师范大学社会科学处对该课题的支持和指导，尤其要感谢杨阳老师认真细致的工作。感谢首都师范大学2012级公共管理硕士研究生的支持，很多同学在实地调研方面给予了大力支持。感谢各调查点工作人员和调查对象的支持。感谢恩师王延中老师给予的具体指导并撰写了序言。感谢首都师范大学管理学院领导、老师的支持和帮助，本书得到了首都师范大学211工程经费项目"首都管理人才协同培养与机制创新"的经费支持。还要感谢社会科学文献出版社皮书出版分社邓泳红社长、宋静编辑的支持与辛勤工作！

龙玉其
2015年12月28日

图书在版编目(CIP)数据

中国公务员养老保险制度改革研究/龙玉其著.—北京:社会科学文献出版社,2016.3
 ISBN 978-7-5097-8013-8

Ⅰ.①中⋯ Ⅱ.①龙⋯ Ⅲ.①公务员制度-养老保险制度-保险改革-研究-中国 Ⅳ.①D630.3

中国版本图书馆 CIP 数据核字（2015）第 208948 号

中国公务员养老保险制度改革研究

著　　者 / 龙玉其

出 版 人 / 谢寿光
项目统筹 / 吴　敏
责任编辑 / 宋　静

出　　版 / 社会科学文献出版社·皮书出版分社（010）59367127
　　　　　　地址：北京市北三环中路甲29号院华龙大厦　邮编：100029
　　　　　　网址：www.ssap.com.cn
发　　行 / 市场营销中心（010）59367081　59367018
印　　装 / 三河市尚艺印装有限公司
规　　格 / 开　本：787mm×1092mm　1/16
　　　　　　印　张：19.75　字　数：299千字
版　　次 / 2016年3月第1版　2016年3月第1次印刷
书　　号 / ISBN 978-7-5097-8013-8
定　　价 / 79.00元

本书如有印装质量问题，请与读者服务中心（010-59367028）联系

▲ 版权所有 翻印必究